CRIAR
SIN MITOS

EMILY OSTER

CRIAR SIN MITOS

UNA GUÍA BASADA EN DATOS PARA UNA
CRIANZA MÁS INFORMADA Y SIN
TANTAS PREOCUPACIONES

Diana

Título original: *Cribsheet*

© 2019, Emily Oster

Traducción: Yara Trevethan

p. 126: Diagrama de pestillo: Cortesía de Emilia Ruzicka

Diseño de portada: Planeta Arte & Diseño / Estudio La fe ciega / Domingo Martínez

Derechos reservados

© 2021, Editorial Planeta Mexicana, S.A. de C.V.
Bajo el sello editorial DIANA M.R.
Avenida Presidente Masarik núm. 111,
Piso 2, Polanco V Sección, Miguel Hidalgo
C.P. 11560, Ciudad de México
www.planetadelibros.com.mx

Primera edición en formato epub: agosto de 2021
ISBN: 978-607-07-7837-7

Primera edición impresa en México: agosto de 2021
ISBN: 978-607-07-7822-3

Impreso en los talleres de Litográfica Ingramex, S.A. de C.V.
Centeno núm. 162-1, colonia Granjas Esmeralda, Ciudad de México
Impreso y hecho en México - *Printed and made in Mexico*

Para Penelope y Finn

ÍNDICE

Introducción

De bebés, a mis dos hijos les encantaba estar bien abrigados, que los envolviera en cobijas bien apretadas para dormir. Nuestra elección fue algo que se llamaba Miracle Blanket (cobija milagro), que requería de un complicado procedimiento de envoltura del que ni el mismo Houdini hubiera podido escapar. Teníamos como nueve cobijas de estas por miedo a que se nos acabaran y tuviéramos que usar una manchada de popó.

Envolver a tu bebé en una cobija bien apretada es maravilloso y le *puede* ayudar a dormir. Pero tiene una desventaja: no puedes hacerlo para siempre. En algún momento tu hijo crecerá y tendrás que dejar de usar la cobija. Ahora bien, es posible que los padres primerizos no esperen que esto sea un problema, pero quitar el hábito no sea cosa fácil.

Quitarle a nuestra hija Penelope (la primera hija), la costumbre de dormir envuelta en una cobija se tradujo en malos hábitos de sueño, seguidos por una larga dependencia de un producto llamado Rock 'n Play Sleeper, una mecedora que todavía me provoca pesadillas. Otros padres me contaron que buscaron en internet cobijas más grandes para envolverlos. En Etsy hay mujeres que confeccionan este tipo de mantas para bebés de hasta 18 meses. Ten en cuenta algo: solo porque en Etsy exista un mercado secreto para algún producto, no significa necesariamente que sea una buena idea usarlo.

Una de las particularidades de tener un segundo hijo es que tienes la oportunidad de corregir los errores que piensas que cometiste la primera vez. Como «padre o madre experimentado», puedes asegurarte de que cualquier cosa de la que te arrepientas podrás solucionarla en esta ocasión. Por lo menos eso es lo que yo pensaba. No volver a usar este tipo de cobijas era una de las prioridades en mi lista. Esta vez lo haría bien.

Cuando Finn (nuestro segundo hijo) cumplió los cuatro o cinco meses hice un plan. Empecé a envolverlo durante unos días con esa cobija como de costumbre, pero dejando uno de sus brazos afuera. Luego, unos días después, cuando se acostumbró a eso, empecé a dejar sus dos brazos afuera. Más tarde descubrí sus piernas. Por último, evité por completo la cobija. Internet me aseguraba que de esta manera podría prescindir de la cobija sin alterar sus hábitos de sueño (que con tanto trabajo logramos que adquiriera).

Estaba lista para comenzar. Marqué una fecha en el calendario y se lo informé a Jesse, mi marido.

Entonces, un día extremadamente caluroso antes de la fecha marcada, se fue la luz y, con ella, el aire acondicionado. La recámara de Finn estaba a 35 grados centígrados. Ya casi era hora de dormir. Sentí pánico. Incluso cuando estaba extendida por completo, la cobija tenía muchas capas de tela. Finn se iba a rostizar.

¿Debería mantenerlo despierto y esperar a que regresara la electricidad? Podrían pasar días. ¿Debería envolverlo y pensar que tendría calor? Esto me parecía irresponsable y un poco cruel. ¿Debería sostenerlo en mis brazos mientras dormía y no ponerlo en su cuna hasta que bajara la temperatura? Eso también le daría mucho calor, y sabía por experiencia que no dormiría mucho tiempo en mis brazos.

Descarté mis planes y lo puse en su cama con un pañal y un pañalero. No lo envolví. Se lo expliqué mientras lo amamantaba para que durmiera, empapada en sudor igual que él.

—Finn, lo siento ¡pero hace demasiado calor! No podemos envolverte en la cobija. Pero no te preocupes, vas a poder dormir. ¡Sé que puedes hacerlo! ¡Ahora podrás chuparte los dedos! ¿No te gustaría?

Con una gran sonrisa, lo puse en su cuna sin envolverlo y salí de la recámara. Me preparé para lo peor. Penelope hubiera gritado a todo pulmón. Sin embargo, Finn solo emitió algunos sonidos de sorpresa y se quedó dormido.

Por supuesto, una hora después regresó la luz. Para entonces, Finn dormía. Le pregunté a Jesse si creía que debía entrar y envolverlo en la cobija y su respuesta fue que estaba loca, después de eso puse todas las cobijas milagro en la caja para beneficencia.

Esa noche, mientras estaba acostada en la cama, me pregunté si a partir de ahora Finn dormiría peor, si debía sacar las cobijas de la caja y envolverlo en una. Me sentí tentada a levantarme e ir a la computadora para leer historias sobre regresiones en los hábitos de sueño provocados por las cobijas milagro o por la falta de ellas. Al final, estaba demasiado acalorada para hacerlo y nuestros días de envolverlo en cobijas terminaron.

Como padres, no queremos nada más que hacer lo correcto para nuestros hijos, tomar las decisiones que más los beneficien. Al mismo tiempo, puede resultar imposible saber cuáles son las mejores decisiones. Se presentan situaciones inesperadas, incluso con un segundo hijo, y es probable que también con el quinto. El mundo, y tu hijo, te sorprenden constantemente. Es difícil no dudar hasta de las cosas pequeñas.

En efecto, terminar con el hábito de envolverlo fue un pequeño incidente. Pero ilustra uno de los grandes temas de tu vida como madre: tienes mucho menos control del que crees. Tal vez te preguntarás por qué, sabiendo lo anterior, escribí una guía para padres en los primeros años. La respuesta es que tienes opciones, aunque no las controles, y estas elecciones son importantes. El problema es que el entorno parental rara vez estructura estas opciones de manera que brinden autonomía a los padres.

Lo podemos hacer mejor y, aunque parezca sorprendente, los datos y la economía pueden ayudar. Mi objetivo en este libro es disminuir un poco el estrés de los primeros años, dándote la información que necesitas para tomar las mejores decisiones y un método para identificarlas.

También espero que *Criar sin mitos* ofrezca un mapa básico, fundamentado en datos, de los grandes problemas que surgen en los tres primeros años de crianza, pues sé por experiencia que no son fáciles de manejar.

La mayoría de personas de esta generación nos convertimos en padres más tarde que nuestros padres; hemos sido adultos funcionales mucho más tiempo que cualquier generación anterior de padres primerizos. Ese no es solo un hecho demográfico comprobado. Significa que estamos acostumbrados a la autonomía; y gracias a la tecnología estamos acostumbrados a disponer de información casi ilimitada cuando tomamos decisiones.

Nos gustaría abordar la crianza de los hijos de la misma manera, pero la gran cantidad de opciones crea un exceso de información. En particular en las fases tempranas, cada día parece haber un nuevo reto, y cuando buscas consejo, todos dicen algo distinto. Y para ser francos, en comparación contigo, todo el mundo parece ser experto. Es abrumador incluso antes de que te des cuenta de tu estado de agotamiento tras el parto y de que el pequeño nuevo residente de tu hogar no se agarra al pecho, no duerme o no para de llorar. Respira profundo.

Hay muchas decisiones importantes: ¿deberías amamantarlo? ¿deberías entrenarlo para dormir, y con qué método? ¿Y las alergias? Algunas personas dicen que evites darle cacahuates, otras dicen que se los des lo antes posible, ¿quién tiene razón? ¿Deberías vacunarlos?, y si es así, ¿cuándo? Y hay otras menos importantes: ¿es buena idea envolverlos, apretados «como tamal», en una cobija? ¿Tu bebé necesita tener horarios de inmediato?

Estas preguntas tampoco desaparecen cuando tu hijo crece. Apenas se ha estabilizado el sueño y la alimentación cuando enfrentas el primer berrinche. ¿Qué demonios haces con eso? ¿Deberías castigar a tu hijo? ¿Cómo? ¿Le tendrías que hacer un exorcismo? A veces así parece. Quizá solo necesites una pausa de un minuto. ¿Está bien dejar que tu hijo vea la televisión? Tal vez en alguna ocasión internet te dijo que ver televisión convertiría a tu hijo en un asesino en serie. Es difícil recordar los detalles, pero ¿mejor no arriesgarse? Pero, vamos, una pausa sería bienvenida.

Y, por si fuera poco, está la interminable preocupación: «¿Mi hijo es normal?». Cuando tu bebé solo tiene unas semanas de nacido, «normal» significa si hace bastante pipí, si llora demasiado, si está subiendo de peso lo suficiente. Después, es si duerme lo necesario, si puede darse la vuelta, si sonríe. Más tarde ¿tiene que gatear?, camina?, ¿cuándo debe poder correr?, ¿cuándo tiene que empezar a hablar?, ¿cuántas palabras diferentes debe poder decir?

¿Cómo podemos obtener las respuestas a estas preguntas? ¿Cómo sabemos cuál es la manera «correcta» de criar? ¿Eso siquiera existe? Tu pediatra será útil, pero con frecuencia tienden (con razón) a enfocarse en problemas de salud reales. Cuando mi hija no mostró ningún interés en caminar a los 15 meses, la pediatra simplemente me dijo que, si a los 18 meses seguía sin caminar, empezaría a hacer pruebas para detectar retrasos en el desarrollo. Pero una cosa es que tu hijo esté tan retrasado como para necesitar intervención temprana, y otra muy diferente es que solo sea un poco más lento que el promedio. Y esto no te explica si el desarrollo tardío tiene alguna consecuencia.

A un nivel más básico, tu médico no siempre está disponible. Son las tres de la mañana y tu niño de tres semanas solo duerme cuando estás junto a él. ¿Está bien dejarlo dormir en tu cama? En estos tiempos lo más probable es que recurras a internet. Con los ojos soñolientos, con tu bebé en brazos y tu pareja (desgraciado, a final de cuentas todo esto es su culpa) roncando a tu lado, buscas consejos de crianza en sitios web y opiniones en Facebook.

Esto te puede dejar con más dudas que antes. En internet lo que sobra son opiniones, y muchas de ellas son de personas en las que probablemente confías: tus amigos, blogs de mamás, gente que asegura conocer información científica. Pero todos proponen cosas diferentes. Algunos de ellos te dicen que sí, que dejar que tu bebé duerma en tu cama es maravilloso. Es la manera natural de hacerlo y no hay riesgo, siempre y cuando no fumes o bebas. Argumentan que las personas que afirman que es peligroso solo están confundidas; piensan que la gente no hace esto «como se debe». Sin embargo, por otro lado, las recomendaciones oficiales dicen que, *en definitiva, no hay que hacerlo*. Tu hijo podría morir. No existe una manera segura de dormir juntos. La Academia Americana de Pediatría recomienda que pongas al bebé en un moisés junto a tu cama, pero en cuanto lo haces se despierta.

Todo esto empeora por el hecho de que (con frecuencia) estos comentarios no se hacen de manera tranquila. He visto muchas discusiones intensas en grupos de Facebook en las que la decisión sobre el sueño se deteriora hasta llegar a juicios sobre quién es buen padre. Habrá personas que te digan que dormir con tu bebé no solo es una mala decisión, sino que solo alguien «a quien su bebé no le importa nada» haría algo así.

Frente a toda esta información contradictoria, ¿cómo puedes decidir qué es correcto, no solo para el bebé, sino también para ti y para tu familia en general? Esa es la pregunta esencial sobre la crianza.

Yo soy economista; una profesora cuya labor se enfoca en la economía de la salud. En mi trabajo diurno analizo datos en un intento por averiguar la causalidad en las relaciones que estudio. Y luego trato de usar estos datos en algún marco económico —uno que considere con cuidado los costos y beneficios— para pensar en la toma de decisiones. Hago esto en mis investigaciones y es el centro de mi enseñanza.

También trato de usar estos principios en la toma de decisiones fuera de la oficina y del salón de clases. Probablemente ayuda que mi marido, Jesse, también es economista: puesto que hablamos el mismo idioma, eso nos da un marco de referencia para tomar juntos las decisiones familiares. En nuestro hogar tendemos a usar mucho la economía, y cuando fuimos padres primerizos no fue la excepción.

Por ejemplo, antes de tener a Penelope yo cocinaba la cena casi todas las noches. Era algo que en verdad disfrutaba hacer y una manera de relajarme al final del día. Cenábamos tarde, entre siete y media y ocho; luego nos relajábamos un poco y nos íbamos a dormir.

Al llegar Penelope seguimos con este horario, pero cuando creció lo suficiente para comer con nosotros fue una locura. Ella tenía que comer a las seis y nosotros, en el mejor de los casos, llegábamos a casa al cuarto para las seis. Queríamos comer juntos, pero ¿qué tipo de comida puedes preparar y cocinar en quince minutos?

Cocinar desde cero al final del día era un desafío imposible. Consideré otras opciones: podíamos pedir comida para llevar, podíamos hacer dos cenas, una rápida para Penelope y otra más elaborada para nosotros cuando ella se fuera a dormir. Por esas épocas también aprendí el concepto «kit de comida»: un paquete de ingredientes parcialmente preparados para una receta, donde todo lo que tienes que hacer es calentar. Incluso había una versión vegetariana que daba servicio a domicilio.

Con todas estas opciones, ¿cómo elegir?

Si quieres pensarlo como un economista, debes comenzar por los datos. En este caso, la pregunta importante era: ¿De qué manera el costo de estas opciones se compara con el de las comidas que yo preparo? La comida para llevar era más cara. Alimentar a Penelope con nuggets de pollo y nosotros comer otra cosa también era más costoso. Los kits de comida se encontraban en el medio: eran un poco más caros que comprar los ingredientes y prepararlos yo misma, pero menos costosos que la comida para llevar.

Pero esto no era todo, puesto que no estaba considerando el valor de mi tiempo. O, como diría un economista, el «costo de oportunidad». Pasaba entre quince y treinta minutos, generalmente temprano en la mañana, preparando la comida. Tiempo que hubiera podido usar en otra cosa (por ejemplo, escribir mi primer libro más rápido o redactar más artículos). Ese tiempo tenía un valor real, y no se podía pasar por alto al hacer en los cálculos.

Cuando tuvimos esto en cuenta, el kit de comida parecía una buena opción, e incluso la de comprar comida para llevar empezó a sonar atractiva. La diferencia de precio era pequeña y el costo de mi tiempo lo compensaba. Sin embargo, preparar dos cenas parecía ser la peor opción, significaba pasar más tiempo en la cocina, no menos.

Pero esto no es totalmente correcto, puesto que no considera las preferencias. Quizá en verdad disfruto planear y preparar una comida, como le pasa a mucha gente. En este caso, cocinar tendría sentido, aunque otra opción parezca buena en cuestión de costo, quizá esté dispuesta (en términos económicos) a «pagar» por poder hacerlo.

Si bien la comida para llevar podía ser lo más sencillo en términos de tiempo, algunas familias valoran mucho la hecha en casa. Y pensando en la opción de dos cenas, hay que considerar que a algunos padres les gusta sentarse y comer con sus hijos todas las noches; a otros la idea de una cena para los niños y otra para los adultos, ya que esta última opción les da una oportunidad para relajarse y platicar con su cónyuge. Puede ser que a ti te guste una mezcla de ambas opciones.

Aquí, las preferencias son muy importantes. Dos familias, con los mismos presupuestos para comidas, el mismo valor del tiempo y las mismas opciones, pueden tomar decisiones distintas porque tienen preferencias diferentes. Este enfoque económico en la toma de decisiones no decide por ti, únicamente te indica cómo estructurar tu decisión. Te hace formular preguntas como: ¿Disfrutas tanto cocinar como para que esa sea la decisión correcta?

En nuestro caso, queríamos comer con Penelope y no nos gustaba la opción de la comida para llevar. Por lo tanto, decidí que, aunque disfruto cocinar, no me gusta lo suficiente como para hacerlo todo yo misma. Así que intentamos con el kit de comida vegetariano (era bueno, aunque exageraba un poco con la col rizada).

Puede parecer que este ejemplo doméstico es independiente de la decisión de amamantar o no, pero en términos de toma de decisiones, no es diferente. Necesitas datos; en este caso, información adecuada sobre los beneficios de amamantar, y también tienes que pensar en las preferencias de tu familia.

Cuando estaba esperando a Penelope utilicé esta estrategia para el embarazo. Escribí un libro al respecto, *Expecting Better* (*Esperar mejor*), en donde analizo las diversas reglas del embarazo y las estadísticas que hay detrás.

Cuando Penelope nació, la necesidad de tomar decisiones no desapareció, solo que ahora se trataba de decisiones más difíciles. Ahora había una verdadera persona a quien tomar en cuenta; y aunque era una bebé, tenía opiniones. ¡Deseas que tu hijo sea feliz todo el tiempo! Y tienes que equilibrar esto con el conocimiento de que, a veces, necesitas tomar decisiones difíciles por ellos.

Considera, por ejemplo, la atracción que Penelope sentía por el Rock 'n Play Sleeper, un asiento-moisés mecedora. Después de la cobija para dormir apretada, Penelope decidió que este era su lugar predilecto para dormir. En el mejor de los casos era un inconveniente —tuvimos que cargar la mecedora por todos lados durante meses, incluso en unas vacaciones mal planeadas a España—, y en el peor, constituía un riesgo de síndrome de cabeza plana.

Sin embargo, liberarnos de la mecedora no solo dependía de nosotros sino también de ella. Cuando un día decidimos que ya era suficiente, no tomó siesta en todo el día; estuvo todo el tiempo irritable y la niñera, desconsolada. Penelope ganó la partida; al día siguiente la volvimos a usar y continuamos haciéndolo hasta que nos vimos obligados a dejarla porque la niña rebasó el límite de peso.

Podrías decir que tan solo nos rendimos, pero en realidad tomamos una decisión que priorizaba la armonía familiar, en lugar de llevar a Penelope a su cuna exactamente en el momento en que los libros lo recomiendan. Hay límites que no debes cruzar con niños pequeños, pero existen muchas áreas grises. Pensar en nuestras opciones en términos de costo-beneficio ayuda a eliminar un poco de estrés al tomar una decisión.

De nuevo, como lo hice durante el embarazo, al considerar estas opciones encontré un poco de apoyo en las investigaciones al respecto. Existían estudios para la mayoría de las decisiones importantes que tuvimos que tomar —lactancia, hábitos de sueño, alergias—. Por supuesto, el problema era que no todos esos estudios eran muy buenos.

Por ejemplo, los que tienen que ver con la lactancia materna, la cual a menudo es difícil, pero mucha gente la recomienda por los múltiples beneficios que se supone tiene para los bebés. La medicina y una serie de voces en internet, por no hablar de tus amigos y familiares, dicen que la lactancia materna es indispensable. Pero ¿son reales todos estos beneficios?

Lo cierto es que no es fácil responder esta pregunta.

El objetivo de estudiar la lactancia materna es saber si los niños amamantados cuando crecen son diferentes —más sanos, más inteligentes—, de aquellos que no lo fueron. El problema básico es que la mayoría de la gente no elige amamantar al azar. De hecho, piensan con mucho cuidado en esta opción, y las personas que eligen hacerlo son distintas de quienes optan por lo contrario. Cuando consideramos datos recientes de Estados Unidos, la lactancia materna es más común entre mujeres con mayor educación e ingresos más altos.

Esto se debe en parte a que estas mujeres tienen más probabilidades de contar con el apoyo (incluido el permiso por maternidad) que les permite amamantar. También es posible que en parte se deba a que son más conscientes de las recomendaciones que afirman que la opción de la lactancia materna es fundamental para criar a un niño saludable y exitoso. Pero sin importar la razón, la cuestión sigue siendo la misma.

Este es un problema cuando aprendemos de los resultados de investigaciones. Los estudios sobre la lactancia materna muestran una y otra vez que amamantar se relaciona con mejores resultados en los niños: mejor desempeño escolar, índices más bajos de obesidad, etcétera. Pero estos resultados también se vinculan con la educación, ingresos y estado civil de la madre. ¿Cómo podemos saber si es la lactancia materna o las otras diferencias entre las mujeres la causa de un mejor desempeño escolar o una disminución de la obesidad?

Una respuesta es que algunos trabajos de investigación son mejores que otros.

Al considerar estas alternativas, utilicé mi capacitación en economía —en particular la parte en la que trato de averiguar la causalidad a partir de los datos— para intentar separar los estudios bien realizados de los menos confiables. La causalidad no es sencilla. Puede parecer que existe una fuerte relación entre dos cosas, pero cuando indagas un poco más, encuentras que en realidad no tienen ningún vínculo. Por ejemplo, podría parecer que las personas que comen barras de chocolate Clif están más sanas que quienes no lo hacen. Pero quizá esto no se deba a que comen barras Clif, sino a que las personas que eligen comerlas tienen otros comportamientos saludables.

Mi estrategia en este caso fue tratar de identificar cuáles de los cientos de estudios sobre lactancia materna ofrecían los datos más precisos y encontré que algunos de ellos sí avalaban una relación.

Por ejemplo, según algunos estudios, amamantar reduce de manera sistemática la diarrea infantil, pero según otros, no hay relación entre ambas cosas; la idea de que la lactancia materna tiene importantes efectos en el coeficiente intelectual, por ejemplo, no tiene mucho respaldo científico. En el caso de los beneficios de la lactancia para la madre también existen estudios confiables, aunque no todos sean magníficos. Pero ni siquiera estos son irrebatibles. Cuando mis hijos crecieron un poco más, y yo me empecé a preguntar sobre los efectos del tiempo que pasaban frente a una pantalla, encontré muy poca información que en verdad abordara los temas sobre los que yo tenía dudas. Las aplicaciones de iPad para enseñar las letras a un niño de tres años sencillamente aún no han existido el tiempo suficiente como para dar pie a muchos trabajos de investigación.

En ocasiones resultaba frustrante, pero hasta cierto punto reconfortante, saber que hay algunas preguntas que los estudios no pueden responder. Por lo menos se puede partir de una comprensión de las incertidumbres.

Como en el caso de la preparación de la comida, los datos son solo una pieza del rompecabezas, y no podemos detenernos ahí. Cuando vi la información tomé un conjunto de decisiones. Pero incluso los mismos datos no siempre llevan a las mismas respuestas. La información ayuda, pero también lo hacen las preferencias. Al decidir amamantar o no, es útil saber cuáles son los beneficios de hacerlo (si los hay), pero también es fundamental pensar en los costos. Quizás odias amamantar, tal vez planeas volver a trabajar y no te gusta sacarte la leche. Estas son razones para no amamantar. Con mucha frecuencia nos concentramos en los beneficios y pasamos por alto los costos. Pero los beneficios pueden exagerarse y los costos pueden ser grandes.

Por lo tanto, antes de decidir qué prefieren hacer, los padres deben tener en cuenta no solo los beneficios para el bebé sino también los costos para ellos. Cuando piensas en la mejor manera de cuidar a tu hijo —ser un padre o madre que permanece en el hogar, la guardería, la niñera— es útil considerar los datos, pero también es esencial pensar en lo que funciona para tu familia. En mi caso estaba comprometida con volver al trabajo. Quizá mis hijos hubieran preferido que me quedara en casa (lo dudo), pero eso no funcionaría para *mí*. Me informé para considerar esta opción, pero, finalmente, mis preferencias desempeñaron un papel importante. Tomé una decisión informada, pero también tomé una decisión que era correcta para mí.

Esta idea —la de que las necesidades o deseos de los padres se deben tomar en cuenta al tomar las decisiones— puede ser difícil de aceptar. En un sentido, creo que esto está en el centro de muchos de los conflictos de las «guerras de mamás».

Todos queremos ser buenos padres. Queremos tomar las decisiones correctas. Así, después de que decidimos algo nos sentimos tentados a decidir que tomamos la decisión perfecta. La psicología tiene un nombre para esto: disonancia cognitiva evasiva. Si elijo no amamantar, no quiero reconocer que la lactancia materna conlleva beneficios, así sean pequeños. Entonces me aferro a la posición de que amamantar es una pérdida de tiempo. Por otro lado, si paso dos años sacándome el pecho cada tres horas, necesito creer que esto es necesario para ofrecerle a mi hijo una vida de éxito continuo.

Se trata de una tentación profundamente humana, pero también es contraproducente. Tus elecciones pueden ser correctas para ti, pero no necesariamente son la mejor opción para otras personas. ¿Por qué? *Porque tú no eres las otras personas.* Tus circunstancias son distintas. Tus preferencias son distintas. En el lenguaje de la economía: tus restricciones difieren.

Cuando los economistas hablamos de las personas que toman «decisiones óptimas», siempre resolvemos problemas de lo que llamamos *optimización restringida*. A Sally le gustan las manzanas y los plátanos. Las manzanas cuestan tres dólares y los plátanos cinco. Antes de preguntar cuántos de cada uno compra Sally, le damos un presupuesto. Esta es su restricción. De lo contrario, compraría una cantidad infinita de manzanas y plátanos (los economistas asumen que la gente siempre quiere más cosas).

Cuando tomamos decisiones de crianza también tenemos restricciones; en dinero, por supuesto, pero asimismo en tiempo o energía. No puedes conjurar sueño de la nada. Si duermes menos, sacrificas los beneficios que podrías obtener con una buena noche de descanso. El tiempo que pasas sacándote la leche en el lactario en el trabajo podrías pasarlo trabajando. Lo piensas y luego tomas las decisiones que te funcionan. Pero alguien que necesite menos horas de sueño, que tenga más tiempo para dormir una siesta, o que pueda sacarse la leche y trabajar al mismo tiempo, puede tomar decisiones diferentes. La crianza de los hijos es suficientemente difícil. Eliminemos un poco de estrés de las decisiones de crianza.

Este libro no te dirá qué decisiones tomar para tus hijos. En vez de eso voy a tratar de brindarte la información necesaria y un poco de marco de decisión. Los datos son los mismos para todos, pero las decisiones solo son tuyas.

Al pensar en las grandes resoluciones de estos primeros años, probablemente encontrarás que algunos datos que se mencionan en esta obra, desde los horarios para dormir hasta el tiempo que se pasa frente a la pantalla, son sorprendentes. Cuando ves las cifras tú misma sientes seguridad. La gente puede decirte que está bien que «dejes llorar» a tu hijo hasta que se quede dormido, pero lo más probable es que te sientas mejor una vez que hayas visto los datos que muestran que esto es cierto.

Cuando escribí *Expecting Better*, que habla sobre el embarazo, encontré mucha información —sobre el café, el alcohol, las pruebas prenatales, la epidural—. Ahí, las preferencias desempeñaban un papel importante, pero, en muchos casos, los datos eran claros. Por ejemplo: guardar cama no es una buena idea. En cuanto al embarazo, existen menos cosas en las que la información te dirá qué hacer o qué evitar. Las preferencias de tu familia serán más importantes. Esto no significa que los datos no sean útiles —¡generalmente lo son!—, sino que las decisiones que provienen de ellos serán diferentes, más aún de lo que lo son en el embarazo.

Criar sin mitos comienza en la sala de parto. La primera parte de este libro aborda algunos aspectos, muchos de ellos médicos, que se presentan desde muy temprano: circuncisión, pruebas de tamizaje neonatal o pérdida de peso del recién nacido. Hablaré de las primeras semanas en casa: ¿Debes envolverlo con una cobija? ¿Evitar la exposición a los gérmenes? ¿Registrar de manera obsesiva información sobre tu bebé? Esta parte del libro también les hablará a las nuevas mamás de la recuperación física del parto y sobre la conciencia de los problemas emocionales posparto.

La segunda parte se enfoca en las grandes decisiones de la crianza temprana: lactancia (¿Debería hacerlo? ¿Cómo funciona?), vacunas, posición para dormir, entrenamiento del sueño, permanecer en casa o trabajar fuera de casa, guardería o niñera (en resumen: las guerras de mamás).

La tercera parte abordará la transición del recién nacido al bebé, o al menos de una parte de esa etapa: tiempo frente a la pantalla (¿Es bueno o malo?), entrenamiento para ir al baño, disciplina y varias opciones educativas. Te mostraré algunos datos sobre el momento en que tu hijo va a empezar a caminar y a correr, y cuánto va a poder hablar (y si eso importa).

La última parte del libro habla de los padres. Cuando llega un bebé, necesariamente crea a unos padres, y muchas cosas cambiarán. Hablaré de las presiones que la paternidad temprana puede producir en la relación con tu pareja y la pregunta sobre tener más hijos (y cuándo).

Sabemos que ser padre y madre significa recibir muchos consejos, pero estos casi nunca van acompañados de una explicación del *por qué* algo es verdadero o no, ni hasta qué punto podemos saber si es verdadero. Cuando no explicamos la razón, eliminamos la capacidad de que la gente piense por sí misma sobre estas opciones y sobre el papel que desempeñan sus propias preferencias personales. Los padres también son personas y merecen algo mejor.

El propósito de este libro no es contradecir ningún consejo en particular, sino la idea de no explicar el por qué se aconseja algo. Armada con la evidencia y una manera de pensar tus decisiones, puedes elegir lo que es correcto para *tu* familia. Si tú estás feliz con tus resoluciones, ese es el camino para una crianza más feliz y relajada; y con suerte, para poder dormir un poco más.

PARTE UNO

Al principio

Sin importar si tuviste el parto que siempre imaginaste o, en palabras de una colega, «si entraste un poco en pánico al final», te encontrarás en una sala de recuperación unas horas después. Es probable que sea muy similar a la sala de preparto o la de parto, solo que cuando llegues a *esa* sala, habrá una persona menos.

Es difícil sobreestimar lo diferentes que son las cosas momentos antes y momentos después del bebé, especialmente cuando ese bebé es tu primer hijo. Cuando nació Penelope estuvimos en el hospital unos días. Me la pasaba en bata sentada, con la bebé en brazos tratando de amamantarla, esperando que la trajeran de todas las pruebas que le hacían, tratando de caminar con cuidado. Algunos recuerdos de ese tiempo son muy nítidos y específicos —Jane y Dave llegaron con un oso de peluche morado, Aude llevó una baguete—, pero la experiencia parece un poco como un sueño.

En sus notas sobre los primeros días de la vida de Penelope, Jesse escribió: «Emily se la pasa mirando a la bebé». Es cierto. Incluso cuando trataba de dormir, la veía en mi mente.

Las primeras horas o días en el hospital y, más tarde, las primeras semanas en casa, pueden parecer borrosas (quizá se debe a la falta de sueño). No ves a muchas personas (a menos que alojes a miembros de tu familia inoportunos) ni sales mucho de casa; no duermes ni comes lo suficiente y, de pronto, hay una persona exigente que antes no estaba ahí. UNA PERSONA COMPLETA. Alguien que, algún día, manejará un automóvil, tendrá un trabajo y te dirá que te odia por arruinarle la vida al no dejarla ir a una pijamada mixta a la que *todo el mundo* va a asistir.

Pero cuando miras al bebé o contemplas el sentido de la vida, pueden surgir situaciones en las que tienes que tomar decisiones. Es mejor que las pienses por adelantado, puesto que este no será tu periodo más funcional. Los días inmediatamente posteriores al parto son confusos, y la confusión puede aumentar por los frecuentes consejos contradictorios que recibes de médicos, familiares y amigos, y los que obtienes en internet.

El primer capítulo de esta sección habla sobre los problemas que pueden surgir en el hospital, ya sean los procedimientos a los que podrías someterte o las complicaciones que se pueden presentar. El segundo capítulo habla sobre las primeras semanas en casa.

Hay muchas decisiones importantes sobre la crianza de los hijos —como amamantarlos o no, vacunarlos o no, dónde dormirlos— que tal vez quieras tomar lo antes posible (o, en algunos casos, antes del nacimiento). Pero puesto que afectan mucho después que las primeras semanas, las dejaré para la segunda parte.

1

Los primeros tres días

S i tienes un parto vaginal, es probable que pases dos noches en
el hospital. Si tienes una cesárea o alguna complicación durante
el parto, es posible que permanezcas tres o cuatro noches. Hubo un
tiempo en el que las mujeres se quedaban en el hospital una semana
o hasta diez días para recuperarse después del parto, pero esas épocas en definitiva terminaron. Los seguros médicos pueden ser muy
estrictos en este tema, tanto que una amiga sugirió que tratáramos
de esperar hasta después de medianoche para que el bebé naciera, ya
que así podríamos tener una noche más de hospital. (Esto suponía
un grado de control que, definitivamente, yo no tenía, aunque a veces
los médicos te dan la admisión tarde por esta razón).

Dependiendo de tu temperamento (y del hospital), esto puede
ser una manera agradable de comenzar, aunque también puede ser
un poco frustrante. La gran ventaja del hospital es que hay gente a tu
alrededor que te cuida y te ayuda a resolver situaciones con el bebé.
Suele haber asesores de lactancia, por si quieres dar el pecho, y hay
enfermeras cerca para asegurarse de que no sangras demasiado y de
que el bebé parece funcionar con normalidad.

La desventaja es que el hospital no es tu casa. No tienes ninguna
de tus cosas, puede ser un poco sofocante, y en general la comida es
horrible.

Con Penelope pasamos los dos días requeridos en un gran hospital en Chicago. Tenemos una foto verdaderamente espantosa de
mí en este periodo, en la que Jesse pensó que sería divertido que yo

sostuviera un ejemplar del *Us Weekly* en el que había un artículo sobre Britney Spears titulado «Mi nueva vida». Digamos que yo comenzaba «mi nueva vida» con un rostro muy hinchado.

La mayor parte de este tiempo estarás por ahí sentada contemplando a tu bebé, publicando actualizaciones en tu muro de Facebook. Pero en ocasiones alguien entrará y querrá hacerle cosas al bebé. Entrarán con una máquina gigante para hacer una prueba de audición. Le darán un pinchazo en el talón para un análisis de sangre. Y a veces te preguntarán qué quieres hacer.

«¿Quiere aprovechar que están aquí para circuncidarlo?».

¿Cómo tomas una decisión como esta? No es tan obvio para muchas personas. No es un procedimiento necesario desde el punto de vista médico o legal. En realidad, solo depende de ti.

Hay muchas maneras de tomar decisiones en esta situación. Puedes hacer lo que hacen tus amigas o lo que tu médico recomienda. Puedes tratar de averiguar lo que dice la gente en internet, qué hicieron y por qué. Por supuesto, en un caso como la circuncisión es probable que esto no te ayude. Aproximadamente la mitad de los bebés varones en Estados Unidos están circuncidados, y la otra mitad no, eso significa que puedes encontrar a mucha gente a ambos lados de la cuestión. (¿Por qué la mitad? Es difícil saberlo. Algunas personas lo hacen por motivos religiosos, otras por razones médicas, otras más porque el papá está circuncidado y los padres quieren que el pene de su hijo se parezca al de papá).

Este libro proporcionará argumentos para un enfoque más estructurado al tomar esta decisión. Empieza por obtener información. Aquí se aborda de forma abierta la cuestión de si existen riesgos y cuáles son estos. ¿Hay beneficios? ¿Cuáles y qué tan grandes son? A veces hay ventajas en una opción, pero son tan escasas que quizá no tenga sentido considerarlas. Otras opciones son riesgosas, pero los riesgos son minúsculos en comparación con otros peligros que asumes todos los días.

Después puedes combinar esta información con tus preferencias. ¿Tu círculo familiar ampliado está decididamente a favor o no? ¿Es importante para ti que tu hijo tenga un pene que se parezca al de su papá? No existen datos que te den las respuestas a estas preguntas, pero son una pieza importante del rompecabezas.

Es por estas preferencias que no puedes confiar en la mujer de internet. Ella no vive con tu familia, y, para ser honestos, no tiene idea de qué es lo correcto para el pene de tu hijo.

Cuando se trata de decisiones que *sí* puedes planear, es útil que las pienses con anterioridad. El tiempo que pasas en el hospital es agobiante, así que no es el mejor momento para tomar decisiones (¡y espera a que llegues a casa!). Es bueno estar preparada y saber qué está pasando mientras te adaptas a tu «nueva vida».

En general, todo sale bien, y un par de días después del parto estarás acomodando a tu bebé en el asiento del coche y te irás a casa. Pero este también es un momento en el que surgen algunas complicaciones comunes del recién nacido —ictericia, pérdida excesiva de peso—, con las que quizá también tengas que lidiar. Es bueno estar consciente de estas dificultades con anterioridad, eso te ayudará a participar de manera más activa en las decisiones relacionadas con ellas.

LO ESPERADO...

El baño del recién nacido

Cuando el bebé nace está completamente cubierto de líquidos. No quiero ser muy gráfica, pero hay mucha sangre. Hay un poco de líquido amniótico y una capa cerosa llamada *vérnix caseoso*, que protege al bebé de infecciones en el útero. En algún momento, alguien sugerirá que tienes que bañarlo.

Recuerdo a la enfermera que trataba de mostrarnos cómo bañar a Penelope en una tina para bebé, un día o dos después de que nació. Observamos con cuidado y después estuvimos de acuerdo en que era imposible hacerlo, y que probablemente esperaríamos a que ella pudiera bañarse sola. Pasaron dos semanas, hasta que por fin nos dimos por vencidos ante la leche podrida que tenía en los puños apretados. Solemnizamos ese baño con fotografías de una bebé completamente aterrada, que quizá sigue sin perdonarnos.

Pero me desvío del tema.

Antes era común bañar al bebé de inmediato; es decir, en los primeros minutos, quizá incluso antes de dárselo a la mamá. Ahora existen algunos argumentos en contra por dos razones. Primero, hay una creciente tendencia a favor del contacto piel con piel entre madre e hijo (más por encima que por debajo) y a dejarlos a solas un par de horas justo después del parto. Parece que uno de los beneficios del contacto piel con piel es una lactancia materna más exitosa. Quizá por esta razón, el éxito al amamantar también parece aumentar al retrasar el baño hasta después de las primeras horas.[1] Puesto que no existe un verdadero motivo para bañar al bebé, esa es una razón muy sensata para demorarlo.

La otra inquietud sobre el baño temprano es que podría afectar la temperatura del recién nacido. Al nacer, los bebés en ocasiones tienen problemas para mantener su temperatura corporal. Se cree que bañarlos —y después sacarlos mojados de la tina, algo importante— tiene repercusiones negativas. Resulta que los estudios al respecto no están bien sustentados. En algunos estudios que consideran el baño *inmediatamente* después del nacimiento no se presentaron consecuencias en la temperatura del bebé.[2]

Existe evidencia de que los recién nacidos que reciben baños de esponja experimentan en particular un mayor cambio en su temperatura a corto plazo; es decir, durante el baño e inmediatamente después.[3] Hay más tiempo en el que el recién nacido, desnudo y mojado, está expuesto al aire. El cambio de temperatura no es el problema, pero podría malinterpretarse como una señal de infección. Esto podría conducir a intervenciones innecesarias. Por esta razón en la mayoría de los hospitales los baños de tina son los predilectos.

Así, bañar a tu hijo no es algo tan terrible, pero en realidad no existe una razón para bañarlo, más que el asco que te provoca.

La mayor parte de la sangre se puede quitar. Quizá no debería admitirlo, pero a Finn nunca lo bañaron en el hospital, y nosotros esperamos la norma familiar de dos semanas para bañarlo en casa. No pasó nada malo, y por la forma en que Finn reaccionó cuando lo bañamos, Jesse aún cree que debimos esperar más tiempo.

Circuncisión

La circuncisión masculina es un procedimiento en el que el prepucio del pene se extrae mediante cirugía. La circuncisión está documentada desde el antiguo Egipto, y se practica ampliamente en muchas sociedades distintas. No está claro su origen; existe una gran variedad de teorías —mi favorita es la que dice que algún líder nació sin prepucio y a partir de ahí todos los demás se lo quitaban—, y la práctica pudo empezar por diferentes razones en distintos lugares.

La circuncisión se puede llevar a cabo a distintas edades, y en algunas culturas es tradición realizarla en la pubertad como parte de un rito de iniciación. Sin embargo, en Estados Unidos, si un niño es circuncidado, se hace en general poco después del nacimiento. Para las personas que practican el judaísmo, la circuncisión se lleva a cabo con un ritual llamado *Berit Milá*, cuando el bebé tiene ocho días de nacido. Aparte del *Berit Milá* tradicional, tu hijo puede ser circuncidado antes de que salgan del hospital, o con un procedimiento ambulatorio unos días después. En principio, la circuncisión se puede realizar tan pronto como se confirme que el pene funciona de forma correcta (es decir, después de la primera vez que el bebé haga pipí).

La circuncisión es un procedimiento optativo. No es común en todas partes. Por ejemplo, en general los europeos no lo hacen. Históricamente, es muy común en Estados Unidos, aunque con el tiempo los índices de circuncisión han disminuido; de un valor estimado de 65% de nacimientos en 1979 a un 58% en 2010.

Si perteneces a un grupo religioso en el que esto se realiza por tradición, lo más probable es que circuncides a tu hijo. Para el resto de las personas existe un sano debate sobre si la circuncisión es una buena idea. Hay quienes se oponen firmemente porque consideran que es un tipo de mutilación peligrosa; y quienes están a favor argumentan sobre los beneficios para la salud. La discusión puede ser acalorada, por eso es útil recurrir a los estudios.

El riesgo mayor de la circuncisión, como en cualquier otro procedimiento quirúrgico, es la infección. Para los recién nacidos, los riesgos de una circuncisión que se realiza en el hospital son muy pequeños. Las estimaciones más completas sugieren que el porcentaje de recién nacidos que presentan complicaciones menores por la circuncisión es quizá de apenas 1.5%.[4] Estas cifras se basan en estudios que incluyen algunos países en vías de desarrollo, por lo que es probable que incluso las consecuencias negativas menores sean menos frecuentes en Estados Unidos.

Otro riesgo es lo que en ocasiones se llama *mal resultado estético*; es decir, que se forme el prepucio residual, el cual requerirá otra cirugía. No existen cálculos exactos de qué tan común es esto, aunque parece ser un poco más frecuente que el porcentaje global de complicaciones adversas.[5]

En muy raras ocasiones los bebés pueden padecer estenosis meatal, una afección en la que se comprime la uretra (el conducto por el que pasa la orina), lo cual dificulta el flujo de orina. Esto es más común en niños circuncidados que no circuncidados, por lo que es bastante claro que la enfermedad está asociada con la circuncisión; sin embargo, esta afección es muy poco frecuente.[6] La estenosis meatal tiene curación, pero es necesaria una segunda cirugía. Existe evidencia limitada de que esto se puede evitar untando abundante vaselina (o Aquaphor) sobre el pene durante los primeros seis meses del bebé.[7]

También hay cierto debate —en particular del lado que se opone a la circuncisión— sobre la pérdida de sensibilidad del pene como resultado de este procedimiento. Sencillamente no existe ninguna evidencia a favor o en contra. Algunos estudios sobre la sensibilidad del pene (realizados mediante golpecitos en el pene con distintas cosas) no muestran ningún resultado consistente en hombres circuncidados frente a los no circuncidados.[8] Asimismo, es probable que los investigadores dedujeran que a nadie le gusta que le den golpecitos en el pene, con o sin prepucio.

Esto por lo que se refiere a los riesgos. También existen algunos probables beneficios de la circuncisión. El primero es la prevención de infecciones en las vías urinarias (IVU). Los niños circuncidados tienen menos probabilidad de padecerlas. Aproximadamente 1% de los niños no circuncidados padecerá una IVU en la infancia. Para los chicos circuncidados la estimación es solo de 0.13%.[9] Esto es muy significativo, y en general se acepta que esta protección es real. Sin embargo, vale la pena decir que el beneficio es pequeño en términos absolutos: se tendrían que circuncidar 100 niños para evitar una IVU.

Los niños no circuncidados también pueden presentar una enfermedad llamada *fimosis*, en la que se hace imposible jalar el prepucio hacia atrás. Esto requiere tratamiento —en general con una crema esteroide— y posiblemente más adelante requiera una circuncisión. Se calcula que el riesgo general de requerir una circuncisión posterior para tratar este problema (u otros relacionados) es de 1 a 2%; es decir, es poco común, pero posible.[10]

Los dos últimos beneficios de la circuncisión que se han citado son un riesgo menor de VIH y otras infecciones de transmisión sexual (ITS), y un riesgo bajo de cáncer de pene. En el caso de VIH y otras ITS, existe suficiente evidencia en varios países africanos que sugiere que los riesgos son menores en hombres circuncidados. Esto sucede en un contexto en el que la mayoría de las transmisiones de VIH se da entre personas heterosexuales; en Estados Unidos la mayoría de las transmisiones sucede en hombres que tienen relaciones sexuales con otros hombres (esta es la jerga técnica) o por el uso de drogas por vía intravenosa (IV). Los resultados de los estudios no demuestran con claridad si la protección de la circuncisión se extiende hasta la población de hombres que tienen relaciones sexuales con hombres; aunque es un hecho que no es así en el caso del uso de drogas por IV.[11]

El cáncer de pene es extremadamente raro; afecta a uno de cada 100 mil hombres. El riesgo de cáncer invasivo de pene aumenta con la falta de circuncisión, en particular entre niños que padecieron fimosis en la infancia.[12] De nuevo, incluso un gran aumento de los riesgos relativos se traduce en un pequeño número de casos.

La Academia Americana de Pediatría sugiere que los beneficios de la circuncisión para la salud exceden los costos; pero agregan, correctamente, que ambos beneficios y costos son muy pequeños. Con frecuencia esta decisión se basa solo en una preferencia personal, la pertenencia a algún tipo de asociación cultural o en el deseo de que el pene de tu hijo tenga un aspecto particular. Todas son razones válidas para hacerlo o no.

Si decides circuncidarlo, hay que considerar el alivio del dolor. Se acostumbraba a creer que los bebés no sentían el dolor igual que los adultos; por eso era común llevar a cabo la circuncisión sin ningún tratamiento para aliviar el dolor, o quizá solo un poco de agua azucarada. Esto es falso; de hecho, parece que el dolor que sienten los recién nacidos durante la circuncisión es más intenso que el que sienten con las vacunas, incluso de cuatro a seis meses después.[13]

Desde esta perspectiva, ahora es muy recomendable que los recién nacidos reciban algún tipo de alivio para el dolor durante este procedimiento. Parece que el más efectivo es el bloqueo del nervio dorsal del pene (conocido como DPNB, por sus siglas en inglés), que consiste en inyectar un analgésico en la base del pene antes de la circuncisión. El médico de tu bebé también puede combinarlo con anestesia tópica.[14]

Análisis de sangre y prueba de audición

El personal médico del hospital aprovechará el tiempo de tu estancia para realizar al menos dos pruebas adicionales a tu bebé: un análisis de sangre y una prueba de audición.

En Estados Unidos el análisis de sangre en el recién nacido se utiliza para detectar una gran variedad de enfermedades. Dependiendo del estado, el número exacto varía; California (por ejemplo) está en el extremo superior, con 61. Muchas de estas enfermedades se relacionan con el metabolismo y se manifiestan mediante la incapacidad para digerir proteínas particulares o la producción de enzimas.

Un buen ejemplo del trastorno más común que se detecta de esta manera es la fenilcetonuria (PKU), una afección hereditaria que se presenta en aproximadamente uno de cada 10 mil nacimientos. Las personas que padecen esta enfermedad carecen de una enzima particular que descompone un aminoácido llamado *fenilalanina* en otro aminoácido. Para las personas que padecen PKU es esencial ingerir una dieta baja en proteínas, puesto que estas contienen mucha fenilalanina. Asimismo, la proteína puede acumularse en el cuerpo, incluido el cerebro, y provocar complicaciones extremadamente graves, como discapacidad intelectual aguda o la muerte.

Sin embargo, una vez que se detecta la PKU, algunos cambios en la dieta hacen posible manejarla y evitar las consecuencias negativas. El problema es que si la PKU no se detecta en el nacimiento, puede producir daño cerebral casi de inmediato, puesto que tanto la leche materna como la fórmula tienen cantidades importantes de proteína. Sin la prueba la enfermedad no se detectaría hasta que fuera demasiado tarde.

Por lo tanto, los exámenes para detectar esta enfermedad —y otras similares— al momento de nacer son fundamentales para mejorar el pronóstico. Todas estas pruebas se realizan con un pequeño pinchazo en el talón, sin ningún riesgo para el bebé. Si tu hijo no tiene ninguna de estas afecciones (sin duda el caso más probable), no volverás a escuchar nada más sobre el tema.

El personal médico también realizará una prueba de audición al bebé, en la que se usa una máquina grande y complicada. En ocasiones la llevan a tu habitación y ahí realizan la prueba, otras veces se hace en otro lugar. La pérdida auditiva es relativamente común y afecta de uno a tres niños de cada mil. Cada vez se hace más énfasis en la detección temprana de la pérdida auditiva, ya que una intervención oportuna (por ejemplo, prótesis auditivas o implantes) puede mejorar la adquisición del lenguaje y disminuir la necesidad de una intervención posterior.

Como podrás imaginar, no es posible realizar una prueba auditiva a un recién nacido de la misma manera que a un adulto; los bebés no levantan las manos cuando escuchan un pitido y, honestamente, lo más probable es que estén dormidos. En vez de eso estas pruebas usan sensores en la cabeza o sondas para oídos. Los sensores o sondas pueden detectar si el oído medio e interno responden como se espera a un tono.[15]

Estas pruebas son muy buenas para detectar la pérdida auditiva (detectan de 85 a 100% de los casos), pero arrojan muchos falsos positivos. En algunas estimaciones, 4% de los recién nacidos no pasa esta prueba, en tanto que solo de 0.1 a 0.3% tiene pérdida auditiva. Cuando la prueba auditiva detecta algo inusual, en general remitirán al recién nacido al centro audiológico; esta es una buena idea, dada la necesidad de abordar los problemas auditivos lo más pronto posible. Pero también es buena idea recordar que la mayoría de los bebés que no pasan la prueba no tiene problemas de audición. Si tu bebé no pasa la prueba en el primer examen, quizá sea buena idea volver a intentarlo mientras estás en el hospital; un segundo examen puede detectar los falsos positivos.

Alojarse en la misma habitación

Durante estos primeros días en el hospital verás mucho a tu bebé. Sin embargo, surge la pregunta de si quieres tenerlo cada minuto contigo. El parto es agotador, y para muchas mujeres es difícil dormir con su recién nacido en la misma habitación. Tradicionalmente, los cuneros de los hospitales proporcionan una manera en que las mujeres pueden descansar de sus bebés para reposar algunas horas y recuperarse.

Sin embargo, esto ya no es tan cierto como era antes. En las últimas décadas hemos visto un aumento de «hospital amigo del niño».

Por supuesto, esperamos que todos los hospitales sean amigos del niño, pero este término significa algo más específico. En particular, los hospitales amigos del niño observan un plan de diez puntos diseñado para promover la lactancia materna.

Estos principios incluyen cosas como no dar fórmula a los recién nacidos, a menos que se indique por razones médicas; no darles chupón e informar a todas las mujeres embarazadas sobre los beneficios de amamantar. No hablaré aquí de la lactancia materna porque es un tema que desarrollo más adelante en este libro. La práctica de evitar los chupones, que es particularmente controvertida, también se tratará de forma más detallada en el capítulo sobre lactancia materna.

Pero además de aconsejar y evitar la fórmula, uno de los requisitos de los hospitales amigos del niño es que deben «alojarse en la misma habitación». A menos que exista una razón médica por la que el recién nacido tenga que estar afuera de la recámara, las madres y los bebés deben estar juntos en su cuarto las 24 horas del día.

¡Quizá te parezca maravilloso! ¿Por qué querrías estar lejos de tu bebé? De hecho, podría ser agradable. Cuando tuve a Finn, acabé en una sala de parto que tenía una cama gigante, y nos dejaron quedarnos ahí todo un día (¡gracias, Hospital de Mujeres e Infantes!). Había suficiente espacio para Jesse y para mí en la cama, con Finn entre nosotros, y tomábamos turnos para dormir. Recuerdo esto como las primeras doce horas maravillosas en la vida de Finn.

Sin embargo, esto era un poco inusual. Lo más seguro es que estés en una sala de recuperación, con el bebé a tu lado en una cuna; una situación mucho menos cómoda. Los bebés hacen muchos ruidos raros, y cuando los tienes contigo todo el tiempo quizá no puedas dormir nada. Antes de tener a Penelope más de una mamá me dijo que la enviara a los cuneros, aunque fuera por algunas horas, para poder dormir un poco. (Eso hice; el Hospital Prentice de Chicago no era un hospital amigo del niño en ese entonces).

Existen algunos desacuerdos sobre la conveniencia de alojar a la madre y al recién nacido en la misma habitación como política. Siempre es delicado pensar en políticas que se basan en reglas que ignoran las elecciones de los pacientes. Por otro lado, existe evidencia de que esto es muy benéfico para algunas mujeres; por ejemplo, para aquellas cuyos bebés tienen el síndrome de abstinencia neonatal (resultado del consumo de opioides por parte de la madre durante el embarazo), por lo que existen razones para exhortar a que lo hagan tanto las mujeres como los hospitales.

No obstante, en este libro no me interesa comentar las políticas, sino lo que dice la información que se debería hacer si se tiene la posibilidad de elegir entre las dos opciones, es decir, permanecer o no con tu bebé en la misma habitación si estás en un hospital que no es amigo del niño, o el hospital podría tener establecido desde el inicio que el bebé se quede con su madre.

Existe una clara compensación: estar en la misma habitación significa menos horas de sueño, pero quizá sea bueno para el bebé. Esta es tu primera prueba del sueño. ¿Estar en la misma habitación es lo suficientemente benéfico como para justificar que no duermas los primeros días? Para responder a esta pregunta necesitamos saber más sobre los beneficios. Y para eso requerimos información.

El supuesto beneficio principal de alojarse en la misma habitación es que amamantas mejor. En realidad no hay mucha evidencia que respalde esta idea. Existen correlaciones claras: es más probable que las mujeres que se quedan con su recién nacido lo amamanten, pero es difícil interpretarlo como un factor causal, puesto que estas mujeres son distintas de otras maneras. En particular, es más probable que las mujeres que *desean* amamantar permanezcan con su recién nacido para intentar averiguar cómo hacerlo. La lactancia materna puede ser la causa por la que permaneces con tu bebé en la habitación, y no que la causa de que amamantes sea que permanecen en el mismo cuarto.

De acuerdo con la evidencia con la que contamos, las conclusiones son variadas. Por un lado, en un extenso estudio que se realizó en Suiza, que compara los resultados de la lactancia materna en bebés que nacieron en hospitales amigos del niño frente a los que nacieron en otros lugares, los autores encontraron que en los primeros se amamantaban más bebés. Por otro lado, es difícil saber si esto se debe a que estaban en la misma habitación o a otra cosa.[16] Estos hospitales son diferentes en muchos aspectos, y el estudio no tiene forma de controlar quién *escoge* este tipo de hospital, a esto se suma que es probable que se relacione con la intención de amamantar.

Al estudiar preguntas como esta, la «regla de oro» para sacar conclusiones es utilizar un ensayo aleatorizado. Así funcionaría en este caso: primero, consideramos a un grupo de mujeres y, al azar, hacemos que la mitad permanezca en la misma habitación con su bebé y la otra mitad no; por lo demás, les daremos el mismo trato. Puesto que elegimos los grupos de manera aleatoria, podemos estar seguros de que sacaremos conclusiones al compararlos. Si el grupo que comparte la habitación con su bebé tiene un índice de lactancia materna más alto, entonces podemos atribuirlo al hecho de que estén en el mismo cuarto. Por otro lado, si los índices de lactancia materna no son distintos, esto sugiere que quizá no haya ninguna relación.

En el caso de estar en la misma habitación, existe un ensayo aleatorio de 176 mujeres para estudiar la cuestión. No es muy alentador. El estudio no encuentra ningún efecto sobre la lactancia materna a los seis meses, y ningún resultado a mediano plazo sobre el amamantamiento.[17] Este estudio mostró un ligero aumento de la lactancia materna a los cuatro días del parto, aunque es un poco difícil de interpretar porque los investigadores promovían la alimentación en un horario fijo para algunos grupos, pero no para otros.

Sería difícil argumentar que la evidencia apoya firmemente los beneficios de la lactancia materna al estar en la misma habitación; a lo sumo podemos decir que no se pueden descartar *algunos* efectos. Pero escucharás que en algunos hospitales que defienden el hecho de que se alojen en la misma habitación, no hay razón para *no* hacerlo, por lo que deberías intentarlo incluso si los beneficios son inciertos.

Sin embargo, esto no es por completo cierto: quizá haya una muy buena razón para elegir *no* alojarse en la misma habitación. En los primeros días después del parto las mujeres casi siempre están muy cansadas. Durante tu estancia en el hospital recibes más ayuda de la que probablemente recibirás en casa; así, mandar a tu bebé a los cuneros podría brindarte el beneficio de un cuidado experto para ti y para tu bebé. Saber que los datos en cuanto a la ventaja de estar en la misma habitación no son definitivos les puede facilitar a algunas mamás la toma de decisiones.

Además, en realidad podría haber algunos (pequeños) riesgos cuando se alojan en la misma habitación. Muchas mujeres se quedan dormidas mientras amamantan; y cuanto más cansada esté la madre, hay más probabilidades de que esto suceda, la falta de tiempo para dormir, entonces, puede suponer un riesgo para el recién nacido, que puede ser lastimado gravemente si a su madre la vence el sueño mientras lo está amamantando.[18] También existen inquietudes en general sobre la seguridad cuando se comparte la cama, ya sea en el hospital o en casa (hablaremos de esto en el capítulo sobre el lugar para dormir).

Un artículo de 2014 sobre este tema reportó 18 casos de muerte o peligro de muerte infantil por compartir la cama en el hospital.[19] Esta investigación no estaba diseñada para hablar sobre los niveles globales de riesgo; su único propósito era recopilar informes de casos para mostrar que existía la posibilidad de que sucediera.

Otro estudio informó que 14% de los bebés nacidos en hospitales amigos del niño corría «el riesgo» de caer de la cama, principalmente porque las madres se quedaban dormidas mientras amamantaban.[20] Para ser claros: este 14% no fueron recién nacidos que se cayeron, sino solo los que las enfermeras pensaron que *corrían el riesgo* de caer.

En mi opinión, la conclusión más importante a partir de esta información es que si tienes la opción de enviar a tu bebé a los cuneros durante unas horas y quieres hacerlo, entonces no sientas vergüenza por ello. No existe evidencia sólida de que estés alterando tu relación al amamantar, si eso es importante para ti. Y si te quedas dormida con tu bebé en la cama, pide ayuda.

... Y LO INESPERADO

Pérdida de peso en el recién nacido

Muchos nuevos padres no imaginan el enorme interés que tienen los médicos y el personal del hospital en cuanto al aumento o la pérdida de peso del recién nacido. Si fuiste afortunada y tuviste un bebé sano después de un parto relativamente tranquilo, la mayoría de tus conversaciones en el hospital girará en torno a la alimentación y al peso del recién nacido. Es natural que desees que tu bebé crezca bien, y el peso es una métrica importante en este sentido. Pero cuando acabas de parir y tratas de amamantar a tu bebé por primera vez, esta puede ser una conversación muy tensa. Si no lo logras puedes sentir que estás siendo un fracaso como madre. Hiciste tan buen trabajo para que tu bebé creciera cuando estaba dentro de ti, y ahora que está afuera lo haces pésimo. (¡No es así! Pero así se siente).

El peso del recién nacido se vigila con mucho cuidado en el hospital. Cada 12 horas aproximadamente pesarán al bebé y es posible que te informen si hay cualquier cambio en el peso. El segundo día después de que nació Penelope me la devolvieron a las dos de la mañana y me informaron que había perdido 11% de peso corporal, y que debíamos empezar a darle suplementos de inmediato. Yo estaba sola, adormilada, confundida y mal preparada para tomar una decisión. Lo que hay que aprender de esto es que no debes dejar que tu marido regrese a casa a dormir y, quizá como corolario, que es bueno saber que existe el riesgo de que pase esto.

Dada la importancia del peso, es necesario estar preparados. Esto es lo primero que debes saber: casi todos los recién nacidos pierden peso después de nacer, y los que toman leche materna pierden aún más. Los mecanismos son bien conocidos. En el útero tu bebé recibe nutrientes y absorbe calorías por el cordón umbilical. Cuando el bebé sale debe descubrir cómo comer. Es complicado (para ti y para él), y en los primeros días aún no tendrás mucha leche. El calostro puede o no ser una sustancia mágica con la que fantasean los consultores en lactancia, pero la cantidad no es mucha, en particular si es tu primer bebé.

El hecho de que se espere esta pérdida de peso significa que debes tener cuidado con este tema, pero también debes asegurarte de no exagerar con la idea.

Hay buenas razones para supervisar el peso. El verdadero inconveniente no es la pérdida en sí, pero si es excesiva puede indicar un problema de alimentación; por ejemplo, que la lactancia materna no está funcionando bien. Puede ser una señal de que el recién nacido no está ingiriendo suficiente líquido, y eso lo pone en riesgo de deshidratación. Los bebés deshidratados pueden tener más problemas para alimentarse, y así caes en un ciclo negativo. En principio, esto puede tener consecuencias graves, pero son excepcionales.

La supervisión del peso sirve para la detección temprana de posibles conflictos que se pueden solucionar; y para que sea eficaz se requiere saber con exactitud cuánto peso pierden normalmente los recién nacidos. En general, consideramos que es un problema si excede el rango normal. En términos biológicos, no hay nada que indique que una pérdida de, digamos, 10% del peso al nacer sea un detonante de problemas. Si la mayoría de los bebés pierde 10% de su peso, no deberíamos preocuparnos si a uno le sucede.

Conocer el rango normal de la pérdida de peso de un recién nacido requiere contar con datos que, hasta hace poco, no había sido fácil recabar. En 2015 un grupo de autores publicó un artículo muy bueno en la revista *Pediatrics,* en él se usaba información de registros hospitalarios sobre 160 mil nacimientos para mostrar en una gráfica la pérdida de peso entre recién nacidos que habían sido amamantados en las horas posteriores al parto.[21]

Al final de este párrafo puedes ver una versión de las gráficas del estudio en bebés que fueron amamantados (en la página 46 está la información sobre la alimentación con fórmula). Los autores diferencian entre los recién nacidos de parto vaginal y los de cesárea. El eje horizontal muestra la edad del bebé en horas; el eje vertical muestra el porcentaje de pérdida de peso. Las líneas indican cuánto varía.

La línea superior, por ejemplo, muestra la trayectoria de pérdida de peso del bebé, a lo largo del tiempo, en el percentil 50 de pérdida de peso.

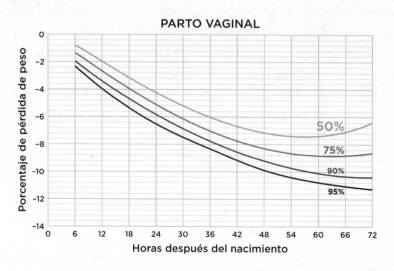

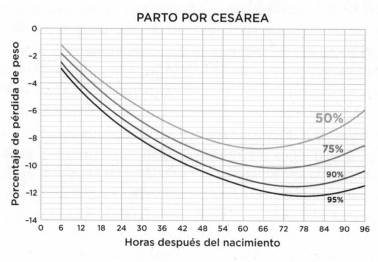

A partir de estas cifras puedes ver el promedio de pérdida de peso y el rango. Por ejemplo, a las 48 horas el recién nacido por vía vaginal promedio perdió 7% de su peso corporal, y 5% de los recién nacidos perdió más de 10%. Al menos para algunos, la pérdida de peso continúa las siguientes 72 horas.

En promedio, los bebés que nacen por cesárea parecen perder un poco más de peso al inicio. Observa que la gráfica de parto por cesárea considera un marco temporal mayor que la gráfica de parto vaginal, puesto que en general estos bebés permanecen más tiempo en el hospital (por el tiempo de recuperación de la mamá).

¿Para qué sirve esta información? Les sirve sobre todo a los médicos (y, en principio, a los padres) para evaluar la pérdida de peso del niño en relación con el promedio y así saber si están fuera de la norma. Esta gráfica nos dice que si un bebé nació por cesárea, es de esperar que pierda un poco más de peso; así que si lo pierde, no significa necesariamente que se requiera una intervención.

Los autores de este artículo crearon un sitio web, www.newborn weight.org, en donde puedes escribir la hora y el método de nacimiento de tu hijo, el tipo de alimentación, el peso al nacer y el actual, y saber dónde se encuentran en la gráfica.

Cuando tuve a Penelope, la regla del hospital era que si un bebé pierde más de 10% de su peso corporal había que darle suplementos. Pero en las gráficas se puede observar que el límite razonable depende en gran parte del momento en que se toman las medidas y de las circunstancias particulares del bebé. A las 72 horas, la pérdida de 10% del peso se encuentra dentro del rango normal. A las 12 horas sería un valor atípico grave.

Todas estas gráficas se refieren a recién nacidos lactantes. Los bebés alimentados con fórmula pierden mucho menos peso (a diferencia de la leche materna, la fórmula no tarda en «entrar»). En comparación, si bien el recién nacido lactante promedio perdió 7% de su peso a las 48 horas, el bebé promedio alimentado con fórmula perdió solo 3%. Una pérdida de peso de más de 7 u 8% es muy rara en este grupo. Los mismos autores que elaboraron las gráficas de lactancia materna hicieron las de la alimentación con fórmula, y su sitio web te permite hacer tus propios cálculos.

Si te das cuenta, como yo, de que tu bebé rebasó el límite de pérdida de peso ¿qué deberías hacer? Normalmente los hospitales recomendarán usar suplementos con fórmula o incluso podrían recomendar conseguir a una donadora de leche. Anteriormente era común usar agua o agua con azúcar, pero no es buena idea.

Si esto sucede, tal vez te preocupe que se dificulte la lactancia; yo en definitiva me preocupé. No existe mucha evidencia al respecto, es difícil aislar el efecto de una pequeña cantidad de suplemento. Pero hasta donde sabemos, estamos seguros de que *no hay razón* para pensar que un breve periodo de suplemento con fórmula afectará el éxito de la lactancia materna (si ese es tu propósito) a largo plazo.[22] En pocas ocasiones se recomiendan suplementos antes de las 48 o 72 horas, por lo que es útil poner atención al peso de tu bebé antes de que eso suceda. Si está perdiendo peso rápidamente, tiene sentido tratar de averiguar por qué.

Una nota final: la mayor preocupación sobre la pérdida de peso es que es una señal de deshidratación. Pero también es algo que puedes supervisar directamente. Si tu bebé hace pipí con alguna frecuencia y no tiene la lengua seca es muy probable que no esté deshidratado. Por el contrario, si ves estos signos puede ser una buena idea usar suplementos, incluso si no hay mucha pérdida de peso.

El gran interés en el peso y la alimentación es suficiente para aterrar a muchos nuevos padres (entre los que me incluyo). La información aquí es tranquilizadora en ambas direcciones. Una pérdida sustancial de peso es completamente normal, incluso previsible. Así que no entres en pánico. Y si tienes que darle suplemento, tampoco entres en pánico.

Ictericia

Con el primer hijo la mayoría estamos preparados para que toda la experiencia nos sorprenda un poco. Después de todo, nunca lo habías hecho antes. Incluso yo, que soy tremendamente neurótica, sabía que habría cosas que nunca había previsto. Por ejemplo, olvidamos comprar ropa que dejara expuesto el cordón umbilical mientras sanaba. Las salidas de emergencia a Target eran comunes.

Con el segundo hijo es más fácil sentir que sabes lo que estás haciendo. Antes de que naciera Finn, me sentía preparada. Tenía la ropa correcta. Tenía el moisés. Incluso estaba lista con mi información sobre la pérdida de peso, en caso de que se presentara (no fue así). Era seguro que no tendría que enfrentar de manera inesperada algún problema médico o de otro tipo sin estar preparada.

Obviamente, esto era ridículo. Dos días después de que regresamos a casa recibí una llamada del doctor de Finn: me decía que el bebé tenía ictericia. Regresé de prisa al hospital, con él bebé vestido con su mameluco de oso para quedarnos otra noche ahí. Esto demuestra sobre todo que no aprendo de mi arrogancia y que siempre me sorprenderá.

La *ictericia* es una enfermedad en la que el hígado es incapaz de procesar por completo la bilirrubina, el producto de la degradación de la hemoglobina de los glóbulos rojos. Todos, bebés o no, dependemos del hígado para degradarla, y en principio cualquiera puede padecer ictericia. Los recién nacidos tienen un mayor riesgo justo después del nacimiento por algunas razones. Hay más glóbulos que se desintegran poco después del nacimiento y aumentan la carga de bilirrubina que se presenta en el hígado. Al nacimiento, el hígado está inmaduro; por lo tanto, se le dificulta excretar esta carga mayor en la panza. Por último, en los primeros días de vida los bebés no comen mucho, por lo que la bilirrubina permanece en el estómago, desde donde se reabsorbe en el torrente sanguíneo.

En altas concentraciones la bilirrubina es neurotóxica (lo cual significa que puede envenenar el cerebro), por lo que la ictericia puede ser algo muy grave en casos extremos. La ictericia grave no tratada puede resultar en una afección llamada *kernícterus*, un tipo de daño cerebral duradero.

Esto es alarmante, y es la razón por la que la ictericia se toma tan en serio, pero en casi todos los casos no llegará a convertirse en kernícterus, aun cuando no se trate. La ictericia también es muy común, en especial en los recién nacidos lactantes: aproximadamente 50% de los recién nacidos padecerá esta enfermedad en cierto grado.

Es importante observar que los efectos de daño cerebral *no* son un continuo: en concentraciones bajas o moderadas la bilirrubina no cruza la barrera hematoencefálica y, por lo tanto, no es dañina.

Para dar una idea de los riesgos relativos, existen de dos a cuatro casos de kernícterus en Estados Unidos cada año. Sin embargo, decenas de miles de niños son tratados por ictericia cada semana. Los protocolos de tratamiento son extremadamente agresivos, y para evitar un solo caso de daño cerebral, los médicos están dispuestos a tratar a muchos bebés con ictericia, que estarían bien recuperándose por sí solos. Si bien puede ser buena idea someterse a un tratamiento si las pautas lo sugieren, hay muy pocas razones para preocuparse por el peor de los casos.

El síntoma principal de la ictericia es que la piel de tu bebé se pondrá amarilla (también podría ser más naranja). Sin embargo, el hecho de que tu niño esté amarillo no significa necesariamente que necesite tratamiento, y el color en sí mismo no es un diagnóstico. En la consulta de Penelope al cuarto día de nacida, nuestra pediatra, la doctora Li, nos dijo: «La gente te dirá que está amarilla. Solo ignórala».

En muchos bebés la ictericia se solucionará por sí sola al comer y crecer. Para detectar si la ictericia alcanzó niveles problemáticos es necesario hacer una prueba. Muchos hospitales hacen primero la detección con una luz especial que puede calcular los niveles de bilirrubina a través de la piel, y después usan los resultados para decidir si tu bebé necesita un análisis de sangre para buscar los niveles de bilirrubina en la sangre. Quizá también se salten directamente al análisis de sangre. Esta prueba no requiere mucha sangre, generalmente hacen un pinchazo en el talón para sacar una o dos gotas. Los resultados del análisis se dan en cifras (11.4 o 16.1); los números más elevados significan niveles altos.

Al igual que la pérdida de peso, la interpretación de esta prueba depende de la edad del bebé. Los niveles de bilirrubina normalmente aumentan en los primeros días después del nacimiento, por lo que los doctores compararán los resultados de la prueba con el rango normal para el número de horas que tiene tu bebé de nacido.

La decisión clave para el médico es si los niveles de bilirrubina son lo suficientemente altos para aplicarle «fototerapia», es decir, la caja de luz azul. Este tipo de tratamientos por lo regular se aplican en el hospital, e implican que el recién nacido pase algún tiempo desnudo (solo con un pañal y los ojos cubiertos) en un moisés que emite luz azul fluorescente. La luz descompone la bilirrubina en otras sustancias que salen del cuerpo del bebé por la orina.

El tiempo que el bebé pasa en la caja puede ser de tan solo unas horas hasta algunos días (solo lo puedes sacar para alimentarlo), dependiendo de la gravedad y de la rapidez con que responda al tratamiento. Los médicos están al tanto del progreso mediante análisis de sangre diarios (o más frecuentes).

En general, los niveles más altos de bilirrubina son los peligrosos, pero ¿qué tan alto es lo suficientemente alto como para que necesite tratamiento? La respuesta depende de la edad exacta del bebé en horas, y de sus características.

En específico, los doctores empiezan por observar si tu bebé es de bajo riesgo (más de 38 semanas de gestación y saludable), riesgo medio (36 a 38 semanas de gestación y saludable, o 38 semanas o más con otros síntomas), o de alto riesgo (36 a 38 semanas de gestación con otros síntomas). Una vez que determinan el nivel de riesgo, los médicos usan gráficas como las anteriores para decidir si el bebé necesita fototerapia. Si los niveles de bilirrubina superan los límites, se empieza con esta. La siguiente gráfica es para un bebé de bajo riesgo. Aquí, para un bebé de 72 horas de nacido, una cifra mayor a 17 sugeriría la necesidad de tratamiento.[23] Para bebés de mayor riesgo, los límites son menores, y los médicos intervienen de manera más agresiva.

Así como existe un sitio web para determinar cuándo la pérdida de peso representa riesgo para el recién nacido, también existe uno que te dirá si se recomienda un tratamiento contra la ictericia a partir de los niveles de bilirrubina: www.bilitool.org. Es para médicos, pero es accesible para cualquier persona curiosa.

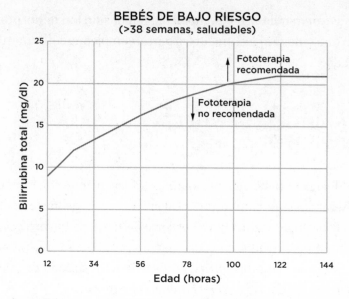

BEBÉS DE BAJO RIESGO
(>38 semanas, saludables)

Vale la pena observar que estas pautas cambian con el tiempo, y en el momento de escribir este libro hay una tendencia a ser más tolerantes y tratar la ictericia de manera menos agresiva. Si te encuentras en esta situación, puedes preguntarle a tu médico qué pautas están usando.

En muy pocas ocasiones los casos de ictericia extremadamente grave o no tratada pueden requerir un tratamiento más allá de la fototerapia. La opción final de tratamiento es una transfusión sanguínea, en la que, simultáneamente, se le saca sangre al bebé y esta se reemplaza mediante una transfusión. Este procedimiento puede salvar su vida, aunque con buena vigilancia tecnológica, raramente es necesario.

La ictericia es más común en unos bebés que en otros. Los recién nacidos que solo lactan son más susceptibles a desarrollarla. Los bebés con herencia asiática corren alto riesgo. También es más común cuando las madres y los bebés tienen diferente tipo de sangre. En raras ocasiones se presentan enfermedades sanguíneas subyacentes que pueden exacerbar la ictericia neonatal.

La pérdida de peso excesiva del recién nacido es un factor de riesgo, así como el amoratamiento durante el parto. En retrospectiva, nuestra experiencia con Finn no debió haber sido tan de sorprender, puesto que salió muy lastimado del parto, completamente apretujado y morado.

UNA NOTA: DE VUELTA A LA SALA DE PARTO

Cuando llega tu bebé ocurren algunas intervenciones de inmediato, en general antes de que siquiera salgas de la sala de parto. Estas incluyen la posibilidad de retardar el corte del cordón, una inyección de vitamina K para ayudar a la coagulación sanguínea y un tratamiento de ojos para evitar posibles complicaciones resultado de infecciones de transmisión sexual no tratadas en la madre.

Estas intervenciones se cubren en detalle en el último capítulo de *Expecting Better*. Pero puesto que ocurren después del nacimiento, revisaré aquí las conclusiones.

Pinzamiento tardío del cordón umbilical

En el útero, el bebé está unido a ti por el cordón umbilical. Después del nacimiento se corta el cordón, pero existe controversia sobre el momento exacto en el que debe cortarse. ¿Hay que cortarlo de inmediato, como práctica estándar? ¿O hay que esperar unos minutos para que el bebé reabsorba un poco de sangre del cordón y luego cortar? Esta última opción se llama «pinzamiento tardío del cordón umbilical». El argumento a favor del retraso es que la sangre reabsorbida de la placenta es valiosa.

Para los bebés prematuros existe suficiente evidencia a favor del pinzamiento tardío del cordón.[24] Algunos ensayos aleatorios han mostrado mejoras en el volumen sanguíneo, menos anemia y como resultado menos necesidad de transfusión, entre otras conclusiones. Para los bebés que no son prematuros la evidencia también favorece en gran medida el pinzamiento tardío, aunque es ligeramente más variado.[25] En particular, el pinzamiento tardío del cordón reduce el riesgo de anemia posterior y aumenta las reservas de hierro, pero también incrementa un poco el riesgo de ictericia.

En general, las recomendaciones están cada vez más a favor del pinzamiento tardío del cordón, si es posible.

Inyección de vitamina K

Durante décadas ha sido una práctica habitual poner una inyección de vitamina K en las primeras horas posteriores al nacimiento para evitar trastornos hemorrágicos. Una insuficiencia de vitamina K puede provocar hemorragias inesperadas en alrededor de 1.5% de los recién nacidos en la primera semana de vida, y se relaciona con trastornos hemorrágicos posteriores, raros, pero mucho más graves. Un suplemento de vitamina K puede evitar el sangrado.[26]

En la década de 1990 hubo una breve controversia sobre la posibilidad de que la inyección aumentara la incidencia de cáncer en la infancia. El tema se basaba en estudios menores cuyos métodos no eran confiables, y un trabajo de seguimiento rechazó esta hipótesis.[27]

Antibióticos oftálmicos

Si la madre padece una infección de transmisión sexual (ITS) no tratada —en particular, gonorrea—, y el parto es por vía vaginal, existe un riesgo considerable de que su hijo padezca ceguera como resultado de la infección. Por esta razón hay una política que establece tratar a los bebés con un ungüento antibiótico para los ojos como método profiláctico. Esto puede evitar de 85 a 90% de las infecciones y no tiene aspectos negativos reconocidos.

Las razones para dar este tratamiento son cada vez menos comunes, puesto que ahora las mujeres embarazadas se hacen una prueba y reciben tratamiento para las ITS. Y si sabes que no existe ese riesgo, los antibióticos no son necesarios. En Estados Unidos puedes rechazar este tratamiento en muchos estados —es más fácil en unos que en otros— y esta puede ser una opción para ti.

Conclusiones

- Los baños inmediatos para recién nacidos no son necesarios, pero tampoco hacen daño. El baño en tina es mejor que el baño de esponja.
- La circuncisión tiene algunos pequeños beneficios y también ciertos riesgos leves. Es probable que la decisión dependa en gran medida de las preferencias de los padres.
- Alojarse en la misma habitación no supone ningún efecto asociado con el resultado de la lactancia. Solo es importante tener cuidado de no quedarte dormida con tu bebé si eliges tenerlo contigo todo el tiempo.
- La pérdida de peso en la infancia se debe supervisar y comparar con las previsiones; puedes hacerlo tú misma en www. newbornweight.org.
- La ictericia se supervisa con un análisis de sangre y se debe tratar en caso de que exceda el rango normal; puedes comprobarlo tú misma en www.bilitool.org.
- El pinzamiento tardío del cordón umbilical es recomendable, en particular si tu bebé es prematuro. Los suplementos de vitamina K son una buena idea. Es posible que los antibióticos oftálmicos no sean necesarios para la mayoría de los bebés, pero en algunos estados son obligatorios y no tienen efectos negativos conocidos.

2

Espera, ¿quieres que me lo lleve a casa?

Tengo dos recuerdos increíblemente vívidos de las primeras semanas de Penelope en casa. Uno es como a las tres semanas, yo estaba sentada en el sofá del sótano, llorando como histérica al darme cuenta de que nunca más me sentiría descansada. (Esto era parcialmente cierto). Pero el primero es el momento en que llegamos. Penelope se había quedado dormida en el camino. Entramos por la puerta trasera. Yo cargaba el asiento del coche. Cuando lo puse en el suelo, recuerdo que pensé: «Se va a despertar. ¿Y entonces qué haremos?».

Quizá por esta total incertidumbre de lo que está pasando (que, por suerte, disminuye con los siguientes hijos), las pequeñas preocupaciones pueden apoderarse de ti por completo. Estás muy cansada y frente a un reto del que no tienes la menor idea de cómo enfrentar. Así que no seas tan estricta contigo misma si las cosas se ponen un poco absurdas.

Por ejemplo, cuando salimos del hospital los médicos nos dijeron que no le quitáramos los mitones a Penelope para evitar que se rasguñara. Pero cuando mi madre vino de visita, nos dijo que era mejor quitárselos, pues si se los dejábamos, Penelope nunca aprendería a usar las manos.

Cuando pienso en eso ahora, no puedo imaginar por qué yo estaba particularmente motivada. Pero cuando consulto mis notas de aquella época, encuentro un artículo titulado «Injury by Mittens in Neonates: A Report of an Unusual Presentation of This Easily Overlooked Problem and Literature Review» (Lesiones por mitones en neonatos: un informe sobre la presentación poco común de este problema tan ignorado y revisión bibliográfica).[1] Al parecer, este fue el único artículo que pude encontrar sobre las lesiones provocadas por los guantes, y sugiere que los mitones no solo no evitan que el bebé se lesione, sino que se puede hacer daño con ellos. El artículo informa de veinte casos de lesiones por guantes desde la década de 1960, lo que, me atrevería a pensar, hace que este tipo de daño sea muy poco común. No pude encontrar nada que sugiriera que los mitones podrían evitar que los niños aprendieran a usar las manos.

Recuerdo que los seguimos usando, a pesar del tema sobre el desarrollo y el riesgo de lesiones. Mi madre ya había perdido algo de credibilidad antes, al insistir (contrario al consejo de mi médico) en que debería limitar la frecuencia con la que subía y bajaba escaleras.

Abordar todas las descabelladas inquietudes que surgen en cada caso particular rebasa el alcance de este libro (probablemente de cualquier libro). Y hay algunas preguntas que no puedo responder; por ejemplo: ¿existe alguna manera de quitar las manchas de popó de los pañaleros blancos? Es la eterna pregunta, y no la responderemos aquí.

En este capítulo hablaré de algunas de las inquietudes que surgen de inmediato: exposición a los gérmenes, gotas de vitamina D, cólicos y, por último, del valor (o la falta del mismo) de la recopilación de datos. Puede parecer mundano y poco importante, pero representan una amenaza enorme para los nuevos padres.

Considera, por ejemplo, el dilema del prisionero; es decir, envolverlo o no en una cobija.

ENVOLVERLO O NO EN UNA COBIJA

En el hospital, cuando las enfermeras se llevan a tu bebé, invariablemente te lo regresarán envuelto «como tamalito» en una cobijita.

La manera en que envuelven a los bebés en los hospitales es como una camisa de fuerza. Ninguno puede escapar.

Es probable que te envíen a casa con un par de cobijas del hospital. Antes de irte, la enfermera te enseñará a usarlas para envolver a tu bebé. ¡Parece fácil! Dobla, dobla, mete, dobla, mete, resuelve una ecuación diferencial, mete más ¡y *voilà*!

Cuando llegas a casa e intentas hacerlo, te das cuenta de que es imposible repetirlo. Puedes envolver al bebé, por supuesto, pero tres minutos después tiene los brazos afuera y los agita por todas partes. Te preguntarás: «¿es doblar, doblar, meter, o doblar, meter, doblar, o meter, doblar, doblar, meter? Espera, ¿no había por ahí una ecuación? ¿Me lo imaginé?».

Déjame decirte que aprendes de los errores de quienes lo hicimos antes. Si quieres envolver a tu hijo, no puedes usar una cobija normal. Las enfermeras del hospital sí pueden, pero tú no. Por suerte, el mercado ha resuelto este problema. Existe una gran variedad de cobijas que te permiten envolver a tu bebé con éxito para que no pueda escapar. La clave está en que estas mantas de alguna manera mantienen envuelto a tu bebé sin tener que doblar, por ejemplo, con varios metros de tela o un poco de velcro. Nosotros usamos una llamada Miracle Blanket, la cobija milagrosa.

Por supuesto, podrías preguntar: «¿Para qué envolverlo? ¿Existe alguna razón para hacerlo o solo es encantador?».

Se cree que si los envuelves duermen mejor y lloran menos. Si esto es cierto, son muy buenas razones para hacerlo, puesto que parece que lo que más les gusta hacer a los bebés es llorar y no dormir. Por fortuna, resulta que esto no es muy difícil de estudiar, puesto que el sueño es un resultado a corto plazo. Los investigadores pueden observar al *mismo* bebé envuelto y no envuelto. Esto evita muchas de nuestras inquietudes sobre las diferentes cosas que hacen otros padres con sus bebés.

Veamos un ejemplo. Un estudio siguió a 26 recién nacidos con menos de tres meses de edad.[2] Los investigadores llevaron a los bebés a un laboratorio del sueño y los observaron dormir mientras estaban envueltos y no envueltos. Usaron un tipo especial de cobija que podía detectar el movimiento. Básicamente era una bolsa con cierre, ya que ni los investigadores del sueño pueden envolver bien a los bebés. Además de monitorearlos con sensores, los grabaron para ver qué hacían mientras dormían.

El estudio respaldó ampliamente el valor de envolverlos para dormir. En general, cuando estaban envueltos, los bebés dormían más, con más tiempo de sueño REM. Este artículo también identificó el mecanismo: envolverlos mejora el sueño porque limita la agitación.[3] Asimismo, si bien los bebés envueltos pasan por la misma primera etapa de agitación —que se mide en «suspiros»—, es menos probable que pasen a la segunda etapa («sobresaltos») o a la tercera («completamente despierto»). Hay algo en el hecho de envolverlos que evita esta segunda y tercera etapa. Los efectos son enormes. El estudio encontró que cuando los bebés no estaban envueltos, un suspiro se convertía en un sobresalto 50% de las veces. Cuando estaban envueltos, esto ocurría solo 20%. Este tipo de evidencia de laboratorio se confirma con los resultados de la técnica de observación y estudios descriptivos.

Envolver también puede reducir el llanto, en particular en los recién nacidos prematuros o con problemas neurológicos. Existen varios estudios menores que se enfocan en bebés con lesiones cerebrales o síndrome de abstinencia neonatal, que han mostrado llorar menos como resultado de envolverlos de manera constante.[4] No queda claro si esto puede aplicarse a recién nacidos sanos que lloran mucho, pero sin duda es plausible.

Consideremos algunas inquietudes sobre el hecho de envolver al bebé y algunas precauciones. Primero, en las culturas en las que es común envolver con fuerza a los recién nacidos todo el tiempo (por ejemplo, los pueblos que amarran a los bebés a un portabebés rígido de madera), existe el riesgo de que el bebé desarrolle displasia de cadera.[5] Esta es una afección en la que el hueso de la cadera se disloca y, si no se trata, puede provocar dolor prolongado y problemas de movilidad. Aunque la displasia de cadera se puede tratar con un arnés o un yeso corporal, no es una complicación insignificante. Estos riesgos surgen si las piernas del bebé no se pueden flexionar hacia la cadera, por lo que es fundamental envolverlo de manera que puedan mover las piernas. La mayoría de las cobijas para envolver están diseñadas para permitir esto.

En ocasiones también escucharás hablar del tema en relación con un riesgo mayor: el síndrome de muerte súbita infantil (SMSI). Hasta donde disponemos de información, esta inquietud no parece válida, siempre y cuando pongas al bebé a dormir bocarriba (lo que, independientemente de este riesgo, deberías hacer).[6] Los recién nacidos a los que acuestan para dormir envueltos y bocabajo corren mayor riesgo de SMSI en comparación con los que duermen bocabajo sin envolver. Pero lo que es importante es evitar acostar a tu bebé bocabajo, no envolverlo.

Por último, a algunas personas les preocupa que envolver a su bebé le provoque sobrecalentamiento. En principio, esto es posible —si, por ejemplo, usas una cobija gruesa y cubres la cabeza del bebé en una habitación donde hace calor, en particular si el niño está enfermo—, pero en circunstancias normales no es un riesgo significativo.

Por supuesto, llegará un momento en el que dejes de envolver a tu hijo. Cuando aprenden a voltearse, en definitiva tienes que hacerlo, ya que no es bueno que estén acostados bocabajo mientras están envueltos. Incluso si tu hijo no se voltea, conforme crezca y se haga más fuerte comenzará a pelearse con la cobija, y cuando entres a su recámara en la mañana verás que se ha escapado, aunque la garantía del fabricante de la cobija dijera que esto es imposible.

En ese momento es muy probable que tengas que dejar de envolverlo, y es posible que los siguientes días el bebé llore mucho, en lo que se acostumbra. Pero como sabes, Finn solo estuvo molesto por un rato cuando dejé de envolverlo el día que se fue la electricidad. Personalmente, estoy a favor de envolverlos.

CÓLICO Y LLANTO

La mayoría de los padres, en especial con el primer hijo, piensa que su bebé llora mucho. Yo sin duda lo pensé. En los primeros meses, Penelope pasó por un periodo en particular sensible entre las cinco y las ocho de la mañana, en que con frecuencia estaba inconsolable. Caminaba con ella en brazos de un extremo a otro de los pasillos, la mecía de arriba abajo, a veces solo lloraba (es decir, yo lloraba; obviamente ella estaba llorando). Una vez hice esto en un hotel, de arriba abajo, de arriba abajo, Penelope gritaba a todo pulmón. Espero que nadie haya estado ahí.

Recuerdo que esta experiencia fue agotadora —tanto movimiento de músculos—, pero también profundamente frustrante. ¿Por qué no podía arreglarlo? La gente me daba todo tipo de consejos: «¡Solo amamántala!». (Cualquier intento por hacerlo solo resultaba en más llanto). «Mécela más rápido». «Mécela más despacio». «Mécela con más fuerza». «No la mezas». «Balancéate mientras la meces».

Tanto mi madre como mi suegra nos dijeron a Jesse y a mí que nosotros habíamos sido iguales. Mi suegra, Joyce, comentó que cuando salió del hospital con Jesse, las enfermeras le dijeron: «Buena suerte». Así que quizá era genético o una suerte de venganza intergeneracional.

Cuando nació Penelope yo tenía 31 años. Hasta ese momento de mi vida muy pocas veces había fallado en resolver un problema solo con trabajo duro. La teoría del equilibrio general me viene a la mente, pero rara vez encontré un problema que no disminuyera con un gran esfuerzo.

Pero vencer con trabajo arduo a un bebé que llora es prácticamente imposible. Puede que algunas cosas mejoren en el momento, pero los bebés lloran —y algunos de ellos lloran mucho—, y con frecuencia no hay nada que puedas hacer. En un sentido, lo que es más importante comprender es que no estás sola y que tu bebé no está mal. ¿Cómo sabemos que no estás sola? Para eso están las evidencias.

A menudo, cuando los bebés lloran mucho se dice que «tienen cólicos». El cólico infantil no es un diagnóstico biológico, como la faringitis estreptocócica, sino una etiqueta que les ponemos a los bebés que lloran mucho sin razón identificable. Una definición común de cólico (aunque no es la única) es la regla de tres: llanto inexplicable durante más de tres horas al día, más de tres días a la semana, más de tres semanas.

Con base en esta definición, el cólico es bastante raro. En un estudio de 3 300 bebés los investigadores encontraron que, al mes de nacidos, 2.2% de los bebés entra en la definición de la «regla de tres»; lo mismo sucede a los tres meses.[7] Si flexibilizamos la definición, los casos aumentan. Por ejemplo, si buscamos bebés que lloran más de tres horas al día durante más de tres días a la semana, más de una semana (como si la regla fuera 3-3-1), la proporción es de 9% al mes. Si confías en los informes de padres y madres que dicen que el recién nacido «llora mucho», la proporción se acerca a 20%. Es probable que esta no sea una buena manera de juzgar, pero da una idea de cómo las personas viven el llanto del recién nacido.

El llanto por cólico, ya sea que cumpla o no la regla de tres a la perfección, es agotador y deprimente para los nuevos padres. Parte de esta definición es llorar de manera inconsolable; no es el llanto por hambre ni por tener el pañal sucio ni por estar cansado. Con frecuencia los lactantes arquean la espalda, doblan las piernas y parecen sufrir o sentir dolor.

Si tienes un recién nacido que llora mucho, ya sea por un verdadero cólico según la definición formal o no, lo más importante es tratar de cuidarte. El llanto infantil se relaciona con la depresión posparto y la ansiedad, y *ambos* padres necesitarán descanso. Trata de encontrarlo, incluso si eso significa dejar al bebé llorando en su cuna unos minutos mientras tú te bañas. Estará bien. En serio, estará bien. Si no puedes soportar dejarlo, llama a tu mejor amiga y dile que vaya a tu casa y cargue al bebé que está llorando. Llama a cualquier mamá de un niño más grande si así lo quieres. Ellas lo harán.

También es importante decir que es «autolimitado»: los cólicos desaparecerán, en general a los tres meses de edad. No de golpe, pero el bebé empezará a mejorar.

Hay pocas cosas que pueden aliviar un cólico, pero como su origen no se conoce bien, es difícil dar soluciones. Muchas teorías tienen que ver con la digestión, puede ser una flora intestinal mal desarrollada o intolerancia a la lactosa. Estas son solo teorías, aunque como son las teorías principales, la mayoría de las soluciones propuestas se relaciona con ellas.

Una solución que se sugiere comúnmente, al menos de acuerdo con internet, es la simeticona, un medicamento que expulsa gases intestinales (Gerber la vende en gotas). No hay evidencia que sugiera que esto funcione. Las pruebas experimentales son limitadas, y los dos pequeños ensayos que comparaban este tratamiento con un placebo mostraron que no tenía efecto en el llanto. Lo mismo puede decirse de distintos tratamientos herbales y cosas como el agua anisada.[8]

Dos tratamientos han probado tener éxito para quitar los cólicos. Uno es un suplemento con probióticos, que según una gran cantidad de estudios, ayuda a que los bebés dejen de llorar. Sus efectos parecen mostrarse solo en recién nacidos lactantes.[9] Este tratamiento no es complicado, los probióticos se presentan en gotas, y Gerber y otros los hacen fácilmente accesibles en versiones de venta libre. Como los probióticos no tienen aspectos negativos reconocidos, vale la pena probarlos.

El otro tratamiento que ha mostrado cierto éxito es controlar la dieta del bebé, ya sea cambiar de tipo de fórmula o, si el bebé es lactante, cambiar la dieta de la madre. El cambio de fórmula es relativamente sencillo, aunque las fórmulas adecuadas para cólicos tienden a ser un poco más caras. Una recomendación es cambiar a una fórmula a base de soya o con proteína hidrolizada[10] (la mayoría de los fabricantes de fórmula —Similac, Enfamil— tiene estas versiones). La evidencia del cambio de fórmula la financian en gran medida las compañías de fórmulas; puedes pensar lo que quieras de eso, pero quizá valga la pena intentarlo.

Si estás amamantando, cambiar la dieta del bebé es complicado, ya que significa cambiar la tuya. Existe alguna evidencia que apoya una dieta «baja en alergenos» para la mamá: estudios aleatorios han demostrado una disminución del llanto y del sufrimiento infantil cuando las madres adoptan este tipo de dieta.[11] La recomendación estándar es eliminar todos los lácteos, trigo, huevo y nueces; esto significa un cambio bastante drástico en la dieta. Por desgracia no sabemos si uno solo de estos alimentos, todos o una combinación de ellos, haga la diferencia, y la evidencia es, en general, bastante limitada (esto en definitiva no funciona para todas).

Al parecer los efectos de esta dieta de eliminación se presentan rápidamente, si es que aparecen, en los primeros días de aplicar los cambios, por lo que es posible probarla y ver si funciona.[12] El aspecto negativo evidente es que este cambio en la dieta no es para nada divertido para la mamá, y puede hacer difícil que obtenga suficientes calorías, así que debes tener el cuidado apropiado al considerarla una recomendación generalizada. También es probable que este no sea el momento en tu vida en el que busques experimentar nuevas recetas. Aun así, sin otras opciones, hay razones para intentarlo.

Independientemente de lo que hagas, tu bebé seguirá llorando, a veces sin ninguna razón aparente. Quizá en ese momento no lo sientas así, pero esto *pasará*, y más o menos lo olvidarás conforme tu hijo crezca (quizá esta es la razón por la que las personas desean tener un segundo hijo). Los bebés más grandes lloran, pero en su mayoría por razones que puedes comprender o al menos identificar. El manejo de tus propios niveles de estrés es tan importante como el manejo del llanto del bebé.

RECOPILACIÓN DE DATOS

Cuando salimos del hospital con Penelope, los doctores y enfermeras sugirieron que registráramos cuánta pipí y popó hacía, ya que si un recién nacido deja de orinar, puede ser que esté deshidratado y que requiera atención médica. Este es un buen consejo, y además es fácil de seguir.

Lo que *no* sugirieron —pero que Jesse insistió en hacer— fue elaborar una hoja de cálculo para registrar estos datos. La idea de Jesse era dar seguimiento a todo lo que le pasaba a Penelope en términos de alimentación y pañales.

Este es el cuarto día de su vida.

Fecha	Conteo por día	Hora	Izquierda	Derecha	Sucio	Mojado
4/12/2011	1	1:53:00	10	10	1	1
4/12/2011	2	3:50:00	20	10	1	1
4/12/2011	4	7:45:00		15	1	1
4/12/2011	5	10:00:00		10	1	1
4/12/2011	6	12:10:00	15	18		
4/12/2011	8	16:55:00	8	11	1	1
4/12/2011	9	17:55:00	15	6	1	1
4/12/2011	10	20:04:00	16	31	1	1

Observarás que hay algunas entradas más precisas para los horarios de lactancia y otras que lo son menos. Las menos exactas son mías. De hecho, en algunos apuntes sobre este periodo que Jesse hizo para la posteridad, anotó: «Papá realizó un sistema muy elaborado de captura de datos para registrar la comida y la popó. Mamá no era tan buena como papá para anotar los minutos. Le gustaba redondear a números enteros».

Por favor, recuerda que somos un matrimonio de economistas. No tenemos remedio.

En la consulta de las dos semanas le enseñamos la hoja de cálculo a nuestra pediatra. Ella nos dijo que dejáramos de hacerla.

Por supuesto, comparados con otros padres éramos novatos. Mis amigos Hilary y John elaboraron un modelo estadístico completo, con gráficas, de la relación entre el tiempo de alimentación y de sueño.

Para las personas que aman los datos hay cierto atractivo al ver los números ahí, en blanco y negro. Puedes buscar patrones: un día, el bebé durmió siete horas. ¿Por qué? ¿Se debió a los 23 minutos de lactancia anteriores? ¿Debería volver a tratar de amamantarlo esa cantidad de tiempo?

Veamos algunas razones (mínimas) para recopilar datos. Dar seguimiento a las horas en las que come el bebé puede ser valioso al principio, puesto que es fácil olvidar cuándo comieron por última vez. Hay algunas buenas aplicaciones que te permiten registrar de qué pecho comieron la última vez. Sé lo que estás pensando: «¿Cómo podría olvidarme de eso?». Créeme, lo harás. Yo usaba un sistema con un alfiler de seguridad que cambiaba de un lado a otro de mi blusa para saber con qué pecho empezar la vez siguiente. No lo recomiendo, a menudo me pinchaba.

En el caso de que tu bebé tenga problemas para subir de peso, el registro de la frecuencia y la cantidad que come (y, en algunas instancias extremas, pesarlo antes y después de darle de comer) puede ser muy útil. Sin embargo, para la mayoría de los bebés es poco probable que esto sea necesario o útil.

Conforme el bebé crece, el registro de la hora en la que come puede ayudar a establecer un programa. Pero en las primeras semanas un horario de alimentación es un poco como una utopía. Si quieres recopilar datos y hacer gráficas bonitas, hazlo. Pero recuerda que es la ilusión del control, no un control real.

EXPOSICIÓN A LOS GÉRMENES

Hay una teoría muy extendida llamada *hipótesis de higiene*, la cual afirma que (aquí parafraseo), a lo largo del tiempo, el aumento en la ocurrencia de alergias y otras enfermedades autoinmunes es el resultado de una disminución a la exposición de gérmenes en la infancia, y que esa exposición a más microbios y gérmenes durante la infancia puede ayudar al sistema inmunológico a identificar correctamente y no reaccionar de manera exagerada a los patógenos percibidos.[13] Si bien no contamos con pruebas concluyentes de que esto sea cierto, existe evidencia que respalda esta teoría en estudios de laboratorio de células particulares y comparaciones transculturales en índices de distintas enfermedades. Esto sugiere que, conforme tu hijo crece —digamos, a partir de la primera infancia— no es necesariamente una buena idea limpiar todo con desinfectante de manos o llevar tus propios manteles a los restaurantes. Es probable que tu hijo no deba lamer el suelo en el aeropuerto, como los míos han hecho en ocasiones, pero quizá sea sensato inclinarse un poco más hacia la exposición a gérmenes.

Es por esto que muchos médicos son bastante laxos sobre la exposición de los niños a los gérmenes después de la primera infancia. Pero prácticamente todos los doctores te sugerirán que trates de evitar la exposición a enfermedades en el primer par de meses del bebé. Una de las razones para esto es que cuanto más joven sea el niño, más vulnerable es a padecer complicaciones graves. Pero otra razón es que para los recién nacidos —en particular los menores a 28 días— los protocolos médicos sugieren intervenciones mucho más agresivas como respuesta a las enfermedades.

¿Qué significa esto? Básicamente que si a tu bebé de seis meses, que parecía sano, le da fiebre —aunque sea muy alta— y vas al médico, es muy probable que este lo revise y te diga que tiene un virus, que le recete Tylenol y líquidos, y te envíe de regreso a casa. De hecho, muchos consultorios médicos te dirán que no lleves al niño a menos que en verdad tenga algo grave.

En contraste, si tu hijo de dos semanas de nacido tiene un poco de fiebre, debes llevarlo al hospital, donde le harán pruebas de laboratorio —tal vez una punción lumbar (punción raquídea)—, le darán antibióticos y lo hospitalizarán. Con los bebés muy pequeños los médicos tienen más dificultad para distinguir entre las fiebres de alto y bajo riesgo. Los bebés que pertenecen a este grupo son, de alguna manera, más susceptibles a contraer infecciones bacterianas, incluida la meningitis, que es extremadamente grave. Entre 3 y 20% de los recién nacidos menores de un mes que acuden al médico con fiebre tienen una infección bacteriana.[14] La mayoría de las veces se trata de infecciones del tracto urinario, pero se deben tratar con rapidez.

La combinación de este riesgo más alto y la dificultad para detectar una infección significa que la intervención agresiva es un enfoque apropiado, pero la mayoría de los bebés que tienen fiebre en realidad están bien.

Cuando un recién nacido un poco mayor —que tenga entre 28 días y dos o tres meses— presenta fiebre, hay más ambigüedad en cuanto al tratamiento. Algunos médicos realizarán una punción raquídea de rutina, aunque hay menos evidencia de que esto sea benéfico.[15] El procedimiento para tratar a recién nacidos en este rango de edad (y más jóvenes) implica muchas etapas y es variado.

Dos puntos clave aquí son si el bebé parece estar enfermo (suena como una locura, claro que parece estar enfermo, tiene fiebre, pero si tú eres pediatra, esta diferencia aparentemente tiene sentido) y si existe evidencia de que estuvo expuesto a un virus. Si llegas con un bebé de 45 días de nacido que tiene una gripe y fiebre baja, pero que por lo demás parece estar bien; y llevas al hermano de dos años que se contagió de gripe en la guardería, es muy probable que el médico reaccione de manera diferente a como lo haría si llegaras con el mismo bebé, decaído, pero sin hermano.

¿Cómo se relaciona todo esto con la pregunta de la exposición a los gérmenes?

El gran aspecto negativo de estar expuesto a gérmenes —o, en específico tratándose de niños enfermos— durante estas primeras semanas es la posibilidad de disparar esta cadena de intervenciones. Si tu bebé se enferma, estos procedimientos tienen sentido, pero si solo se resfrió por jugar con su hermano de dos años que está lleno de gérmenes, permitirás que le hagan muchas intervenciones sin ninguna razón. Por lo tanto, lo mejor es que, en la medida de lo posible, mantengas al niño de dos años con gérmenes lejos del recién nacido.

Cuando el bebé tiene ya más de tres meses, y en particular después de su primera serie de vacunas, el tratamiento de una fiebre es mucho más parecido al que se prescribe para un niño mayor: básicamente, administrarle un poco de Tylenol y mantenerlo hidratado, y esperar a que pase. En este punto el aspecto negativo de la exposición a los gérmenes es solo un niño enfermo, no una cascada de pruebas invasivas.

Conclusiones

- Se ha demostrado que envolver al bebé disminuye el llanto y mejora el sueño. Es importante envolverlo de tal manera que pueda mover las piernas y la cadera.
- El cólico se define como un llanto excesivo. *Es autolimitado*; es decir, que desaparecerá en algún momento. Cambiar de fórmula o la dieta materna, dar tratamiento con un probiótico o ambas cosas juntas, tienen algunos efectos positivos.
- ¡La recopilación de datos sobre tu bebé es divertida! Pero no es necesario ni particularmente útil.
- La exposición a los gérmenes pone a tu recién nacido en riesgo de enfermarse, y las intervenciones en un bebé con fiebre son agresivas; en general, incluyen una punción lumbar. Limitar la exposición a los gérmenes puede ser una buena idea, aunque solo sea para evitar estas intervenciones.

3

Créeme, llévate la faja

Cuando estaba embarazada de Penelope, Jesse y yo fuimos a una clase de preparación para el parto en el hospital. Al final de la clase nos entregaron una bolsa con cosas que te dan después del parto: compresas frías, toallas sanitarias enormes y unos calzones tipo faja gigantes.

«¡Estos son los mejores!», exclamó con entusiasmo la persona que daba la clase. «Sin duda querrán llevarse unos a casa». Los observé con más cuidado. Parecían paracaídas. Quiero decir, es cierto que mi trasero creció junto con el resto de mi cuerpo, pero ¿en serio iba a usar esto? Eso era suficiente para hacerme reconsiderar la decisión del parto, pero a esas alturas ya era un poco tarde.

Resulta que los calzones tipo faja —que sí deberías llevarte— son tan grandes porque tienen que sostener todo lo demás que te dan en el hospital. Primero te pones tus calzones, luego le agregas una toalla sanitaria gigante, o cuatro, y por último una capa de compresas frías. Es un pañal frío improvisado.

Existen muchos libros sobre bebés (como este) que te dicen qué pasará con tu hijo. Y hay muchos libros sobre el embarazo que describen lo que te pasa mientras estás embarazada. Pero, curiosamente, en el mundo hace falta hablar de lo que le sucede, físicamente, a la mamá después de que llega el bebé.

Antes de que nazca eres un recipiente que hay que valorar y proteger. Después del nacimiento eres un accesorio de lactancia para el niño.

Esta omisión es problemática, puesto que no informa a las mujeres sobre qué deben esperar *después* del embarazo. La recuperación física del parto no siempre es sencilla, e incluso en las mejores circunstancias es complicada. De ahí el pañal frío.

En este capítulo hablaré un poco sobre lo que puedes esperar de tu cuerpo en los primeros días y semanas después del parto. Debo aclarar que el tema aquí considera una recuperación normal. Las cosas pueden salir mal de distintas maneras, por eso es fundamental que hables con tu médico si hay algo que te preocupa. La falta de debate sobre lo que puedes esperar en lo conciererniente a tu cuerpo después del parto puede parecer como si todo lo que te pasa está bien, pero no siempre es así. Si tienes dudas pregunta, no hay de qué avergonzarse.

(Aquí debo agregar una advertencia, por la que pueden agradecer a mi amiga Tricia: si ya pasaste por esto y no quieres volver a vivir los detalles grotescos, pasa al siguiente capítulo).

EN LA SALA DE PARTO

El bebé llegó. El parto ya pasó. La placenta salió. Si el nacimiento —ya sea vaginal o por cesárea— salió como se esperaba, tal vez te dejarán cargar al bebé y quizá te exhortarán a que lo amamantes.

Mientras tanto, el médico trabajará para reparar algunas cosas.

Si tuviste una cesárea, tu doctor suturará la incisión y vendará la herida. Normalmente este es un proceso sencillo y similar de una mujer a otra. Cuando el parto es vaginal, hay más diferencias. Durante el parto vaginal es muy común que ocurra un desgarro. Con mucha frecuencia implica el perineo —el área que está entre la vagina y el ano—, pero también puede haber un desgarro en dirección del clítoris.

El grado de este desgarramiento varía considerablemente de una mujer a otra. Algunas no se desgarran (aunque a la mayoría sí les pasa aunque sea un poco, al menos con el primer bebé). Si te desgarras, la clasificación va del primero al cuarto grado. Una laceración de primer grado es un desgarro menor que sana bien por sí mismo y no requiere sutura. El segundo grado significa que están implicados los músculos del perineo, pero el desgarro no se extiende al ano. Las heridas de tercer y cuarto grado se extienden desde la vagina hasta el ano, pero difieren en profundidad; el desgarro de cuarto grado se extiende hasta el recto. Estos dos últimos requieren sutura que se reabsorberá después de unas semanas.

La mayoría de las heridas son menores, pero aproximadamente de 1 a 5% de las mujeres padecerá desgarros más graves, de tercer o cuarto grado.[1] Los desgarros más graves son más comunes en los partos asistidos con instrumentos (es decir, con fórceps o con ventosa). Existe evidencia de que las compresas calientes en el perineo durante el periodo de pujar en el trabajo de parto pueden evitar los desgarros graves.

Dependiendo del grado de desgarramiento, la curación puede tomar un tiempo. Si recibiste una inyección epidural no deberías sentir la sutura, en caso contrario es muy común que los médicos usen anestesia local.

Otra cosa que sucederá en la sala de parto y continuará algunas horas después es el masaje abdominal. Durante las primeras horas después del parto el útero se debe contraer para recuperar el tamaño que tenía antes del embarazo. Si esto no sucede, existe un mayor riesgo de sangrado. Se ha demostrado que el masaje uterino, o «fúndico», ayuda a este proceso y disminuye el riesgo de sangrado. Un enfermero robusto irá de vez en cuando y presionará con fuerza tu estómago. Como mínimo, es incómodo. (Llamar a esto «masaje» es un insulto, incluso para el peor masajista terapéutico). Con Finn, el enfermero que hizo esto me dijo: «No soy el enfermero que a la gente le gusta ver». Si el parto fue por cesárea puede ser extremadamente doloroso. La buena noticia es que después de las primeras 12 a 24 horas ya no necesitarás masaje abdominal.

EN LA SALA DE RECUPERACIÓN Y DESPUÉS

Cuando todo está restaurado, pasas a la sala de recuperación para empezar a intentar recobrar la normalidad (salvo que ahora tienes un bebé). Por supuesto, ya no eres la de antes.

Sangrado

Sin importar qué tipo de parto tuviste, los primeros días posteriores sangrarás *mucho*. Antes de tener a Penelope tenía la impresión de que este sangrado se debía al traumatismo; pero no es el caso (o, al menos, sangrarás incluso sin el traumatismo). De hecho, la sangre que sale es el revestimiento del útero que sale del cuerpo.

El primer o segundo día, este sangrado —en particular la sangre coagulada— puede ser un poco alarmante. Te sentarás para hacer pipí o te levantarás de la cama y habrá un enorme coágulo en el escusado o en la toalla sanitaria. Los doctores te dirán que si observas coágulos «del tamaño de un puño o más grandes» (otros médicos usarán metáforas de frutas: coágulos del tamaño de una ciruela o una naranja pequeña) se los comuniques. Por ende, esto significa que los coágulos más pequeños que eso —pero no mucho más pequeños— son comunes. Normalmente no es doloroso expulsarlos, pero sí es aterrador.

Puedes sangrar mucho, la hemorragia posparto es una complicación probable. Puesto que sabes que debes sangrar, puede ser difícil saber cuánto es demasiado. Si no estás segura, pregunta. Si ves un coágulo y piensas «¿Tiene el tamaño de un puño o es un poco más pequeño?», no esperes a medirlo, llama a la enfermera.

La eliminación de coágulos desaparecerá después de un par de días, pero seguirás sangrando —primero como una menstruación abundante y después como una menstruación más ligera— durante semanas. Una vez que estés en casa, el sangrado disminuirá con el tiempo. Si de pronto empiezas a sangrar mucho de nuevo, en especial si la sangre es rojo brillante, llama a tu médico de inmediato.

Hacer pipí y popó

A muchas mujeres les ponen un catéter (un tubo en la uretra para recolectar la orina) durante el parto. Seguramente te lo harán si tienes cesárea, y es muy probable si te inyectan la epidural. Te lo quitarán en las primeras horas después del nacimiento y será el momento en que trates de hacer pipí y popó por ti misma.

Aquí, la experiencia comienza a variar dependiendo del tipo de parto que hayas tenido.

Si tuviste un parto vaginal, te dolerá orinar. Incluso si tu experiencia fue muy «fácil», tu vagina todavía está un poco lastimada y sentirás algo de ardor. Es peor si estás deshidratada, eso hace que la orina esté más concentrada. En muchos hospitales te darán una botella de agua exprimible, con la idea de que exprimas el agua *mientras* haces pipí, para que la orina se diluya y no sea tan doloroso. Esto funciona bien, aunque —ahí te va un consejo profesional— en definitiva tienes que asegurarte de no usar agua demasiado fría.

También es posible que te duela al hacer popó. Esto depende, de nuevo, de lo traumática que haya sido tu experiencia de parto. Es común recetar a las mujeres ablandadores de heces para mejorar el movimiento intestinal posparto. Quizá pase un par de días antes de que en verdad tengas el primer movimiento intestinal, y eso está bien. También puede ser menos malo de lo que esperas. Y, de cualquier manera, tienes que hacerlo.

Si tuviste una cesárea, estos problemas son diferentes. Primero, es posible que tengas problemas para retener la orina mientras esperas que tu vejiga se «despierte» tras la cirugía, y puede que te dejen el catéter un tiempo más. El dolor al hacer pipí dependerá de las circunstancias de tu trabajo de parto y del parto. Si tuviste un trabajo de parto muy largo antes de la cirugía, quizá aún estés incómoda e hinchada, lo cual hace que orinar sea molesto. Con una cesárea programada es posible que esto no suceda.

Después de la cesárea generalmente los médicos esperan a que hagas popó o al menos sueltes gases antes de darte de alta; esto es para garantizar que puedes tener movimiento intestinal después de una cirugía abdominal importante. No es poco común que pasen varios días antes de que esto suceda. Para ayudar te darán ablandadores de heces. Si no hubo traumatismo vaginal, el acto propiamente dicho puede no ser tan molesto. Sin embargo, sentarse puede ser doloroso debido a la incisión.

Consecuencias persistentes

Algunos días después estás en casa. Las consecuencias más inmediatas —sangrado abundante, molestia al orinar por primera vez, etcétera— habrán pasado.

Sin embargo, no te sentirás normal.

Antes que nada, sigues pareciendo embarazada. Este aspecto perdurará algunos días o semanas. Después solo tendrás un montón de piel flácida. Con el tiempo esto se solucionará (con eso me refiero a semanas o meses después, no días), pero es un poco desconcertante cuando bajas la mirada. Incluso cuando la piel flácida haya desaparecido, muchas de nosotras nos encontramos con lo que se conoce como «barriga de mamá»: un estómago abultado que parece que nunca más va a recuperar su forma. No he encontrado publicaciones sobre este tema, pero te aseguro que es algo real que ninguna cantidad de pilates te puede ayudar a hacer desaparecer (y por «ninguna cantidad» me refiero específicamente a una hora a la semana con Larry, cuyas otras clientas son sobre todo mujeres de la tercera edad).

Si tuviste un parto vaginal, las consecuencias persistentes más significativas las tendrás en la vagina. Como lo señala una descripción médica: «Después del parto, la vagina tendrá gran capacidad».[2]

Las cosas no serán exactamente como eran antes. Puedes tener suturas; toda esa zona estará adolorida y la sentirás un poco rara. No es la vagina que te era tan familiar.

Sanará, pero lleva tiempo; para la mayoría de las mujeres las cosas no vuelven a ser como antes del parto. (Esto no necesariamente significa que sea peor, solo distinto). Y tu vagina en definitiva no regresará a la normalidad hasta dos semanas después. A estas alturas puedes sentir el resto de tu cuerpo bastante normal (salvo la barriga abultada, el agotamiento y los senos enormes), pero también podría tardar más; te llevó 40 semanas estirarte, así que es difícil apresurarse en sentido contrario.

Con una cesárea, tus problemas serán diferentes. Dependiendo de cómo te fue, quizá tengas muy poco o ningún traumatismo vaginal. Como me dijo una amiga que tuvo una cesárea programada: «Nadie se acercó a mi vagina». No todas son tan afortunadas —si estuviste mucho tiempo en trabajo de parto antes de necesitar la cirugía, tu recuperación será similar a la de la mujer que tuvo un parto vaginal. Y cada cesárea, planificada o no, es una cirugía abdominal mayor; es decir, será doloroso hacer cualquier cosa que implique tus músculos abdominales. Esto incluye caminar, subir las escaleras, sentarte, recoger cosas del suelo, dar vuelta en la cama, etcétera. Sencillamente, todo lo que haces te duele.

Este es un ejemplo: digamos que estás en cama y te da sed a medianoche. Como los analgésicos ya dejaron de hacer efecto, extender el brazo para buscar el vaso de agua resulta ser extremadamente doloroso.

El dolor y malestar disminuirá con el tiempo, pero (en promedio) si tu parto fue por cesárea vas a tardar más en sentirte de nuevo normal que si hubiera sido vaginal.

Sin importar el tipo de parto que elegiste, es buena idea contar con ayuda, pero es particularmente importante si fue por cesárea. Necesitas a alguien que pueda ayudarte a levantar, a ir al baño, a hacer las actividades de la vida diaria. Incluso si puedes sola con el bebé, alguien tiene que ayudarte a ti. Dependiendo del tiempo que tardes en recuperarte, el primer par de semanas puede ser difícil incluso cargar al niño. Si la cesárea fue complicada (o incluso si el parto vaginal fue complicado) pueden pasar semanas antes de que sientas que puedes levantarte y bañarte sola.

Tanto en el parto vaginal como en la cesárea existen otras consecuencias persistentes comunes, en su mayoría leves. Hemorroides, por ejemplo. También incontinencia. Muchas mujeres se dan cuenta que después del parto hacen un poco de pipí cuando tosen o se ríen, o sin razón aparente. Esto, como otras cosas, mejorará con el tiempo.

Las mujeres tendrán una amplia variedad de experiencias durante la recuperación, sin importar el tipo de parto. Yo fui muy afortunada con mis dos hijos. Con Finn salí caminando del hospital 12 horas después y cargando su portabebés. Pero esta no es la norma, e incluso en ese momento no era como si fuera a correr un maratón en poco tiempo (o algún día). Mucho de lo que determina tu experiencia depende de la suerte o de cierto tipo de anatomía de tu pelvis. Quizá lo más importante es pedir ayuda cuando la necesitas y no esperar demasiado para hacerlo. En muchas culturas se acostumbra que las mujeres prácticamente no hagan nada durante un mes aproximadamente después del parto, un periodo en el que son cuidadas por las mujeres mayores de su familia. Esto no es común en Estados Unidos, pero sí da una idea de lo que pasa. Solo porque alguna bloguera que habla sobre cómo mantenerse en forma durante el embarazo volvió a hacer CrossFit diez días después de parir, no significa que su recuperación sea representativa.

Complicaciones graves

Pueden surgir complicaciones graves, algunas poco comunes, después del parto. Estas incluyen sangrado excesivo, presión arterial peligrosamente alta e infección. Los riesgos varían dependiendo de la mujer; la infección, por ejemplo, es más común en el caso de mujeres que parieron por cesárea. Es probable que tu médico te indique a qué debes prestar atención basándose en tu propia experiencia de parto y en cualquier complicación particular que hayas tenido.

Existen algunas señales de alerta específicas que se deben atender:

- Fiebre
- Dolor abdominal agudo
- Aumento de sangrado, especialmente si la sangre es de color rojo brillante
- Secreción vaginal con mal olor
- Dolor de pecho o falta de aliento

Además, es importante poner atención a cualquier cambio en la visión, dolores de cabeza fuertes o inflamación (por ejemplo, en los tobillos), en particular si tuviste o corriste el riesgo de padecer preclamsia.

Puede ser difícil recordar estas instrucciones en la confusa vida como nueva madre. Si algo no te parece correcto, llama a tu médico.

EJERCICIO Y SEXO

Mientras luchas para dar vuelta en la cama para tomar agua, lidias con el periodo más difícil y también cuidas a alguien que llora todo el tiempo, quizá el ejercicio y el sexo no estén dentro de tus prioridades. Sin embargo, es posible que el ejercicio y el sexo estuvieran dentro de tus actividades antes del parto, y en un esfuerzo por volver a sentirte como antes, quizá quieras volver a hacerlo.

Así, a pesar de las dificultades, muchas nos preguntamos: «¿Cuándo está bien volver a la caminadora o a tener relaciones sexuales?».

En el caso del ejercicio, existe poca evidencia concreta sobre cuándo está bien retomarlo. El Colegio Estadounidense de Obstetras y Ginecólogos dice que es seguro volver a hacer ejercicio «algunos días» después de un parto vaginal normal. Esto no significa hacer entrenamiento por intervalos una semana después, pero se puede caminar un poco.

Sin embargo, advierten que no es lo mismo si tuviste una cesárea o un desgarro vaginal importante. En el caso de la cesárea las recomendaciones estándar incluyen caminar un poco en las primeras dos semanas, contemplar la posibilidad de hacer abdominales u otros ejercicios similares en la tercera semana y reanudar las actividades «normales» aproximadamente en la sexta semana.[3] De nuevo, la forma de sanar varía de una mujer a otra, así que esto es solo un promedio.

En el caso del parto vaginal, donde el problema es un desgarro, volver al ejercicio deberá ser mucho más rápido con el cuidado apropiado para asegurarte de que te sientes bien. Casi todas las personas —incluidas las atletas de élite, pero también las aficionadas y quienes solo caminan o corren para hacer ejercicio— deberían ser capaces de reanudar los niveles de actividad previos al embarazo a las seis semanas posteriores al parto, y alguna rutina adecuada antes de esto.

Si eres una atleta de élite, incluso un par de semanas sin entrenamiento pueden parecerte mucho tiempo, en ese caso, dependiendo de las circunstancias, puedes hablar con tu médico para saber cómo puedes retomar tu rutina de ejercicio más rápido. Pero, siendo honestos, si no eres atleta lo más probable es que recuperes tu capacidad física para ejercitarte antes de que estés preparada mentalmente para hacerlo.

Una vez que puedas ejercitarte, será difícil encontrar el tiempo en tus horarios, pero si es importante para ti, inténtalo. El ejercicio puede ayudar a combatir la depresión posparto y, en general, mejora el estado de ánimo. Sí, hay otras exigencias en tu itinerario, pero también es importante que te cuides.

En cuanto al sexo, hay una regla comúnmente aceptada: nada de sexo antes de seis semanas después del parto, tras la consulta con tu médico. Esto se cita con tanta frecuencia que yo pensé que se basaba en evidencia, que existía alguna razón biológica por la que había que esperar todo ese tiempo, ni más ni menos.

De hecho, esto es una creencia popular. No hay un periodo de espera establecido para volver a tener sexo después del parto. Parece que la regla de las seis semanas la inventaron los doctores para que los maridos no presionaran. Esta tradición un poco extraña persiste. Cuando fui a mi primera revisión médica después del parto, aproximadamente a las seis semanas de haber tenido a Finn, el doctor (no mi partera, sino el médico que estaba disponible ese día) me dijo que estaba bien, y luego me preguntó si quería que me escribiera una nota para decirle a mi esposo que no estaba bien. Me pareció bastante incómodo.

Esto no significa que no existan pautas reales sobre cuándo puedes reanudar el sexo. Físicamente, si tuviste un desgarro es importante esperar hasta que sane el perineo. Esto puede suceder mucho antes de seis semanas si el desgarro fue pequeño, o tardar más tiempo si fue grande. Tu médico revisará esto en tu primera cita posparto (que se lleva a cabo aproximadamente a las seis semanas), pero es posible saber si ya sanaste antes de la cita.

Caben otras dos consideraciones. Primero, la anticoncepción: aunque estés amamantando y el bebé haya nacido hace solo tres semanas, puedes quedar embarazada. La mayoría de las personas no planea tener bebés con diez meses de diferencia; así que a menos que tú lo quieras, asegúrate de usar algún tipo de anticonceptivo. (Y piensa con cuidado cuál; algunos anticonceptivos, en particular algunas píldoras, pueden interferir con la producción de leche).

La otra consideración es, según establecen los lineamientos médicos, la «preparación emocional». Es necesario que *quieras* tener relaciones sexuales. Las diferencias son enormes de una mujer a otra (y de un cónyuge a otro) en cuanto a estar lista para volver a tener sexo después del parto. Y ambos tienen que estar preparados.

El parto es una experiencia física muy difícil, incluso aunque no lo haya sido, siempre habrá consecuencias físicas al menos unas semanas después. Asimismo, a las tres o cuatro semanas tu familia puede estar exhausta. El bebé sigue comiendo cada dos o tres horas, y la idea de tener relaciones sexuales entre alimentos, en lugar de dormir, bañarte o comer, puede parecer ridícula.

Por supuesto, esta es la historia común. Pero es importante decir que algunas personas *sí* quieren tener relaciones sexuales unas semanas después, y no solo los padres que no parieron. Si ya te curaste y quieres tener relaciones, hazlo.

Si observas los datos —que, en este caso, quizá no te sea muy útil porque la verdadera pregunta es cuando quieres hacerlo *tú*—, podrás ver que la mayoría de las parejas vuelve a tener algún tipo de actividad sexual ocho semanas después del parto. Para quienes tuvieron un parto vaginal sin complicaciones el promedio es de alrededor de cinco semanas, a diferencia de las seis en los casos de parto por cesárea y siete para las mujeres que tuvieron un desgarramiento vaginal significativo.[4] Dicho esto, en promedio pasa aproximadamente un año antes de recuperar la frecuencia sexual que se tenía antes del embarazo, y muchas personas nunca vuelven a tener relaciones con la constancia de antes.

Un comentario final: las relaciones sexuales después del parto pueden ser dolorosas. La lactancia materna fomenta la sequedad vaginal y reduce el deseo sexual. Además, las lesiones provocadas por el parto pueden tener efectos persistentes. Después de tener a una personita pegada a ellas constantemente, muchas mujeres no desean que las toquen. La mayoría necesita algún tipo de lubricación las primeras veces que tienen relaciones después del parto debido a la sequedad vaginal. Tómalo con calma al principio. Y, por supuesto, todo esto se centra en el sexo con penetración vaginal. Al principio puede ser más fácil y más disfrutable comenzar con otras actividades; por ejemplo, dar o recibir sexo oral.

Muchas mujeres experimentan dolor y malestar continuo en sus relaciones sexuales mucho tiempo después de haber tenido a su bebé. No es algo que debas ignorar o aceptar el resto de tu vida. Existen tratamientos que pueden ayudar, incluida la terapia física. Si el coito es doloroso, habla con tu médico sobre ello. Si el doctor no se siente cómodo hablando del tema, encuentra a uno que sí pueda hacerlo.

SALUD EMOCIONAL: DEPRESIÓN, ANSIEDAD Y PSICOSIS POSPARTO

Hasta ahora hemos hablado de las consecuencias físicas del parto. Pero con frecuencia también hay consecuencias emocionales graves. La depresión posparto, la ansiedad posparto e incluso la psicosis posparto son comunes en distintos grados. Muchas mujeres padecen estas afecciones en silencio y es necesario que esto termine.

Los primeros días y semanas después de que llega tu bebé sentirás una oleada de hormonas. La mayoría de las mujeres se siente emocionalmente sensible durante este periodo. Por ejemplo, este no es el mejor momento para ver los primeros quince minutos de la película *Up*.

Cuando pienso en este periodo, recuerdo nuestra primera salida a un almuerzo a casa de un amigo, con Penelope que apenas tenía una semana de nacida. Pasé dos horas escondida en el cuarto de visitas, amamantando y llorando. No pasaba nada malo, simplemente no podía dejar de llorar. Creo que sucedió porque me di cuenta de que el gorro que con tanto cuidado tejí para Penelope era demasiado grande, y que cuando le quedara tal vez haría mucho calor para usarlo. Esto me pareció razón suficiente para llorar durante varias horas.

Tengo suerte de que fueran buenos amigos; me llevaron el almuerzo en una charola. Por supuesto, eso solo me hizo llorar más.

A este sentimiento se le llama *baby blues*, y es autolimitado, en el sentido de que el incremento de hormonas es peor los primeros días después del parto y desaparece tras un par de semanas.

Pero la verdadera depresión posparto u otros trastornos mentales de este tipo pueden aparecer durante este periodo. También pueden aparecer más tarde, incluso meses después. Muchas mujeres descartan la depresión de aparición tardía, pensando que la depresión posparto se produce solo después de la llegada del bebé. Esto no es así.

La prevalencia de la depresión posparto, incluso si solo nos enfocamos en los casos diagnosticados, es elevada. Se estima que de 10 a 15% de las mujeres que dan a luz la experimenta.[5] La mayoría de los obstetras están capacitados para detectar la depresión durante el embarazo, pero, aunque se reconoce en menor medida, los datos sugieren que aproximadamente la mitad de estas mujeres en realidad experimenta la aparición de la depresión *durante* el embarazo, algo que sorprende a muchas personas. Por lo regular (aunque no de forma exclusiva) a las mujeres se les diagnostica depresión posparto dentro de los primeros cuatro meses.

Existen algunos factores de riesgo importantes de la depresión posparto. Estos caen en dos categorías: predisposición y situación. Por mucho, el factor de riesgo más grave de la depresión posparto es la predisposición; es decir, haber padecido depresión previamente. La salud mental no se comprende tan bien como nos gustaría, pero es claro que hay algunos elementos genéticos o epigenéticos que influyen en su aparición. Si antes del embarazo ya habías padecido episodios depresivos tienes más probabilidades de que vuelvan a aparecer en el embarazo o en el periodo posterior al parto. Ponte alerta a los indicios y busca ayuda si se presentan.

Los otros factores de riesgo se refieren sobre todo a la situación. Algunos de ellos son modificables, otros no. Las mujeres (u hombres) que cuentan con menos apoyo social, que viven situaciones de vida difíciles en esos momentos o cuyo bebé tiene problemas de salud o de otro tipo son más propensos a la depresión. Incluso el bebé también puede estar relacionado; las personas que tienen bebés que duermen mal corren un riesgo mayor de padecer depresión, casi seguro debido al hecho de que ahora ellas duermen menos.

¿Cómo se diagnostica la depresión posparto? Idealmente se examina a cada mujer mediante un breve cuestionario en la consulta posparto a las seis semanas del nacimiento del bebé. Quizá el cuestionario que se usa con mayor frecuencia es la Escala de Depresión Posnatal de Edimburgo, aunque otros también son comunes. Puedes encontrar la escala en internet. Los cuestionarios formulan una serie de preguntas sencillas como: «¿Puedes ver el lado divertido de las cosas?, ¿te has culpado innecesariamente cuando las cosas salen mal?,

¿has sentido miedo o pánico?», etcétera. Las preguntas se califican y se suman los resultados; una calificación más alta indica un mayor nivel de depresión.

Algunas de las preguntas parecen tan obvias que puede ser difícil imaginar si en verdad necesitas un cuestionario; ¿no bastaría con preguntarles a las personas si se sienten tristes o indiferentes? Pero la evidencia sugiere que esta herramienta de detección es extremadamente eficaz. Los investigadores han demostrado mejoras en la detección (y, por tanto, en el tratamiento) de la depresión posparto en un gran número de mujeres gracias a este cuestionario —hasta 60% menos casos de depresión unos meses después—.[6] Seguramente tu médico te lo aplicará en la consulta posparto, pero no es mala idea que también lo hagas tú misma, para entender mejor tu estado de ánimo actual.

El tratamiento para la depresión se realiza en etapas. En el caso de la depresión leve, la primera línea de tratamiento es intentarlo sin medicamentos. Existe evidencia de que el ejercicio o los masajes pueden ser útiles. O quizá lo más importante sea dormir. Para los nuevos padres en particular, la falta de sueño puede ser un factor que contribuye en gran medida a la depresión leve. Esto no debería ser tan sorprendente. Incluso cuando no tienes un recién nacido, pasar noches sin dormir puede hacer que te sea difícil disfrutar las cosas. Ahora agrega muchas, muchas noches de sueño interrumpido, no es de sorprender que esto contribuya al agotamiento emocional y a la depresión.

Por supuesto, es difícil tratar la falta de sueño cuando tienes a un recién nacido. Más adelante, cuando hablo sobre el entrenamiento para dormir, uno de los argumentos más sólidos a favor es que alivia la depresión materna. Si no has entrenado a tu bebé para dormir o no planeas hacerlo, o si tu bebé es muy pequeño, siempre existen maneras para mejorar tu sueño. Pide ayuda una o dos noches —o más— a uno de los abuelos o a un amigo. Contrata a una doula para la noche si es posible. Divide las tareas nocturnas con tu cónyuge para que cada uno pueda dormir sin interrupción. Puede ser útil recordar que tratar tu depresión también es valioso para tu bebé, no es solo una indulgencia egoísta.

Más allá del sueño, una primera línea de tratamiento común para muchas personas es algún tipo de terapia cognitiva conductual o terapia verbal. Estas se enfocan en reformular los pensamientos negativos y centrarse en acciones positivas.

En el caso de las depresiones más graves —que en ocasiones se definen con una calificación superior a 20 en la detección estándar de depresión— por lo regular se utilizan antidepresivos, los que si bien pasan por la leche materna, no han demostrado tener consecuencias adversas en esta (se habla más sobre esto en el capítulo 5). Esto significa que no es necesario elegir entre obtener la ayuda que necesitas y amamantar a tu bebé.

Mucha de la bibliografía y el discurso popular se enfoca en la depresión posparto. Pero no todos los problemas de salud mental posparto se presentan como depresión. La ansiedad también es común. Muchos de los síntomas son similares a los de la depresión posparto, y, de hecho, es común diagnosticar ansiedad posparto con las mismas herramientas de detección. Las mujeres que padecen ansiedad posparto también tienden a obsesionarse con las cosas terribles que podrían sucederle al bebé, no pueden dormir aunque tengan la oportunidad de hacerlo, y muestran un comportamiento obsesivo-compulsivo en cuanto a la seguridad del recién nacido. Esto puede tratarse con terapia o, en casos más graves, con medicamentos.

Con la ansiedad es difícil saber cuál es el límite entre la preocupación normal y la obsesiva. Si la ansiedad interfiere con tu capacidad para disfrutar el tiempo que pasas con tu bebé, si ocupa todos tus pensamientos y te impide dormir, entonces rebasó el límite.

Menos común, pero mucho más grave, es la psicosis posparto.[7] Se estima que afecta a una o dos mujeres de cada mil (frente a una de cada 10 que padecen depresión posparto), y es mucho más probable que se presente en mujeres con historial de trastorno bipolar. La psicosis posparto por lo común se manifiesta con alucinaciones, delirio y episodios maniacos. Es muy probable que se requiera hospitalización y se debe considerar como extremadamente grave.

Aunque las mujeres que tienen un parto corren mayor riesgo de padecer estas complicaciones de salud mental debido a una combinación de hormonas y a que con frecuencia son las cuidadoras principales, la depresión posparto puede manifestarse también en los padres no gestantes. Los padres, otras mamás, padres adoptivos, todos pueden experimentar estos síntomas. Y puesto que la detección con frecuencia se enfoca solo en las mujeres que parieron y no en las otras personas de la casa, con mucha frecuencia estos diagnósticos se pasan por alto.

No sería mala idea que todos los adultos del hogar realizaran una prueba de depresión unas semanas después del nacimiento del bebé, y después de manera periódica. Pero si estás preocupada, llama a tu médico. No esperes hasta la consulta de la sexta semana; cuanto más pronto controles estos problemas, más rápido podrás disfrutar el tiempo con tu bebé y las cosas serán mejores para todos.

También hay muchos problemas antes, durante y después del embarazo, de los que no hablamos lo suficiente. Cuando escribía sobre el embarazo, lo que me asombró en esta categoría fueron los abortos naturales. Muchas mujeres han tenido abortos espontáneos; sin embargo, muy rara vez se habla de ello —hasta que tú tienes uno y luego resulta que muchas mujeres que conoces también los han tenido.

La salud física y mental posparto tiene el mismo patrón. Tienes un nuevo bebé, ¿no deberías sentirte feliz y maravillosa? Cuando la gente te pregunta cómo estás, todos quieren escuchar: «¡El bebé está perfecto! ¡Estamos fascinados!»; no: «Estoy deprimida y ansiosa, y tengo desgarramiento vaginal de tercer grado». El hecho de que no se hable de estas cosas hace que muchas de nosotras sintamos que somos las únicas que tienen que lidiar con esto o que solo tenemos que superarlo.

Sencillamente, esto no es cierto, y creo que cuanto más hablemos de ello, más ayudamos a otras mujeres. No estoy diciendo que todas debemos empezar a tuitear los detalles de nuestra mejora vaginal —aunque no tengo problema con eso—, pero es hora de tener una conversación más honesta sobre las experiencias físicas y mentales después del parto.

Conclusiones

- Lleva tiempo recuperarse del parto.
- Sangrarás durante varias semanas.
- Es posible que tengas un desgarro vaginal, que tarda algunas semanas en sanar.
- Una cesárea es una cirugía abdominal mayor y te llevará bastante tiempo recuperar la movilidad.
- Volver a hacer ejercicio depende un poco de tu parto, pero normalmente puedes empezar una semana después de este, y la mayoría de las mujeres podría volver a su rutina anterior al embarazo en seis semanas.
- No hay un tiempo de espera establecido para tener relaciones sexuales, aunque deberías esperar hasta estar preparada (y considerar métodos anticonceptivos si no estás lista para tener otro hijo).
- La depresión posparto (y las enfermedades relacionadas con esta) son comunes y tratables. Busca ayuda tan pronto como te des cuenta de que la necesitas.

PARTE DOS

El primer año

Amamantar. Entrenar para dormir. Dormir juntos. Vacunar. Trabajar o no trabajar. Guardería o niñera.

Estas son las grandes decisiones que surgirán al menos el primer año de su vida como padres. Son decisiones que nunca antes habías considerado, hasta que tienes un hijo. Y las respuestas no son obvias.

Entonces, consultamos internet. Es maravilloso porque la gente en internet tiene la respuesta. De hecho, es una respuesta fácil de resumir y comprender. La decisión correcta, en todos los casos, es hacer exactamente lo que esa persona en particular en internet hizo. Más que eso, tomar cualquier otra decisión es casi equivalente a abandonar a tu hijo a los lobos.

Bienvenida a las guerras de mamás. Qué gusto que estés con nosotras.

¿Por qué estos temas en particular son tan preocupantes? ¿Por qué sientes como si fuera una batalla de todo o nada? ¿Por qué son estos los puntos centrales de nuestra ansiedad y juicio como padres?

No estoy segura, pero sospecho que se relaciona con el hecho de que tus elecciones en estas áreas afectarán de manera drástica tu experiencia en la crianza. Ya sea que decidas amamantar, que decidas que tu hijo duerma en tu recámara (o en tu cama) o que lo entrenes para dormir, te enfrentarás a estas decisiones todos los días.

Y muchas de estas opciones harán tu vida más difícil, o al menos más molesta. Amamantar tiene algunos momentos maravillosos, pero entre los cientos de mujeres con quienes he hablado de eso, ninguna me ha dicho: «¡Llevar por todos lados el tiraleche fue la experiencia femenina más gratificante!». Despertar cuatro veces durante la noche hasta que tu hijo tiene un año (o dos, o dos y medio...) es agotador. Afecta tu estado de ánimo, tu trabajo, tus relaciones.

Lo mismo pasa si eliges no amamantar a tu hijo o decides a veces dejarlo llorar hasta que se duerma, pues hacer eso también es difícil, aunque un poco distinto. La gente te juzgará por estas decisiones, y para ser honestos, quizá tú misma te juzgues. Dejar que tu hijo llore hasta quedarse dormido sí funciona: la mayoría de los niños (y, por ende, sus padres) dormirán mejor después. ¿Estás siendo egoísta y sacrificando el bienestar de tus hijos por el tuyo propio?

Este es un buen momento para reiterar lo que dije en la introducción: como con todo lo demás cuando se trata de criar a los hijos, no existe un conjunto perfecto de decisiones para todos. Existen opciones correctas para ti, que toman en cuenta tus preferencias y limitaciones. Si tienes un permiso por maternidad de seis meses en tu trabajo o si no vas a regresar a trabajar, quizá sea más fácil sacrificar tu sueño por la noche a cambio de una siesta durante el día. Si trabajas en una oficina que tiene una puerta opaca en donde puedes extraer la leche y trabajar a la vez, es posible que te sea más fácil amamantar durante un periodo más largo que si tienes que pasar tiempo en el lactario (o, Dios no lo quiera, en el baño) y dejar de trabajar para sacarte la leche.

Sin embargo, el hecho de que las preferencias importen no significa que no haya lugar para la realidad. No podemos esperar tomar las decisiones correctas para nosotras sin considerar los datos. Tú y yo podemos consultar la misma información y tomar decisiones distintas, pero ambas debemos considerar antes esos datos como primer paso. En tanto economista, trato de tomar mis decisiones con base en esa información —¿Qué dice? ¿Qué tan confiables son los resultados de esos estudios?— y luego trato de pensar en lo que funciona para mi familia a la luz de esos datos. Estar casada con otro economista ayuda, pero yo diría que el idioma de los datos y las preferencias puede funcionar para cualquiera. No tienes que pagar el precio del matrimonio de dos economistas para cosechar los beneficios.

Esta parte del libro trata de la información sobre estas decisiones de crianza tempranas que son tan importantes. En muchos casos el trabajo del libro consiste en separar los buenos estudios sobre estos temas de los que no lo son tanto. Cuando tomamos decisiones, queremos saber el efecto *causal* de una variable sobre otra, no solo saber que están relacionadas. No basta con que te digan que un niño que fue amamantado difiere de uno que no lo fue; quieres saber si la lactancia es importante en sí misma.

¿Cómo puedes identificar un buen estudio? Esta es una pregunta difícil. Algunas cosas se observan directamente. Ciertos enfoques son mejores que otros. Los ensayos aleatorios, por ejemplo, generalmente son más convincentes que otros métodos. En promedio, los estudios exhaustivos tienden a ser mejores. Un mayor número de investigaciones que confirman lo mismo suele aumentar la confianza, aunque no siempre; a veces todos arrojan los mismos resultados parciales.

He leído muchos estudios, tanto para este libro como para mi trabajo, por lo que algunas de mis conclusiones provienen de la experiencia. A veces analizas alguna investigación y algo no está bien —los grupos que comparan son realmente diferentes, o la manera en la que miden las variables está sesgada—. En ocasiones te encontrarás con un estudio muy amplio, pero tendrá muchos defectos; yo confío más en investigaciones que aunque no son tan grandes utilizan un mejor método.

Por desgracia, para quienes amamos los datos, estos nunca serán perfectos.

Al confrontar las preguntas también debemos confrontar los límites de la información y los límites de *todos* los datos. No existen estudios perfectos, por lo que siempre habrá algún grado de incertidumbre en cuanto a las conclusiones. Más allá de eso, en muchos casos los únicos datos que tenemos son problemáticos: habrá un solo estudio, no muy bueno, y todo lo que podemos decir es que una sola investigación en realidad no respalda una relación.

Esto significa que nunca podemos *asegurar* que algo es bueno o no para el bebé. Por supuesto, unas veces estamos más seguros que otras, e intentaré decirte cuándo los datos en verdad nos ayudan a saber que la relación es verdadera, y cuándo no hay mucha información para seguir adelante.

Espero que cuando termines esta sección estés equipada con algunos hechos. Los hechos sobre lo que sabemos, pero también sobre lo que aún no sabemos —temas en los que los datos sencillamente son inciertos o que no arrojan ninguna respuesta convincente. Armada con estos hechos, podrás avanzar para tomar tus propias decisiones. Eso sí, no las mismas decisiones que todas, sino las que son correctas para ti.

4

¿Amamantar es lo mejor?
¿Amamantar es mejor?
¿Amamantar da casi lo mismo?

El hospital en el que nació Penelope ofrecía muchas clases de preparación para el parto, una de las cuales hablaba de la lactancia materna. Le pregunté a una amiga cuyo bebé era un poco mayor si debería tomarla, ella hizo una mueca y dijo: «¿Sabes?, la verdad es que no es lo mismo con un muñeco».

Cuánta razón tenía. Te voy a decir la verdad: para muchas mujeres, entre las que me incluyo, amamantar fue difícil. (Esto no significa que las clases no fueran útiles, solo que no son la panacea).

Cuando Penelope perdió peso en el hospital tuvimos que darle suplemento de fórmula. Quizá esto no era necesario, pero lo que me pareció más loco fue la manera tan elaborada en que la enfermera lo sugirió para evitar la indeseable «confusión del pezón».

En lugar de darme un biberón y decirme que lo intentara con eso, me encontré enganchada a un sistema en el que un tubo estaba pegado a mi pecho con cinta adhesiva y el biberón con fórmula colgaba sobre mi cabeza. Intenté amamantarla así, la fórmula pasaba por el tubo, pero ni Penelope ni yo teníamos una mínima idea de lo que estábamos haciendo.

Nos ofrecieron que nos lleváramos este sistema a casa, pero me negué; si teníamos que alimentar a Penelope con fórmula, saldría del biberón.

Finalmente, me bajó la leche, pero eso no fue el final del asunto. La mayor parte del tiempo parecía que no era suficiente. Antes de ir a dormir por la noche, Penelope comía, comía y comía, casi siempre del biberón. Me sentía terrible. Todos decían: «Oh, si parece que sigue con hambre, solo déjala que mame. ¡Acabarás por producir más leche!». Pero era evidente que se moría de hambre (al menos eso era lo que me parecía).

Al mismo tiempo, trataba de sacarme la leche, aumentar la producción y tener un poco de reserva para cuando regresara al trabajo. Pero ¿en qué momento hacerlo? ¿Debería sacarla justo después de amamantar? ¿Y si tenía que comer otra vez? ¿Debería sacarla una hora después de amamantar mientras ella dormía? ¿Y si se despertaba justo después de que yo hubiera terminado y necesitaba comer otra vez?

Y lo peor era que parecía que Penelope odiaba lactar; lograr que agarrara el pezón era siempre una lucha. Cuando tenía siete semanas de nacida fuimos a la boda de mi hermano, y recuerdo que fui a un armario en la parte trasera del restaurante, que estaba aproximadamente a mil millones de grados centígrados, para intentar desesperadamente que se agarrara del pezón, mientras ella gritaba y gritaba. Por fin salimos de allí y la alimenté con biberón bajo el aire acondicionado.

¿Por qué seguí? En retrospectiva, no tengo idea. Al final, pasados tres meses, aceptó que no me iba a dar por vencida y un día empezó a lactar sin mayores objeciones.

Amamantar no siempre es tan difícil, incluso de un bebé a otro. Con Finn la lactancia fue pan comido (otras cosas fueron complicadas). Mi leche llegó más rápido, en mayor cantidad, y nunca tuvo problema para averiguar cómo hacerlo. Y para algunas personas así sucede desde la primera vez.

Pero cualquier problema que experimentemos empeora por el énfasis —social, familiar, personal— sobre los muchos beneficios de la lactancia materna.

A continuación vas a encontrar un ejemplo de una lista de los *supuestos* beneficios de la lactancia materna que saqué de un par de sitios web.[1] (Cabe aclarar que este capítulo se centra en los beneficios de la lactancia materna en Estados Unidos u otros países desarrollados donde la fórmula alternativa es segura y se puede preparar con agua limpia. En los países en vías de desarrollo, los beneficios de la lactancia son mayores y diferentes, puesto que la alternativa con frecuencia es la fórmula preparada con agua contaminada).

La lista es muy larga, por lo que la dividí en secciones.

Beneficios para el bebé a corto plazo	Beneficios para el niño a largo plazo: salud	Beneficios para el niño a largo plazo: cognitivos	Beneficios para la mamá	Beneficios para el mundo
• Menos fiebres e infecciones • Menos sarpullido alérgico • Menos trastornos gastrointestinales • Menos riesgo de ECN • Menos riesgo de SMSI	• Menos diabetes • Menos artritis juvenil • Menos riesgo de cáncer infantil • Menos riesgo de meningitis • Menos riesgo de neumonía • Menos riesgo de infecciones del tracto urinario • Menos riesgo de enfermedad de Crohn	• CI más elevado	• Control de natalidad gratuito • Mayor pérdida de peso • Mejor apego con tu bebé • Ahorro de dinero • Más resistente al estrés • Mayor sueño • Mejores amistades • Menor riesgo de cáncer • Menor riesgo de osteoporosis	• Menor producción de metano de las vacas

Beneficios para el bebé a corto plazo	Beneficios para el niño a largo plazo: salud	Beneficios para el niño a largo plazo: cognitivos	Beneficios para la mamá	Beneficios para el mundo
	• Menos riesgo de obesidad • Menos riesgo de alergias, asma		• Menor riesgo de depresión posparto	

Observarás que uno de estos beneficios es «mejores amistades». ¿En verdad? No me malinterpretes, ser una nueva mamá puede ser solitario y aislante, pero conocer a otras mamás es una excelente idea. Para eso sirve el yoga con carriola. Pero me cuesta trabajo saber cuáles de mis amistades mejoraron por mis intentos de amamantar a un bebé que lloraba a gritos en un armario caliente.

Y es cierto que no puedo encontrar evidencia revisada, confiable o no, que sugiera que las amistades mejoran cuando amamantas. Sin embargo, muchos de los beneficios que aquí se mencionan sí se basan en hechos, aunque no siempre es especialmente *buena* evidencia.

En particular, como mencioné en la introducción, la mayoría de los estudios sobre lactancia materna está sesgada por el hecho de que las mujeres que amamantan normalmente son diferentes de aquellas que no lo hacen. En Estados Unidos y en la mayoría de los países desarrollados es más probable que las mujeres con mayor educación y recursos económicos amamanten a sus bebés.

Este no siempre fue el caso. La lactancia materna ha estado y pasado de moda a lo largo de los años, incluso en el siglo pasado. En las primeras décadas del siglo XX, casi todas las mujeres amamantaron, si físicamente podían hacerlo, pero la aparición de la fórmula «moderna», que empezó alrededor de 1930, llevó a una rápida disminución de la lactancia materna. Esto se debe, al menos en parte, a que siempre ha sido difícil amamantar. Para la década de los setenta la mayoría de las mujeres alimentaba a sus bebés con fórmula. Pero las campañas de salud de ese entonces promovían los beneficios de la lactancia materna para contrarrestar la tendencia del uso de la fórmula. En respuesta a este nuevo clima, los fabricantes de fórmulas promovieron, de alguna forma, la lactancia materna, y los índices han aumentado desde entonces. Este incremento ha sido más importante en unos grupos que en otros, sobre todo entre mujeres con mayor educación y recursos económicos.[2]

El vínculo entre la lactancia materna y la educación, los ingresos y otras variables es un tema a investigar. Una mayor educación y mayores recursos se relaciona con mejores resultados para los recién nacidos y los niños, independientemente de si fueron o no amamantados. Esto hace difícil deducir el efecto *causal* de la lactancia materna. Es cierto que existe una correlación entre la lactancia materna y diversos resultados positivos, pero eso no significa que, para una mujer concreta, amamantar a su bebé haga que se desarrolle mejor.

Para dar un ejemplo concreto: un estudio que se realizó a finales de la década de 1980 en 345 niños escandinavos comparó los niveles del CI de niños de cinco años que fueron amamantados durante menos de tres meses, frente a los que lactaron más de seis meses.[3] Los autores encontraron que el nivel del CI de los niños que fueron amamantados más tiempo era más alto, y que la diferencia era aproximadamente de siete puntos. Pero las madres que amamantaron más tiempo también tenían más recursos económicos, más educación y un nivel de CI más alto. Una vez que los autores adaptaron algunas de estas variables, los efectos de la lactancia materna fueron mucho menores.

Los autores de este y otros estudios afirman que una vez que adaptan las diferencias que advierten entre las distintas mujeres, el efecto persiste. Pero esto supone que los ajustes que hacen pueden eliminar *todas* las diferencias entre las mujeres, y esto es extremadamente improbable.

Por ejemplo, en la mayoría de los estudios sobre lactancia materna los investigadores no tienen acceso al CI de la madre. Por lo general, considerarán una medida de la educación de la madre, que se relaciona con el CI. En promedio, una mujer con grado universitario tendrá un mejor resultado en una prueba de CI que una mujer con preparatoria o menos. Pero estas categorías educativas no son una medida muy precisa del CI.

Cuando hablamos de lactancia materna, encontramos que es más probable que las madres con niveles de CI más altos amamanten a sus bebés, incluso en grupos en los que las madres tienen el mismo nivel de educación.[4] Esas madres con un CI más alto, de nuevo entre pares del mismo nivel educativo, también tienen (en promedio) hijos con CI más alto.[5] Incluso si los investigadores pueden ajustar la variable de la educación de la madre, persiste la situación en la que el comportamiento de la lactancia se relaciona con otras características (en este ejemplo, el CI materno) que pueden influir en los resultados del recién nacido y el niño.

¿Cómo superamos este problema? Algunos estudios son mejores que otros, y deberíamos buscarlos para encontrar respuestas. Cuando observé los datos de los efectos de la lactancia, traté de diferenciar los buenos estudios de los menos buenos, y basé mis conclusiones solo en los mejores. Vinculado de manera más evidente al ejemplo anterior, un estudio que pueda adaptar la variable del CI de la madre dará resultados más confiables que uno que no pueda hacerlo.

Como ya sabes, este libro se enfoca en evidencia en la forma de datos y en lo que podemos aprender de ellos. Pero existe otro tipo de evidencia, una que vemos mucho en internet. Me referiré a ella como evidencia por «lo que la gente dice» o «una vez le pasó a mi amiga». Ya sabes: «Mi amiga no amamantó y su hijo fue a Harvard». «¡Mi amiga no vacunó a su hijo y él está muy sano!».

Lo que aprendemos con esta clase de evidencia es: nada.

Presta atención al mantra de las estadísticas: las anécdotas no son datos. (Debería ponerlo en una camiseta).

Ahora bien, como el tema de la lactancia hará que nos sumerjamos de manera más profunda en la cuestión de los datos, hablaré de los tipos de estudio que usaré a lo largo del libro.

UN COMENTARIO SOBRE LOS MÉTODOS DE INVESTIGACIÓN

Cuando los investigadores estudian la lactancia —o cualquier otra cosa de la que hablo en este libro— buscan aprender el efecto de lo que sea que estudien al tiempo que *conservan todo lo demás constante*. Nuestra organización experimental «ideal» sería, primero, observar al niño después de ser amamantado, y luego observar al mismo niño cuando no es amamantado, pero con todas las otras variables exactamente iguales: mismo horario, mismos padres, mismo estilo parental, mismo entorno familiar. Si podemos ver eso, solo necesitaríamos comparar los resultados posteriores del niño para saber los efectos de la lactancia materna.

Por supuesto, no es posible. Pero cuando los investigadores realizan un análisis, es esto lo que buscan. La precisión de sus resultados depende mucho de la eficacia de los métodos de investigación.

Ensayo de control aleatorio

El «estándar de oro» de los métodos de investigación es el ensayo de control aleatorio. Para realizar este tipo de estudio se recluta a algunas personas (idealmente a muchas) y luego se elige de manera aleatoria qué personas serán «tratadas» como parte del estudio y cuáles serán los «controles». Para realizar un ensayo de control aleatorio de la lactancia el «grupo de tratamiento» será amamantado y el «grupo de control» no. Como se eligió al azar quién formará cada grupo, en promedio los grupos son iguales, aparte de la variable de amamantar. Entonces se puede comparar qué sucede con el grupo de lactantes y qué sucede con el de control.

Un reto práctico de este tipo de estudio es que, normalmente, no puedes *forzar* a la gente a hacer las cosas, en particular con sus hijos. Debido a esto, la mayoría de los estudios que cito usan un «diseño de estímulo»: se exhorta a un grupo a comportarse de cierta manera

—amamantar, entrenar a su hijo para dormir o realizar algún programa disciplinario— y al otro no. Este estímulo podría consistir, por ejemplo, en informar al grupo sobre los beneficios de ese comportamiento, o darles algún tipo de guía o entrenamiento sobre cómo lograr ese comportamiento. Si consigues que con el estímulo cambie la cantidad de personas que llevan a cabo lo que estás estudiando, vas a poder obtener conclusiones causales.

Los ensayos de control aleatorio son caros, en particular si son exhaustivos y, por supuesto, su implementación puede ser problemática. Pero son lo más parecido a nuestro marco ideal de tratamiento del mismo niño de dos maneras distintas, así que cuando los encuentro, les concedo mucho peso a sus resultados.

Estudios basados en la observación

Un segundo y muy amplio grupo de estudios entra en la categoría de los «estudios basados en la observación». Por ejemplo, estos estudios comparan a niños que fueron amamantados con los que no, o aquellos que son entrenados para dormir con quienes no reciben ese entrenamiento, *sin* asignar al azar a las personas en grupos.

La estructura básica de estos estudios es similar. Los investigadores tienen acceso a (o recopilan) información sobre los niños, ya sean resultados a corto o largo plazo, junto con algunos datos sobre los comportamientos parentales. Después analizan las diferencias entre los niños en los diferentes grupos —comparan, digamos, a los niños que fueron amamantados con los que no.

Este tipo de estudio recopilará la mayoría de los datos con los que tenemos que trabajar, y su calidad variará mucho. Una fuente de variación es el tamaño del estudio; algunos son más amplios que otros, y en general, cuanto más extensos mejor. Pero lo más importante es que habrá una gran variación sobre lo cerca que lleguen al ideal de comparación del mismo niño en una sola variable, en dos escenarios que de lo contrario son idénticos.

Al hacer sus comparaciones, los investigadores tienen que adaptar las diferencias inherentes entre las familias que toman distintas decisiones de crianza. La mayoría de los estudios lo hace adaptando algunos aspectos sobre los padres, o sobre el niño, pero su capacidad para hacer esto bien depende de la calidad de los datos.

Por una parte, existen los estudios de hermanos que comparan a dos niños de una misma familia a quienes trataron de manera distinta en la variable que les interesa estudiar. Por ejemplo, uno de los niños fue amamantado y el otro no. Puesto que estos niños tienen a los mismos padres y crecieron juntos, existe un argumento sólido de que, aparte de la lactancia, son similares. Estos estudios de hermanos no son perfectos —hay que preguntar por qué amamantaron a uno y a otro no—, pero tienen mucho valor porque eliminan algunos de los problemas más importantes de los estudios basados en la observación. Es posible que exista un poco de azar en la decisión de amamantar, quizá relacionado con cuánto aprovecha el bebé la lactancia (pienso en mi propia experiencia).

Muchos otros estudios no comparan a hermanos, pero sí consideran *mucha* información sobre los padres: educación, quizá pruebas de CI, ingresos, raza, otros aspectos del entorno familiar, características del nacimiento, etcétera. Una vez que los autores adaptan estas variables, pueden acercarse más a comparar dos niños idénticos. Con frecuencia yo llamo a estas variables *controles*. Cuantas más cosas controlamos —es decir, más variables que permanecen constantes entre niños y familias—, más confianza podemos tener en que en realidad aprendemos los efectos de la lactancia materna.

Por otro lado, existen estudios que solo tienen uno o dos controles —que, digamos, adaptan las diferencias en cuanto al peso al nacimiento entre los bebés, pero nada más—. Estos son menos confiables.

Estudios de casos y controles

Existe un último tipo de resultados que proviene de lo que se conoce como estudio de casos y controles. Estos estudios tienden a usarse cuando existe un resultado poco frecuente. Digamos que quieres estudiar la relación entre leerle a tu hijo y que tu hijo aprenda a leer *muy* temprano (antes de los tres años, por ejemplo). Aprender a leer antes de los tres años es un resultado muy poco frecuente. Incluso con un conjunto de datos muy amplio, es posible que solo se presenten pocos casos. Esta no es información suficiente para saber qué determina este resultado.

Con un enfoque de casos y controles, los investigadores empiezan a identificar un grupo de «casos», la gente que tuvo ese resultado inusitado. En nuestro ejemplo eso significa que realmente buscan a niños que pudieron leer bien antes de los tres años, y recolectan un montón de datos sobre ellos. Después buscan un grupo de controles —los niños que son similares en algunos aspectos pero que no leyeron hasta después— y los comparan. Preguntan si algunos comportamientos —en este ejemplo, los padres que leen a sus hijos— son más comunes en los niños que ya son lectores tempranos.

En general estos estudios son peores que los otros. Tienen, primero que nada, los mismos problemas que los estudios basados en la observación: la gente que está en el grupo de caso puede ser diferente de muchas maneras de la del grupo de control, y es difícil verificar esas diferencias. Con frecuencia este problema es más extremo puesto que, normalmente, el grupo de control para el estudio se recluta de forma diferente al grupo de tratamiento.

También existen otros problemas. En general estos estudios dependen de preguntar a los padres aspectos específicos de su comportamiento en el pasado; los cuales pueden tener problemas para recordar, y sus recuerdos se pueden ver afectados por lo que le pasó a su hijo en los años intermedios.

Por último, estos estudios tienden a ser pequeños y los autores a menudo buscan el mayor número posible de variables que se puedan relacionar con lo que están estudiando. Esto puede llevar a conclusiones falsas.

Habrá veces en las que estos sean los únicos estudios con los que contamos, y que aun así queramos aprender algo de los datos que contienen. Pero me inclino a considerarlos con precaución.

DE VUELTA A LA LACTANCIA

En el caso particular de la lactancia veremos todo tipo de estudios, como los que acabamos de describir. Solo existe un ensayo de control aleatorio para la lactancia, realizado en Bielorrusia en la década de 1990.[6] Este estudio exhortó a algunas mujeres a que amamantaran y a otras no, y hubo diferencias en los grupos en cuanto al índice de lactancia. Este estudio será relevante para investigar algunos resultados de salud a corto plazo, y otros elementos a largo plazo, como la estatura y el CI del niño.

También existen algunos estudios observacionales muy buenos. Unos comparan hermanos, que es maravilloso, y otros que no pudieron usar hermanos pero que cuentan con un amplio muestrario, observan muchos datos sobre los niños y sus padres.

Por último, para algunos resultados poco comunes y trágicos —cáncer infantil, SMSI— tendremos que considerar algunos estudios de casos y controles, y tratar de aprender lo que podamos de ellos.

En el resto de este capítulo hablaré en detalle de los beneficios de la lactancia para los niños y las mamás, a corto y largo plazo. Dejaré de lado el tema del metano y diré solo que es verdad que las vacas lo producen, y también es cierto que la fórmula normalmente contiene productos lácteos, por lo que en ese sentido este beneficio es válido.

Ah, y debería decir que incluso si decidiste amamantar, no siempre es fácil hacer que funcione. Para superar eso (¡aléjate de los armarios calientes!), lee el siguiente capítulo.

Los beneficios

LACTANCIA Y SALUD EN LOS PRIMEROS AÑOS DE VIDA

La lactancia y la salud en los primeros años de vida es el conjunto de relaciones mejor estudiados y estas son las que tienen el conjunto de mecanismos más convincente. Fue el enfoque inicial del amplio ensayo aleatorio que mencioné antes. Sabemos que la leche materna contiene anticuerpos, por lo que es más plausible que protejan contra algunas enfermedades.

Comenzaremos con el ensayo aleatorio. Este estudio, llamado PROBIT, se realizó en Bielorrusia en la década de 1990. Siguió a 17 mil díadas de madres y recién nacidos en varios lugares de Bielorrusia. Los autores empezaron con una muestra de mujeres que intentó amamantar; la mitad de ellas se eligió al azar para que recibiera ayuda y estímulo para la lactancia. Al resto no se le desalentó, pero no recibió apoyo.

El estímulo tuvo un gran efecto en la lactancia. A los tres meses 43% de los niños de mamás que recibieron apoyo fue exclusivamente amamantado, frente a solo 6% de los niños cuyas madres no recibieron ese apoyo. También hubo diferencias en cuanto a si los bebés recibieron algo de leche materna en este momento. Al año los índices de quienes recibieron algo de leche materna fueron de 20 y 11%, lo cual sugiere que los efectos del estímulo persistieron.[7]

Observarás que el estímulo no significó que *todas* las mamás a quienes se les apoyó para amamantar lo hicieran o que todas las mamás que no lo recibieron no lo hicieran. Así, los resultados pueden ser menores de lo que serían si hubiera una diferencia mayor entre ambos grupos de lactancia.[8]

El estudio encontró dos efectos significativos: durante el primer año, los bebés que fueron amamantados tuvieron menos infecciones gastrointestinales (por ejemplo, diarrea) y menos índices de eczema y otros sarpullidos. Para dar algunas cifras, 13% de los niños cuyas madres no recibieron apoyo para amamantar padeció al menos un caso de diarrea, frente a solo 9% de aquellos cuyas madres sí lo recibieron. El índice de sarpullido y eczema también fue más bajo en el grupo cuyas madres recibieron el estímulo para amamantar: 3% frente a 6 por ciento.

Estos efectos son significativos y, como parte de los índices generales de estas enfermedades, son razonablemente importantes. Por ejemplo, el sarpullido y el eczema se redujeron a la mitad. Dicho esto, vale la pena considerar los índices generales en perspectiva: incluso en un grupo que amamanta menos, se reportó que solo 6% de los niños tuvieron esta complicación. También es importante observar que, en general, estas son enfermedades menores.

Solo existe una enfermedad verdaderamente grave en la edad temprana —también vinculada con la digestión— que parece verse afectada por la leche materna. La enterocolitis necrosante (ECN): una complicación intestinal grave que es un riesgo para los bebés muy prematuros (es más común en bebés que pesan menos de un kilo y medio al nacimiento). En ensayos aleatorios[9] la leche materna (ya sea de la madre o de una donadora) ha mostrado reducir el riesgo de esta afección. Lo anterior podría respaldar nuestra confianza en los vínculos generales con la digestión, aunque para bebés que llegan a término (o incluso casi a término), la ECN es cada vez menos frecuente.

En el análisis PROBIT también se midieron muchas enfermedades que parecían no tener relación con la lactancia, incluidas infecciones respiratorias, infecciones de oído, anginas y sibilancia. De hecho, la proporción de niños en cada grupo que padeció estos problemas era prácticamente idéntica. Es importante aclarar lo que significa esto. No quiere decir que estamos *seguros* de que amamantar no tiene absolutamente ningún efecto en los problemas respiratorios. Estos cálculos contienen errores estadísticos que llamamos *intervalos de confianza*, lo cual nos da una idea de qué tan seguros estamos sobre las estimaciones que observamos. En este estudio en particular no podemos rechazar la posibilidad de que la lactancia tenga importancia en ambos sentidos, que pueda aumentar o disminuir las infecciones respiratorias. Lo que *sí* podemos decir es que los datos no respaldan la afirmación de que las enfermedades respiratorias disminuyen como resultado de la lactancia.

Dados estos hallazgos, ¿por qué continuamos considerando la afirmación «basada en la evidencia» de que la lactancia reduce las gripes y las infecciones de oído? La razón principal es que existen muchos estudios basados en la observación —que comparan a niños que fueron amamantados con otros que no lo fueron, pero no cuando la lactancia varía de manera aleatoria— que muestran que la lactancia tiene un efecto en estas enfermedades. Un conjunto particularmente amplio de estudios sostiene que existe un vínculo entre la lactancia y las infecciones de oído.[10]

¿Deberíamos darle alguna importancia a esta evidencia cuando tenemos un ensayo aleatorio?

Esta es una pregunta complicada. Por un lado, en igualdad de condiciones la evidencia aleatoria es claramente mejor. Sabemos que la lactancia no es algo que hace la gente por capricho, y sabemos que las mujeres que amamantan tienen diferentes circunstancias que las que no lo hacen. Esto nos inclina a favor de la evidencia aleatoria.

Por otro lado, el ensayo aleatorio es solo un estudio y no es infinitamente exhaustivo. Si existen pequeños beneficios de la lactancia, quizá no se muestren como efectos significativos en el ensayo aleatorio, pero de todas formas nos gustaría saberlo. Me parece razonable, por lo tanto, considerar los datos no aleatorios, en particular cuando se trata de infecciones de oído, que han sido ampliamente estudiadas, y donde algunas de las pruebas provienen de conjuntos de datos muy grandes y de alta calidad.

Por ejemplo, un estudio de 70 mil mujeres danesas publicado en 2016 sostiene que la lactancia durante seis meses redujo el riesgo de infección de oídos de 7 a 5% en ese periodo.[11] Este análisis fue muy cuidadoso y completo, con excelentes datos que permitieron a los autores ajustar muchas diferencias entre madres y niños.

Este efecto no se replica en todos lados. Un estudio similar en Gran Bretaña no muestra ningún efecto en las infecciones de oído.[12]

Pero en mi opinión, el peso general de la evidencia lo coloca en una categoría plausible.

Por el contrario, no existe ningún análisis tan convincente como el ensayo danés sobre la infección de oído para gripes y tos. Los estudios de estos síntomas son menores y menos convincentes desde el punto de vista estadístico, y los resultados son frágiles. Parece que aquí hay menos qué aprender.

¿En dónde nos deja esto? Por supuesto, parece razonable concluir que la lactancia reduce el eczema infantil y las infecciones gastrointestinales. Para las otras enfermedades la evidencia más sólida está a favor de una pequeña disminución en las infecciones de oído en niños lactantes.

LACTANCIA Y SMSI

Sería negligente de mi parte terminar la conversación sobre lactancia y salud en los primeros años de vida sin hablar de la relación entre la lactancia y el SMSI, el caso trágico en el que un recién nacido muere inesperadamente en la cuna. Si bien se plantea con frecuencia, la relación del SMSI con la lactancia es difícil de distinguir.

La muerte de un niño está entre las peores cosas que podemos imaginar como padres. En este libro trataremos muchas preguntas que parecen abrumadoras, pero nada se compara con esta horrible circunstancia. Esto le da mayor valor emocional incluso a la posibilidad sugerida de una relación entre la lactancia y la mortalidad infantil.

El SMSI es raro, en tanto que las infecciones de oído y las gripes son comunes. Sin duda, tus hijos tendrán gripes, ya sea que los amamantes o no. Por su parte, las muertes por SMSI ocurren en aproximadamente uno de cada mil 800 nacimientos; entre bebés con ningún otro factor de riesgo (no prematuros, que no duermen bocabajo), esto es quizá uno de cada 10 mil.[13]

Hasta cierto punto, esto debería tranquilizar a los padres ansiosos, pero también hace que la relación entre el SMSI y la lactancia sea difícil de estudiar, puesto que se necesita una muestra considerablemente grande de bebés para aprender algo que pueda beneficiar a otros niños.

Para solucionar este problema los estudios sobre esta relación usan el método de casos y controles: identifican un número de recién nacidos que murieron de SMSI, entrevistan a los padres, luego entrevistan a un conjunto de padres de control con hijos vivos. Después se comparan las características de los padres y los niños.

Hay muchos estudios así.[14] En promedio, encuentran que es más probable que los niños que seguían vivos habrían sido amamantados. Esto los lleva a concluir que no amamantar aumenta el riesgo de SMSI. Los análisis más recientes sugieren que estos efectos son más pronunciados cuando los niños son amamantados durante más de dos meses.[15]

En mi opinión, sin embargo, a partir de un análisis cuidadoso de los datos, esta conclusión no es obvia. Existen diferencias básicas entre los niños que mueren y los que no, las cuales quizá no tengan nada que ver con la lactancia, pero arrojan muchos de los resultados. Cuando los estudios consideran factores como el tabaquismo de los padres, ya sea que el bebé haya sido prematuro o tenga otros factores de riesgo —todos los cuales están correlacionados con la lactancia y vinculados al SMSI— los efectos de la lactancia son mucho menores o desaparecen por completo.

Más allá de esto, algunos artículos de investigación de gran divulgación también tienen un serio problema con la manera en la que seleccionan a un grupo de control. Un componente clave para diseñar estos estudios es elegir un grupo de control que sea lo más comparable posible, aun así estos estudios no siempre logran su cometido.

Por ejemplo, es común seleccionar como el grupo de tratamiento a todos los recién nacidos que mueren de SMSI en un área, y luego reclutar a los padres de niños vivos por carta o por teléfono. Pero esto significa que la gente en el grupo de control se elige de manera diferente, y sabemos que las personas que quieren participar en un estudio son básicamente distintas —de modo observable y no observable— de las personas que eligen no estar implicadas.[16]

Esta inquietud es reforzada por los estudios con una mejor selección de bebés de control —por ejemplo, uno en el que el grupo de comparación comprende a bebés que fueron visitados por la misma enfermera a domicilio en Inglaterra— los cuales no muestran un aumento en el riesgo de SMSI por no haber sido amamantados.[17]

Por fortuna, las muertes por SMSI son raras. Así que, puesto que estas son tan poco comunes, es imposible descartar por completo la posibilidad de que la lactancia disminuya el riesgo de SMSI en un pequeño porcentaje. Sin embargo, no creo que los mejores datos respalden un vínculo significativo.

LACTANCIA Y SALUD POSTERIOR

Gran parte de la investigación académica sobre la lactancia se centra en los resultados de la edad temprana; por ejemplo, infecciones en el periodo en el que quizá estés amamantando. No obstante, en el discurso popular el enfoque parece darse en los beneficios a largo plazo. Aquí es donde la culpa se acumula.

No es común escuchar a la gente decir: «¡Es maravilloso amamantar porque disminuye la posibilidad de diarrea los siguientes seis meses!». En vez de eso se oyen cosas como: «¡Es maravilloso amamantar porque eso le da a tu hijo un mejor comienzo en la vida; será más inteligente, más alto, más delgado!». Este problema no se limita a las personas que encuentras en la calle al azar: una mujer me dijo que su médico le informó que si dejaba de amamantar, su hijo perdería tres puntos de CI.

Como padres es más preocupante la idea de que si eliges no amamantar a tu hijo, podrías dañarlo de por vida, que la idea de que por no hacerlo tal vez tiene una infección de oído más.

La buena noticia para las madres que se sienten culpables por decidir no amamantar a sus hijos es que, más allá de los problemas de salud de poca gravedad en los primeros años de vida, no he visto ninguna prueba convincente de impactos a largo plazo.

Podemos comenzar con el conjunto de resultados estudiados en el PROBIT. Estos investigadores siguieron observando a los niños de la prueba hasta la edad de siete años. No encontraron ninguna evidencia de efectos en la salud a largo plazo: ningún cambio en alergias o asma, caries, estatura, presión arterial, peso o indicadores por tener sobrepeso u obesidad.[18]

Vale la pena detenerse en el tema de la obesidad, puesto que este beneficio de amamantar recibe mucha atención. (Cuando estaba embarazada de Finn, había un enorme cartel en el consultorio de mi partera que decía que la lactancia disminuía la obesidad, un mensaje enfatizado con la imagen de dos helados, cada uno con una cereza encima de modo que parecían un par de senos. Era una imagen clara, aunque sigo sin comprender qué quería ilustrar. Supongo que la idea era que puedes comer más helado si amamantas).

Sin duda es cierto que la obesidad y la lactancia están relacionadas, ya que los niños amamantados son menos propensos a la obesidad años más tarde. Pero esta relación no demuestra causalidad; no prueba que esos niños se volvieron obesos *porque* no lactaron. Los datos aleatorios del PROBIT no muestran que la lactancia tenga algún efecto en si el niño es obeso a los siete años o, en el último seguimiento, casi a los 11 años.[19] Como respaldo a esto, los estudios que comparan a hermanos que fueron amamantados con los que no lo fueron no muestran ninguna diferencia en obesidad. Estos estudios a menudo demuestran que la lactancia parece ser importante cuando comparamos entre familias, pero no *dentro* de la misma familia. Esto sugiere que algo en la familia, no la lactancia, influye en la probabilidad de que un niño se vuelva obeso.[20] De hecho, cuando los investigadores observan en conjunto los distintos estudios sobre obesidad y lactancia para tener un cuadro más completo, encuentran que los análisis que ajustan con cuidado el nivel socioeconómico, tabaquismo y peso de la madre —aunque no pueden comparar a hermanos— también muestran que no hay relación.[21]

Todos estos resultados presentan algunos errores estadísticos. ¿Podemos afirmar *con seguridad* que la lactancia no tiene ningún efecto sobre la obesidad? No. Pero tampoco podemos decir nada convincente a partir de los datos que respalde un vínculo significativo.

Algunos resultados a largo plazo —por ejemplo, la artritis juvenil e infecciones de las vías urinarias— no se pudieron estudiar en el PROBIT, pero al menos uno o dos estudios han mostrado algún tipo de relación entre estas condiciones y la lactancia. La evidencia en la mayoría de estos vínculos es demasiado limitada.[22] En uno solo de muchos estudios aparece una relación significativa; o el método de investigación es pobre o la población es poco común. Básicamente, no podemos aprender nada sobre si existe o no una relación con base en la información.

Se ha escrito bastante sobre otras dos enfermedades graves: la diabetes tipo 1 y el cáncer infantil. Pero, de nuevo, dadas las limitaciones de los datos, no creo que aprendamos mucho. En la nota se incluye más información sobre ellas.[23]

En muchos de estos casos —como en otros en el campo de la lactancia— incluso los estudios muy limitados y mal realizados obtienen mucho interés. La atención mediática tiende a ignorar los matices de la información publicada, incluso si la información es buena en sí misma, lo que no es frecuente. Vemos, una y otra vez, titulares agresivos que a menudo exageran las tesis de los artículos que citan.

¿Por qué sucede esto?

Una razón es que parece que a las personas les gusta la narrativa escalofriante o escandalosa. «Los niños alimentados con fórmula son más propensos a abandonar la escuela en preparatoria» es un encabezado más atractivo que «Un estudio amplio y bien diseñado muestra repercusiones menores de la lactancia en enfermedades diarreicas». Este deseo de escandalizar y asombrar interactúa de manera deficiente con la falta de conocimiento estadístico de la mayoría de las personas. Los medios de comunicación no se molestan en informar sobre los «mejores» estudios, ya que la gente tiene problemas para separar las buenas investigaciones de las menos buenas. Muchos informes mediáticos podrían salirse con la suya diciendo: «Un nuevo estudio muestra...» sin tener que decir: «Un nuevo estudio, cuyos resultados probablemente están sesgados, muestra...». Y, aparte de los pocos que nos ponemos nerviosos en Twitter, la mayoría de la gente no se entera de nada.

Es difícil distinguir la calidad de un estudio de su cobertura mediática inicial, aunque probablemente es más fácil en la era de internet. En la actualidad muchos informes mediáticos hacen referencia al estudio original. Si el artículo «Los niños alimentados con fórmula son más propensos a abandonar la escuela en preparatoria» se basa en un estudio de 45 personas, a las que se encuestó en relación con su comportamiento en materia de lactancia materna cuando sus hijos, que ahora tienen 23 años, eran recién nacidos, quizá puedas dejarlo pasar.

PECHOS INTELIGENTES PARA CRIAR SABELOTODOS: LACTANCIA Y CI

La leche materna es óptima para el desarrollo cerebral, ¿cierto? ¡Amamanta para tener un niño exitoso! Eso dicen. Pero ¿es verdad? ¿La leche materna hará que tu hijo sea más inteligente?

Comencemos por volver del terreno mágico de la leche materna a la realidad. Incluso desde el punto de vista más optimista sobre la lactancia, su efecto en el CI es reducido. La lactancia no aumentará 20 puntos el CI de tu hijo. ¿Cómo lo sabemos? Porque si fuera así, sería verdaderamente obvio en los datos y en la experiencia cotidiana.

En realidad, la pregunta es si la lactancia ofrece a los niños una pequeña ventaja en cuanto a su inteligencia. Si crees en los estudios que solo comparan niños que fueron amamantados con los que no lo fueron, te das cuenta de que es así. Hablé de un ejemplo de estos estudios las páginas 95 y 96, y hay otros. Aquí existe una clara relación: al parecer los niños que fueron amamantados sí tienen un CI más alto.

Pero esto no es lo mismo que decir que la lactancia *es la causa* de un CI más alto. En realidad, la relación causal es mucho más endeble. Podemos ver esto si observamos con cuidado una variedad de estudios que comparan niños que fueron amamantados con sus hermanos, que no lo fueron. Estos estudios tienden a no encontrar ninguna relación entre la lactancia y el CI. Los niños que fueron amamantados no tuvieron mejores resultados en las pruebas de CI que sus hermanos que no lactaron.

Esta conclusión difiere básicamente de los análisis que no hacen comparaciones entre hermanos. Un ensayo muy bueno nos da una respuesta.[24] La clave de este estudio es que los autores analizan a la misma muestra de niños de muchas formas distintas. Primero, comparan a los niños que fueron amamantados con los que no y con algunos controles sencillos. Cuando hacen esto, encuentran grandes diferencias en el CI de los niños amamantados frente a quienes no lo fueron. En la segunda fase agregan un ajuste para el CI de la madre y encuentran que el efecto de la lactancia es mucho menor —gran parte del efecto que se atribuye a la lactancia en el primer análisis se debía a las diferencias en el CI de la madre—, pero aún persiste.

Después los autores realizan un tercer análisis en el que comparan hermanos —niños que nacieron de la misma madre—, uno de los cuales fue amamantado y otro no. Esto es valioso porque toma en cuenta *todas* las diferencias entre las mamás, no solo su desempeño en una prueba de CI. En este análisis los investigadores observan que la lactancia no tiene un efecto significativo en el CI. Esto sugiere que hay algo en la madre (o en los padres en general), no algo en la leche materna, que impulsa el efecto de la lactancia en el primer análisis.

El PROBIT también observó la relación entre lactancia y CI. Para esta muestra la medida del CI la realizaron investigadores que sabían si el niño pertenecía al grupo de tratamiento que recibía apoyo para la lactancia. No hubo efectos significativos en el CI general ni en las evaluaciones de los maestros sobre el desempeño de los niños en la escuela. Los investigadores sí percibieron pequeños efectos de la lactancia en el CI verbal en algunas de sus pruebas, pero un análisis más exhaustivo sugirió que pudo haber influido en su evaluación.[25] Por lo tanto, en general este estudio no proporciona un respaldo particularmente sólido para afirmar que la lactancia aumenta el CI.[26]

En conclusión, no hay evidencia convincente de que existan pechos inteligentes que puedan criar sabelotodos.

BENEFICIOS PARA LA MAMÁ

A algunas mujeres amamantar las hace sentir empoderadas y felices. Tienen la ventaja de tener a la mano la fuente de alimentación a donde quiera que vayan, y les parece que amamantar al bebé es un momento de paz y relajación. ¡Maravilloso!

Para otras, amamantar las hace sentirse como vacas. Odian cargar con el tiraleche para todos lados en caso de que tengan que usarlo. Es difícil decir siquiera si al bebé le gusta mamar o si se alimenta lo suficiente. Los pezones duelen y, en general, la experiencia es horrible.

Todo esto es para decir que muchos de los supuestos beneficios de la lactancia para las mamás en realidad son subjetivos. Yo he estado en ambos lados de la situación, como la mayoría de mis amigas. En definitiva, hubo momentos —especialmente con Finn— en que pensé que era una opción más que conveniente y genial. Y luego hubo otros —pienso en particular una vez que me saqué la leche en el aeropuerto de La Guardia— en que todo me parecía una farsa.

Una de las cosas que está en todas las listas a favor de la lactancia es que «ahorras dinero». Esto depende. Sí, la fórmula es cara, pero también los brasieres especiales, las cremas para los pezones, las almohadillas de lactancia y las 14 almohadas diferentes que necesitas para poder amamantar. Y, lo más importante, está tu tiempo, que es valioso.

Otra supuesta ventaja es la «resistencia al estrés». ¿Amamantar te hace más resistente al estrés? Esto también es bastante subjetivo. Con frecuencia el estrés se relaciona con una alteración del sueño.

¿Dormirás más si amamantas a tu bebé? Eso depende de más factores que solo amamantar.

Como mencioné con anterioridad, lograr «mejores amistades» también se ha vendido como un beneficio. Tendrás que decidir tú misma si tus relaciones amistosas van a mejorar al amamantar. (Probablemente eso depende de tus amigos).

Existen solo unos cuantos «beneficios» de la lactancia para los que no contamos con ninguna evidencia. Sin embargo, algunos supuestos beneficios podrían tener bases. La primera es la hipótesis de que durante la lactancia «no necesitas anticonceptivos». Esta es la verdad: es menos probable que te embaraces si estás amamantando, pero no es —repito, NO es— un método anticonceptivo confiable; en particular cuando tu hijo crece y aumenta el tiempo que pasas sin alimentarlo o sacarte la leche. No cuento con suficiente espacio en este libro para poner en una lista a toda la gente que conozco que se embarazó mientras amamantaba (una mención a mi editor médico, Adam, a su esposa y a su segundo hijo). Si definitivamente no quieres quedar embarazada, necesitas usar un verdadero método anticonceptivo.

Un segundo supuesto beneficio que cuenta con alguna evidencia es la «pérdida de peso». Siento decir que, en el mejor de los casos, cualquier pérdida de peso es pequeña. Un amplio estudio que se realizó en Carolina del Norte mostró que a los tres meses después del parto, la pérdida de peso en las mamás que amamantaban era similar a la de las que no lo hacían. Seis meses después del parto, las mamás que amamantaban perdieron aproximadamente 635 gramos más.[27] El problema con este artículo es que tal vez sobreestime el efecto de la lactancia en la pérdida de peso, pero, en cualquier caso, la pérdida es muy pequeña.

Quizá te preguntes: «¿No es cierto que amamantar quema calorías? ¿No escuché algo sobre cómo se queman 500 calorías al día cuando amamantas?». Esto es verdad, pero las mujeres que amamantan tienden a comer más. Quemar más calorías es eficaz como estrategia de pérdida de peso solo si no las vuelves a consumir en lo que comes. Cuando yo amamantaba, consumía un huevo y un bagel con queso todas las mañanas a las diez y media. Este tipo de comportamiento garantiza sin duda que ingerirás las calorías que quemas.

La evidencia del efecto de la lactancia en la depresión posparto tampoco es convincente. Algunos estudios sobre esta relación muestran resultados dispares, y es una pregunta difícil de evaluar porque la causalidad se da en ambos sentidos. Las madres que sufren de depresión posparto son más propensas a dejar de amamantar; eso puede considerarse como si la lactancia aliviara la depresión posparto, cuando en realidad la causalidad es inversa.[28] Y la afirmación de que existe menor riesgo de desarrollar osteoporosis y de que la salud ósea mejora tampoco es evidente en el amplio conjunto de datos.[29] La evidencia sobre la diabetes también es variada, y posiblemente confusa si se consideran las diferencias entre las mujeres.

Existe un beneficio que sí tiene una base empírica más amplia y robusta: la relación entre la lactancia y el cáncer, en particular el cáncer de mama. A lo largo de una gran variedad de estudios en distintos lugares, parece que hay una relación considerable —quizá una disminución de 20 a 30% de riesgo de cáncer de mama—. El cáncer de mama es un cáncer común, casi una de cada ocho mujeres padecerá algún tipo de este en algún momento de su vida; por lo tanto, esta disminución es importante en términos absolutos.

Esta información no es exacta —para empezar, casi siempre faltan los controles del nivel socioeconómico de la madre—, pero el tema de la causalidad está respaldado por un conjunto concreto de mecanismos. La lactancia cambia algunos aspectos de las células de la mama, lo que la hace menos susceptible a cancerígenos. Además, la lactancia disminuye la producción de estrógenos, que a su vez puede reducir el riesgo de cáncer de mama.

Después de toda esta atención sobre los beneficios de la lactancia para los niños, puede resultar que el efecto más importante de esta a largo plazo en realidad sea en la salud *de la mamá*.

EL VEREDICTO

Por último, podemos volver a nuestra tabla de beneficios significativos e intentar descartar aquellos en los que no encontramos evidencia convincente.

En algunos casos esos supuestos beneficios se eliminan de la tabla porque sencillamente no hay información sobre ellos —conseguir mejores amistades, por ejemplo—. No es que contemos con evidencia convincente para rechazarlo, sino que nadie ha realizado ningún estudio sobre esto. En otros casos, por ejemplo, la obesidad, los hechos muestran que hay estudios sobre esto y los datos más precisos no respaldan que haya un vínculo.

Beneficios para el bebé a corto plazo	Beneficios para el niño a largo plazo: salud	Beneficios para el niño a largo plazo: cognitivos	Beneficios para la mamá	Beneficios para el mundo
• Menos sarpullido alérgico • Menos trastornos gastrointestinales • Menos riesgo de ECN • Menos riesgo de infección de oídos (quizá)			• Menor riesgo de cáncer de mama	• Menor producción de metano de las vacas

En cuanto a las relaciones que se eliminaron en la tabla, no existe información que sugiera que en verdad haya una correlación. Dicho de otra manera, también podemos vincular de manera plausible la lactancia a una gran variedad de otros resultados —ser un corredor veloz o tocar bien el violín—. Esto no significa que no pueda ser cierto, solo que no existen datos que lo sugieran. Puedes tener fe en esta relación, pero no aceptarla como evidencia.

Nuestra lista de beneficios respaldada por los datos es ahora más limitada, pero aún quedan algunos. Parece que existen algunos beneficios a corto plazo para tu bebé, y quizá algunos beneficios a largo plazo para ti. ¡Y no olvidemos el metano! Pero en cuanto a la lista inicial, esta es mucho más corta.

La presión de las mamás para amamantar puede ser enorme. La retórica lo hace parecer como lo más importante que puedes —y tienes— que hacer para ofrecerle a tu hijo una vida de éxito. ¡La lactancia es mágica! ¡La leche materna es oro líquido!

Esto no es correcto. Claro, si quieres amamantar, es ¡maravilloso! Pero, si bien existen algunos beneficios a corto plazo para tu bebé, si tú no quieres amamantar o si tu situación no es favorable para que lo hagas, no es una tragedia para tu hijo ni para ti. Puede ser que sea más trágico que pases un año sintiéndote mal por no amamantar.

Mientras escribía este libro consulté los que mi madre y mi abuela leyeron cuando tuvieron hijos. Mi madre era adepta a *El libro del sentido común del cuidado de bebés y niños*, del doctor Spock, una obra escrita en la década de 1940 y actualizada con frecuencia. Tengo su ejemplar de mediados de la década de 1980.

El doctor Spock aborda el tema de la lactancia y sugiere que las mamás lo intenten para saber si les gusta hacerlo. Dice algo breve sobre una posible protección de los bebés a infecciones y dice: «La evidencia más convincente sobre el valor de la lactancia proviene de madres que lo han hecho. Hablan de la tremenda satisfacción que sintieron al saber que estaban brindando a sus bebés algo que nadie más podía darles [...] al sentir su cercanía».

Al menos para mí, estas palabras tocaron una fibra sensible. Me gustó amamantar a mis hijos porque, aparte de algunos de los primeros incidentes al calor de un armario, lo disfruté. Me brindó muchos momentos hermosos con ellos, hicimos algo que solo podíamos hacer juntos y los veía quedarse dormidos. Esta es una excelente razón para hacerlo, y un buen argumento para intentarlo. También es una buena razón para apoyar a las mujeres que desean hacerlo, y para no avergonzar a quienes amamantan en público. Pero no es un buen motivo para juzgarte si decides que amamantar no es para ti.

Conclusiones

- La lactancia temprana brinda algunos beneficios para la salud, aunque la evidencia que lo respalda es más limitada de lo que se suele afirmar.
- Posiblemente existen algunos beneficios a largo plazo para la salud, relacionados con el cáncer de mama para la madre.
- Los datos sobre la lactancia no proporcionan evidencia sólida sobre los beneficios para la salud o cognitivos a largo plazo para tu hijo.

5

Lactancia: una guía práctica

Cuando recuerdo las primeras semanas en que amamanté a Penelope, me doy cuenta de que sentía una mezcla de confusión y frustración.

Me parecía que tenía todos los problemas de la lactancia. El problema del agarre del pezón, el problema de la cantidad de leche. La amamantaba y amamantaba, y cada noche tenía que darle, además, un enorme biberón que ella bebía con avidez, aparentemente juzgándome por no tener suficiente leche (quizá era mi imaginación). Después estaba el tiraleche: ¿Cuándo sacarme la leche? ¿Con qué frecuencia al principio? Cuando volviera al trabajo ¿cómo se suponía que me relajaría para poder sacarla? ¿Puedes sacarte la leche en medio de una conferencia telefónica? ¿Solo si lo pones en silencio?

Puedes pensar que solo tú tienes estos problemas. Esto es particularmente cierto al inicio, cuando es difícil hacer que la lactancia funcione. Las horas que pasas sentada sola en una habitación con un recién nacido, tratando de hacer que coma, te aíslan. Esto se agrava por el hecho de que parece que todas las madres que amamantan —las que ves caminando en el mercado de productos agrícolas mientras amamantan a sus bebés— no tienen ningún problema al cargar una bolsa de elotes, azuzar a su hijo de tres años frente a un puesto de galletas y alimentar a su bebé. Quizá tú eres la única con problemas.

No es así. Al escribir este capítulo, recurrí a Twitter: «Mamás, háblenme de sus infortunios durante la lactancia».

Tenían mucho que decir.

Me contaron sobre sus intentos reiterados y su falta de éxito en lograr que sus bebés agarraran el pezón. Me hablaron de sus «estúpidos pezones diminutos» y de cuando compraron un Booby Tube (búscalo en Google). Sobre sus pezones adoloridos, sangrantes y agrietados, y alguien me habló de un caso particularmente cruento, en el que el pezón se le desprendió parcialmente.

Me hablaron de sus problemas en cuanto a la cantidad de leche. Escasa producción: una mujer me habló de una ocasión en que envió a su marido en un trayecto de treinta minutos en autobús para que le comprara té de ortiga *en ese momento*; o los constantes intentos por aumentar la cantidad de leche amamantando y luego sacándola doce veces al día, después de cada alimento del bebé. Demasiada producción: pechos que gotean leche todo el tiempo, colchones que huelen a parmesano y ropa tiesa por la leche seca. Una mujer me dijo que su producción de leche era escasa, pero comenzaba a gotear cuando estaba en el autobús, cada vez que un bebé lloraba.

Y también estaba el tema del tiraleche. «Lo peor es tener que sacarte la leche» era el título que llenaba mi bandeja de entrada del correo. Una mujer dijo que había perdido sus huellas digitales por pasar las partes esterilizadas del extractor de leche a la rejilla de secado. Escribieron sobre su sentimiento de aislamiento y su retraso en el trabajo por las horas que pasaban encerradas en su oficina sacándose la leche; de la vergüenza de solicitar tiempo para hacerlo durante viajes de negocios; o de hacerlo en el baño porque no había ningún otro lugar disponible. Y hablaron de la frustración de no producir suficiente leche por más que se esforzaran.

Quizá me puedan acusar de psicóloga de café, pero estos problemas parecen ser particularmente graves porque un mayor esfuerzo —algo que por lo general lleva al éxito— no siempre funciona cuando se trata de lactancia. Te esforzaste por conseguir un trabajo o entrar a la universidad —incluso para embarazarte— ¡y lo lograste! Pero ahora incluye a una nueva persona y algunas limitaciones biológicas más, y nunca se sabe. Quizá tendrás que aceptar, como lo hice yo, que no importa cuánto te esfuerces, nunca tendrás suficiente leche.

No ayuda que esto sorprenda a muchas mujeres que dicen: «Oye, miles de millones de personas lo hacen, ¿qué tan difícil puede ser?». Cuando pregunté, muchas mujeres expresaron el deseo de haber sabido que sería *tan* difícil y no haber sentido tanta vergüenza y presión para continuar. Para ello, consulta el capítulo anterior. Aquí, quedémonos con esto: la lactancia es problemática para muchas mujeres, y muchas tienen gran dificultad para hacerlo, en particular con su primer hijo. Si tú eres una de ellas, no estás sola. En las páginas siguientes doy alguna evidencia que podría ayudar; no ser tan dura contigo misma también es útil.

INTERVENCIONES GENERALES

Sí, como muchas mujeres que amamantan, tú has enfrentado estos retos, es probable que hayas escuchado muchas estrategias diferentes para superarlos. Algunas de ellas parecen razonables, otras no tanto. ¿Qué dicen los datos?

Las causas de una lactancia exitosa se pueden dividir en dos categorías. Hay algunas preguntas específicas: ¿Los protectores para pezón funcionan? ¿El fenogreco aumenta la producción de leche? Y hay preguntas más generales: ¿Existe algo que se pueda planificar antes del nacimiento para aumentar la probabilidad de una lactancia exitosa?

La respuesta amplia a esta segunda pregunta es sí, existen dos cosas respaldadas por evidencia que puedes hacer. Empecemos con ellas.

Primero, algunos estudios aleatorios hablan sobre el éxito del contacto piel con piel para mejorar los índices de éxito de la lactancia. El contacto piel con piel es la práctica que consiste en que las mujeres sostengan a su bebé desnudo (o con pañal) contra su pecho desnudo, en general justo después del parto. La idea es que los olores y la proximidad exhortarán al bebé para que empiece a comer de inmediato. Mucha de esta evidencia proviene de países en vías de desarrollo, donde los índices generales de lactancia son distintos y las tecnologías que se usan en el parto también pueden ser diferentes. Sin embargo, la lactancia es una experiencia humana universal, así que no hay razón por la que no podamos aprender de las vivencias de las mujeres de estos países. Un estudio de 200 mujeres en India puso a madres al azar para que sostuvieran a su recién nacido piel con piel durante 45 minutos después del parto o para que los pusieran en calentadores para bebés.[1] Las mamás que tuvieron a su bebé piel con piel tendían más (72% frente a 57%) a amamantar a las seis semanas; también reportaron menos dolor con las suturas después del parto.

Estos resultados están confirmados por una revisión de un número mayor de pequeños estudios.[2] Juntos, la iniciación a la lactancia y su éxito parecen aumentar con el contacto piel con piel, incluso después de una cesárea.

En segundo lugar, existe alguna evidencia (más limitada) de que el apoyo a la lactancia —por el médico, la enfermera o el consultor de lactancia— puede incrementar la posibilidad de iniciarla y continuarla.[3] Esta evidencia proviene de una amplia variedad de análisis de diferentes tipos de intervenciones. Puesto que no todas las intervenciones son iguales, es difícil precisar con exactitud la que es útil. El principio básico es que puede llevar tiempo aprender a amamantar, y contar con el apoyo de alguien que ya lo haya experimentado antes puede ayudarte a superar algunos de los problemas obvios. También puede ser útil elaborar una estrategia con alguien, de preferencia alguien que haya dormido bien los últimos días y pueda darte una perspectiva. (Por cierto, esto ayuda con muchas decisiones sobre tu recién nacido).

Un par de pequeños estudios se enfocan en la educación en el hospital frente a la educación en casa, y encuentran algunos beneficios adicionales de obtener ayuda después de salir del hospital.[4] El entorno del hospital no es el tuyo, y que alguien vaya a tu casa para ayudarte a saber qué estás haciendo puede ser inmensamente útil.

Como anécdota, el apoyo a la lactancia en el hospital puede ser incierto. Algunas mujeres describieron que sus consultores de lactancia emitían juicios y eran malos. Otras pensaban que eran geniales. Si no estás recibiendo la ayuda que necesitas, sigue buscando a la persona correcta. Si estás en condiciones de hacerlo, obtener ayuda de alguien que conoces y en quien confías —una doula o quizá un consultor de lactancia con quien hayas hablado antes del parto sobre lo que quieres— puede ser muy útil.

Una última intervención general que vale la pena mencionar es tener al bebé en la misma habitación en el hospital. Como mencionamos en un capítulo anterior (ver la página 41), no existe evidencia de que esto mejore la probabilidad de tener éxito en la lactancia.[5]

EL AGARRE

Si estás planeando amamantar, el primer reto es el agarre. Para obtener leche del pecho de manera eficiente, tu bebé necesita abrir la boca muy grande y abarcar todo tu pezón en su boca; luego usar la lengua y los labios para succionar. Al contrario de lo que yo había imaginado, no es como si succionaran delicadamente la punta del pezón. En palabras de mi amiga Jane, «en verdad tienes que forzar al niño para que lo haga».

La imagen a continuación muestra cómo el bebé necesita poner toda la boca en el pecho, aunque no muestra que tengas que empujarlo. Diría que hasta que lo experimentes por ti misma con un bebé real, es difícil de imaginarlo.

Muchos recién nacidos tienen problemas para agarrarse de forma correcta. Sin un buen agarre, el bebé no obtendrá suficiente leche y la succión puede ser muy dolorosa para la mamá. ¿Cómo sabes que hay un buen agarre? Una vez que lo hayas hecho durante un tiempo, simplemente lo sabrás. También aprenderás a reconocer un suspiro extraño que muchos bebés hacen cuando lo logran. Antes que eso... es útil tener a alguien que observe y te aconseje. Internet te dirá que si hay un buen agarre, amamantar no te dolerá. Hablaremos de eso más adelante; por ahora debes saber que al principio esto no es cierto.

A muchas mujeres les dolerá amamantar el primer par de semanas, ya sea que el bebé se agarre bien o no, así que no puedes considerar el dolor como una señal.

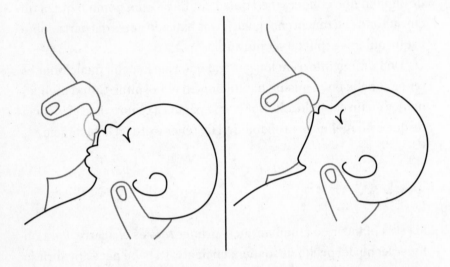

¿Por qué los recién nacidos podrían tener problemas para agarrarse al pezón? Nacimiento prematuro, enfermedad o daño al nacer pueden ser algunas causas. También podría tener que ver con los pezones de la madre —algunas mujeres tienen pezones invertidos que dificultan el agarre—. Por último, algunos bebés tienen problemas estructurales en la boca —en particular, una afección llamada *frenillo corto* o *lengua anclada*— que dificultan el agarre.

¡O quizá tu bebé te odia! ¡Ja! Es broma. Pero puede que lo sientas así.

Una forma en que puedes solucionar este problema —al menos hasta cierto punto— es intentarlo con la ayuda de alguien. Aquí es cuando una doula u otra persona de apoyo podría intervenir. La mayoría de las madres termina por dominarlo, y si eres paciente es muy probable que todo mejore.

Si el problema del agarre se prolonga, existen dos tipos de intervención comunes: los protectores de pezones y un procedimiento quirúrgico (rápido) para tratar el frenillo corto.

Muchas mujeres apuestan por los protectores de pezones, al menos al principio. El nombre es bastante descriptivo: tienen la forma del pezón, en general son de silicona y tienen pequeños agujeros. Pon el protector sobre el pezón y el bebé chupa de él. En principio, estos protectores facilitan que los recién nacidos se agarren y que amamantar sea menos doloroso para la mamá.

La desventaja principal del protector de pezón, aparte de que es difícil lavarlo, es que afecta la transferencia de leche. El protector disminuye la estimulación y tu cuerpo produce menos leche.[6] Esto tiene una clara base psicológica y se ha demostrado en ensayos aleatorios.

Sin embargo, no responde a la pregunta de si los protectores de pezones son eficaces, ya que el tema no es aumentar la transferencia de leche, sino hacer que el bebé se agarre al pecho. Por desgracia, no existe suficiente evidencia para afirmar que funcionan. El mejor estudio con el que contamos es el de 34 bebés prematuros, de quienes los investigadores tenían información sobre cuánta leche consumían con y sin protector. Este estudio concluyó que los recién nacidos obtenían mucha más leche con el protector que sin él —cuatro veces más—, y eso es alentador. Pero, de nuevo, este ensayo no fue aleatorio, la muestra era pequeña y se centró en una población particular.[7]

Las evidencias disponibles proceden de mucho trabajo cualitativo en el que se entrevistó a mujeres sobre su experiencia con los protectores de pezones, y ellas aseguraron que gracias a ellos pudieron seguir amamantando y resolver problemas como el dolor o el agarre.[8] Aquí hay un elemento implícito hipotético: hubieran dejado de amamantar sin el protector; aunque es difícil saber si es cierto.

El aspecto negativo de utilizar protectores de pezones es que puede ser difícil dejar de usarlos; si tu bebé y tú se acostumbran a ellos, pueden tener problemas para dejarlo. Esto está bien si estás contenta con ellos y tu bebé obtiene suficiente leche, pero agrega un paso más al proceso de alimentación. Por lo que probablemente no es la primera opción de tratamiento; es decir, quizá no todo el mundo debería empezar con ellos. Por otro lado, si la lactancia es un problema, son una buena opción.

Una intervención más invasiva es el procedimiento quirúrgico para tratar la lengua anclada o el frenillo en recién nacidos. Esto será necesario solo si tu bebé tiene esta afección. La lengua se pega al suelo de la boca mediante una membrana que se llama *frenillo*. En algunas personas esta membrana es muy corta, lo que limita la movilidad de la lengua. En los recién nacidos puede afectar su capacidad para mamar, puesto que la mecánica depende de la lengua. Se cree que la lengua anclada es bastante común, y en casos graves puede afectar posteriormente el habla del niño. El frenillo corto es una enfermedad similar (pero menos común) en la cual la membrana que une el labio superior a las encías es corta o está ubicada muy abajo, lo que limita la movilidad.

Existe una solución quirúrgica sencilla para ambas afecciones que consiste en recortar la membrana para liberar la lengua o el labio y permitir que se mueva con mayor libertad. La cirugía es común y segura, y a nivel mecánico parece ser efectiva.[9]

No obstante, la evidencia a favor de logros exitosos es bastante limitada. Existen cuatro ensayos aleatorios sobre este procedimiento, todos ellos son muy pequeños y solo tres evalúan su impacto en el éxito de la lactancia.[10] Entre estos, dos no mostraron ninguna diferencia en el éxito de la lactancia, y uno mostró mejoras. Los cuatro estudios sí mostraron mejoras en el dolor de la madre durante la lactancia, aunque esta información se proporcionó de manera voluntaria. La evidencia limitada sugiere que este procedimiento, aun más que los protectores de pezón, no debería ser la primera opción de tratamiento, incluso en casos en los que haya lengua anclada.

La mayoría de las mujeres, incluso aquellas cuyos bebés se agarran bien, al principio puede sentir dolor al amamantar, pero tendría que dejar de sentirlo después de uno o dos minutos de lactancia. El dolor continuo puede deberse a ciertas infecciones que son tratables, como candidiasis del pezón. Así que, si el dolor persiste, pide ayuda para encontrar la causa.

Los pezones se pueden llagar, irritar o sangrar. No existe una solución mágica para arreglar este problema. Muchas mujeres recomiendan crema de lanolina o distintas compresas y almohadillas, pero no existe evidencia de ensayos aleatorios que sugieran la eficacia de esto.[11] Lo único que tiene algún respaldo en los ensayos aleatorios es la práctica de frotar leche materna en tus pezones regularmente. Sin embargo, quisiera advertir que esta información proviene de una sola prueba, y esta es pequeña.[12]

Por supuesto, no hay razón para no usar lanolina o frotar leche materna en tus pezones, así que si crees que funciona o quieres intentarlo, magnífico. Cuando le pregunté a mi amiga Hilary sobre esto, me escribió: «HUMECTA LOS PEZONES TODO EL TIEMPO».

Las buenas noticias son que para la mayoría de las mujeres, sin importar qué medidas tomen, el dolor de pezones desaparece, o al menos disminuye a niveles soportables, después de un par de semanas. Esto se basa en evidencia de pruebas en donde las mujeres padecían un traumatismo bastante grave de pezones —sangrado, llagas abiertas—, por lo que incluso si la situación parece muy desalentadora, recuerda que en la mayoría de los casos esto se soluciona solo.[13]

Esta evidencia también dice que no es común padecer dolores insoportables después de dos semanas, como tampoco es algo que debería descartarse con un «Oh, mejorará si lo sigues intentando». Si estás experimentando esto, busca ayuda. Muchos estados tienen líneas directas para la lactancia, y la Liga de la Leche te puede poner en contacto con un especialista de lactancia por teléfono si no deseas ver a alguien en persona.

El dolor de pezón es distinto de la mastitis, una infección que puedes contraer en cualquier momento durante la lactancia. Algunos factores aumentarán el riesgo de contraerla, por ejemplo no vaciar los pechos por completo después de cada lactancia, producir demasiada leche o no vaciar los pechos con la frecuencia suficiente, pero su aparición es en gran medida aleatoria. No es difícil de diagnosticar: los síntomas son pechos rojos, dolorosos, hinchados y fiebre alta, y puede requerir tratamiento con antibióticos. La mastitis puede ser extremadamente dolorosa y no es algo que se deba ignorar.

CONFUSIÓN DEL PEZÓN

Si estás considerando amamantar, habrás oído hablar del temido síndrome de la confusión del pezón. Muchas fuentes te dirán que tengas mucho cuidado al usar pezones artificiales en un biberón o chupón, puesto que los bebés se confundirán y decidirán no agarrarse al pecho.

Sobre este tema, parece importante separar la alimentación con biberón, en la que el bebé aprende que la comida puede venir de otra fuente, y los chupones, que no producen alimento.

A pesar de las advertencias, sencillamente no existe evidencia de que el uso de chupones tenga un efecto en el éxito de la lactancia. Esto se ha mostrado en más de un ensayo aleatorio,[14] incluidos ensayos en los que les dan chupón a bebés al nacer. Al menos uno de estos estudios da una idea de por qué alguien podría llegar a la conclusión (errónea) de que el uso del chupón es importante para la lactancia. Este estudio consideró a 281 mujeres y las exhortó a favor o en contra del uso del chupón. El grupo al que se desaconsejó el uso del chupón lo usó menos.[15] El análisis principal del artículo —como se puede ver en las primeras dos barras de la gráfica que se muestra en la página siguiente— comparaba los índices de lactancia a los tres meses para las mujeres en el grupo al que se le aconsejó el chupón, y al que no. Este análisis concluyó que no había ningún efecto en la intervención sobre los índices de lactancia. En ambos grupos aproximadamente 80% de las mamás amamantaba a los tres meses, aunque era más probable que un grupo también usara chupón con sus bebés.

Después, los autores hacen algo inteligente: comparan los índices de lactancia a los tres meses para las mamás que eligen usar el chupón frente a las que no, *sin* usar la aleatoriedad. Básicamente, tratan los datos como si no fuera un ensayo aleatorio, y solo consideran los índices de lactancia y el uso del chupón para las madres.

Los resultados de este análisis están en el segundo conjunto de barras de la siguiente gráfica. Aquí vemos que las mamás que usan chupón tienen menos probabilidades de amamantar a los tres meses.

La conclusión de los investigadores —comparada con los dos grupos de resultados— es que otros factores provocan tanto el uso del chupón como el cese anticipado de la lactancia. Por ejemplo, dada la retórica sobre los chupones, es fácil creer que el deseo de amamantar de las mujeres que eligieron usarlos es menos intenso que el de las otras.

Deberíamos basar nuestras conclusiones en los datos aleatorios que nos dicen que el uso de chupón no afecta el éxito de la lactancia. Pero puesto que gran parte del resto de la evidencia en la información se basa en estas correlaciones obtenidas de la observación, no es de sorprender que la gente crea el mito de que los chupones causan confusión del pezón.

POSIBILIDAD DE AMAMANTAR A LOS TRES MESES POR EL USO DEL CHUPÓN

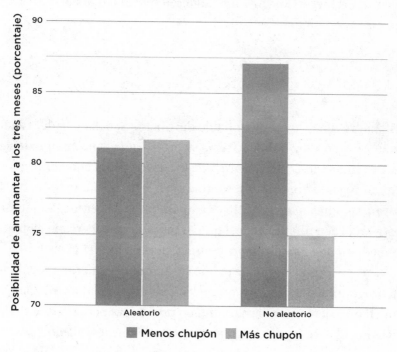

Evaluar el papel que desempeña la alimentación con biberón en la confusión del pezón es más complicado porque hay dos factores: dar un suplemento de fórmula y la confusión del pezón. Imaginemos que

el éxito de la lactancia se relaciona con la suplementación; por ejemplo, porque las mujeres que tienen más problemas para amamantar son las que más tienden a dar suplemento. Entonces veremos que los recién nacidos alimentados con biberón en fases tempranas son menos susceptibles de lactar a largo plazo, pero esto podría no tener nada que ver con el pezón.

Un buen ensayo aleatorio trata este tema usando un método sencillo.[16] Los recién nacidos que necesitan suplemento se toman al azar para dárselos en biberón o en taza, con los cuales no se considera que la confusión del pezón sea un problema.[17] Estos autores confirmaron que, en general, el método de suplementación no importaba. Ambos grupos tuvieron un periodo de lactancia de alrededor de cuatro meses, y de lactancia exclusiva de dos a tres semanas. Biberón o taza, los resultados fueron los mismos: sugieren que la confusión del pezón no era un problema.

PRODUCCIÓN DE LECHE

Mi madre tenía su libro confiable del doctor Spock en la década de 1980. Mi «mormor» (abuela) tenía su propia guía: un conjunto de seis libritos llamado *La enciclopedia de la madre*, publicado por primera vez en 1933. El libro resulta ser una gran lectura. Cubre todo, desde sarampión hasta apendicitis y campamentos de verano. Mejor aún, está en orden alfabético, así que al tema de la cesárea le sigue de inmediato una sección sobre competencia en los deportes.

En este libro el tema de la lactancia abunda en gran medida en la pregunta de la producción de leche y, en particular, afirma que muchas mujeres «modernas» tienen problemas para producir la suficiente. El libro le echa la culpa de esto a la recomendación de amamantar cada cuatro horas, y solo de un pecho. Quizá la mejor parte es la exposición sobre las madres «primitivas» (son sus palabras, no las mías) que «amamantan a sus bebés cada vez que lloran, ¡o en cualquier momento!».

Los autores afirman que el método «primitivo» es bueno para la producción de leche, aunque advierten que no lo recomendarían a los padres modernos. Es un buen ejemplo de cómo cambian las cosas; en general, ahora lo recomendable es amamantar al bebé cuando lo pida, al menos al principio, ya que con esto aumenta la producción de leche. Los horarios, hasta donde se puede, vienen después.

Un mecanismo biológico vincula la frecuencia de la alimentación con la producción de leche. El sistema está diseñado para tener un ciclo de retroalimentación en el que tú produces más leche cuando el bebé necesita más. La existencia de este ciclo es la razón, por ejemplo, de que las personas que buscan aumentar su producción en ocasiones se sacarán leche después de amamantar para «engañar» al cuerpo para que piense que la demanda es mayor.

A pesar del plan evolutivo básicamente razonable, esto no siempre funciona como lo planeamos. Primero, puede llevar mucho tiempo que tu leche empiece a fluir. Segundo, incluso una vez que hay leche puedes tener una escasez de producción. Y tercero, en el otro extremo, puedes producir en exceso.

Cuando tu bebé acaba de nacer, producirás una pequeña cantidad de calostro, una sustancia rica en anticuerpos. (De hecho, lo empiezas a producir al final del embarazo). En los primeros días, conforme amamantas, tu cuerpo empieza a producir más leche (en teoría) que calostro. La expectativa es que cambie a una producción completa de leche; en términos científicos esto se llama *lactogénesis II*, y en ocasiones se hace referencia a esto diciendo que tu leche «baja» — lo que ocurrirá dentro de las primeras 72 horas después del parto—. Si esto no sucede, se considerará que padeces «lactogénesis retrasada».

De hecho, para muchas mujeres la «bajada» de la leche tarda mucho más tiempo. La gráfica en la página siguiente —sobre un estudio realizado con 2 500 mujeres— muestra la distribución de los días a partir del nacimiento del bebé hasta la producción de leche. Casi una cuarta parte de las mujeres produce leche con retraso después de tres días. Este tiempo es un poco más largo —aproximadamente 35%— para las madres primerizas.[18]

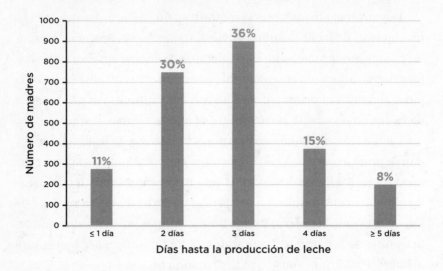

En los datos, el retraso en el inicio de la producción de leche se relaciona con una mayor probabilidad de cese temprano de la lactancia.[19] Esto se puede deber a que el retraso en la producción de la leche provoca que el bebé pierda demasiado peso, lo que dificulta continuar con la lactancia. También puede ser que si no estás, en un principio, particularmente comprometida con amamantar, este contratiempo sea suficiente para decepcionarte por completo.

Independientemente de si es causal o no, el retraso en el inicio de la producción de leche puede ser muy frustrante. Existen algunos factores que se relacionan con esto.[20]

Fumar durante el embarazo hace más lenta la producción de leche, al igual que la obesidad. Las mujeres cuyo parto fue con cesárea tienden más a iniciar con retraso la producción de leche, así como aquellas a las que se les puso la inyección epidural durante el trabajo de parto. En términos de comportamiento modificables después del parto, tanto la lactancia bajo demanda como el inicio de la lactancia dentro de la primera hora del nacimiento están asociados a una menor probabilidad de retraso en el inicio de la producción de leche. Vale la pena subrayar que estas son correlaciones que no necesariamente tienen vínculos causales, y en el caso de la epidural pueden existir buenas razones para que se presente el retraso. E incluso si haces todo como sugieren, tu leche puede aún retrasarse.

Cuando «baja» la leche puede ser que aún no haya suficiente o que se produzca mucha.

Para las mujeres que no producen suficiente, una primera sugerencia es, en general, tratar de usar el ciclo de retroalimentación «por demanda» para aumentar la producción. Los médicos pueden recomendarte que cada vez que amamantes a tu bebé te saques la leche después de hacerlo, o al menos después de algunas veces, para tratar de convencer a tu cuerpo de que necesita producir más leche. Nuestro conocimiento general de biología de la lactancia sugiere que esto podría ser útil, aunque no he podido encontrar ningún estudio que proporcione orientación útil sobre cómo hacer esto con éxito.

En internet también encontrarás una gran variedad de sugerencias sobre cómo aumentar la producción de leche. Estas incluyen el uso de remedios herbales —fenogreco es el más común, aunque también se mencionan otros, como el té de ortiga—, así como el consumo de alimentos especiales (cerveza oscura, por ejemplo) y que permanezcas hidratada.

Siempre es bueno permanecer hidratada, pero no existe evidencia confiable de que esto estimule la producción de leche.[21] La cerveza en realidad empeora las cosas (hay más información sobre esto en la página 138).

La evidencia sobre los remedios herbales es variada.[22] Tomemos al fenogreco como ejemplo. Un artículo de revisión de 2016 cubría dos pequeños ensayos aleatorios sobre el efecto del consumo de fenogreco en la leche materna. En un estudio la producción de leche aumentó; en el otro no. La evidencia sobre otros remedios herbales (shatavari y moringa) también arroja resultados contradictorios. Ninguna de estas hierbas muestra ningún efecto secundario de las dosis recomendadas, así que no te hará mal probarlas, pero no son remedios mágicos.

Existe evidencia más positiva de remedios farmacéuticos. En particular, el fármaco domperidona ha mostrado aumentar la producción de leche en una gran variedad de ensayos aleatorios.[23] (Por desgracia no está disponible en Estados Unidos, así que puede ser un poco inútil señalarlo. Las lectoras del Reino Unido pueden conseguirlo ahí y también está disponible en Canadá).

Es posible que, sin importar lo que hagas, tengas muy poca o nada de leche; esto no es común, pero sucede y a menudo es una sorpresa cuando es así, puesto que no se habla con frecuencia de casos como este. Normalmente esto se diagnostica como tejido glandular insuficiente (IGT, por sus siglas en inglés), lo cual significa que no hay suficientes glándulas mamarias. Para algunas mujeres esta es una enfermedad congénita; si tú la padeces, es probable que debas darle suplemento a tu bebé, al menos hasta cierto punto.

Las mujeres que se sometieron a una reducción mamaria también pueden tener una producción limitada de leche, dependiendo del método de reducción. De nuevo, puede ser necesario cierto grado de suplementación.[24]

Por otro lado, puedes tener demasiada leche, ya sea por razones naturales o como resultado de haber tenido éxito en tus intentos para evitar el problema de producir poca leche. La recomendación de sacarte leche después de haber amamantado a tu bebé al inicio para aumentar la producción de esta puede dar muy buen resultado; conozco a algunas mujeres entusiastas que se sacaron la leche en la primera etapa y luego produjeron litros de leche extra con la consecuente molestia en los pechos.

Los problemas principales de producir demasiada leche son las fuertes molestias y el aumento en el riesgo de tener mastitis. Tus senos se hinchan con la leche; se ponen duros, calientes y duelen. Sacar la leche puede aliviar esta molestia, pero contribuye al ciclo de retroalimentación y a que siga el problema. Si deseas disminuir la producción vas a tener que lidiar con el problema de los pechos congestionados.

Existe una gran variedad de técnicas recomendadas para hacer esto —acupuntura, acupresión, distintos tipos de masajes, compresas frías, compresas calientes, compresas calientes que se adaptan al seno, hojas de col, entre otras—.²⁵ La evidencia de la eficacia de esto es irregular —existen pocos ensayos aleatorios, la mayoría de los cuales son pequeños y están sujetos a cierto sesgo—. Parece que las compresas frías y calientes brindan cierto alivio, así como las hojas de col frías o a temperatura ambiente. (Sí, leíste bien: col. Dejas las hojas en el refrigerador y te envuelves los senos con ellas. Nadie dijo que ser mamá era glamoroso).

Un estudio muestra algún beneficio de algo que se llama la terapia *gua sha*, que consiste en rascar la piel para producir ligeros moretones. Gwyneth Paltrow es fanática, así que interprétalo como quieras.

Además del dolor, un problema con el exceso de producción de leche es cuando el bebé empieza a lactar, la leche puede bajar muy rápido y agobiarlo, lo cual hará que le sea difícil comer. Básicamente, es como si trataras de beber de una manguera de incendios. Sacarte la leche un par de minutos —o sacar la leche con presión de la mano— justo antes de amamantar puede ayudar con este problema. También mejorará conforme el bebé crezca y los problemas de exceso de producción disminuyan.

LA DIETA DURANTE LA LACTANCIA

«¡Hola, Emily!», me escribió Humphrey. «El bebé está muy bien. Pero los padres de Maggie dicen que ella no puede comer coliflor ni beber agua de la llave porque está amamantando. Dicen que el bebé llorará más. ¿Será cierto?».

Después de nueve meses de tener el cuidado de evitar algunos alimentos, por si fuera poco todavía hay que pensar que durante la lactancia vas a tener que observar restricciones similares. ¿Puedo regresar a mi filete poco cocido? Esos quesos no pasteurizados que tanto se te antojan ¿van a seguir prohibidos? ¿Y qué tal beber una copa de vino o incluso un par de copas? ¿Habrá problema si lo haces?

Buenas noticias: las mamás lactantes casi no tienen restricciones dietéticas.

Empecemos por la parte de la comida. El único alimento que los médicos aconsejan que las mujeres eviten durante la lactancia es el pescado con alto contenido de mercurio.[26] ¡Eso es todo! Nada de pez espada, caballa y atún. Pero está bien si consumen otros pescados, así como los quesos no pasteurizados, sushi, filete poco cocido, carnes frías, etcétera.

Si tu bebé sufre de cólicos —llanto excesivo del recién nacido—, existe alguna evidencia de que evitar los alergenos alimenticios comunes podría ayudar. Hay más información sobre esto en las páginas 62 y 63.

¿Qué pasa con la coliflor?

Hay viejas supersticiones que dicen que los alimentos que producen gases (coliflor, brócoli, frijoles) hacen que el bebé tenga gases y aumentan la probabilidad de que tenga cólicos. Encontré un solo artículo sobre este tema y está basado en una encuesta por correo en la que se preguntaba a los padres sobre diversos alimentos y comparaba los alimentos que consumían los bebés con cólicos con los consumidos por los que no tenían.[27] Aunque este estudio afirmaba haber encontrado una evidencia mínima de que la coliflor y el brócoli producían más cólicos, el problema en la forma de recopilación de los datos y el análisis basado en ellos era tan significativo (encuesta por correo postal con muy pocas respuestas, un exceso de respuestas de personas muy preocupadas por la lactancia, problemas con la precisión estadística) que creo que no vale la pena tomarlo en cuenta.

Come lo que quieras.

¿Qué pasa con el alcohol? Muchas mujeres escuchan —por lo general en internet, no de sus médicos— que deben evitar el alcohol por completo, o que si beben deberán «sacarse la leche y tirarla». Por otro lado, algunas personas te dirán que tomar alcohol (en particular, cerveza) aumentará tu producción de leche. ¡Así que deberías beber más! ¿Alguna de estas opiniones es cierta?

No, en verdad no.[28]

Cuando bebes alcohol, el nivel de alcohol en tu leche es casi el mismo que en tu sangre. El bebé consume la leche, no el alcohol directamente, por lo que el grado etílico al que están expuestos es demasiado bajo. Un artículo hace un cálculo minucioso en el que incluso si tomaras *cuatro* copas muy rápido y luego amamantaras cuando tu tasa de alcoholemia está al máximo, el bebé estaría expuesto solo a una concentración de alcohol muy, muy baja, una que es muy poco probable que tenga efectos negativos.[29] Y esto es «en el peor de los casos». El artículo advierte que tomar cuatro copas rápidamente afectará tu capacidad de crianza y que no es sano, por lo que debe evitarse, pero el problema no es el alcohol en tu leche materna. Por lo tanto, *no es necesario sacarte la leche y tirarla.* La leche tiene la misma concentración de alcohol que tu sangre. Cuando disminuye, lo mismo pasa con el nivel de alcohol en la leche; no se almacena ahí.

Dicho esto, no es de sorprender que no encontremos mucha evidencia del efecto del consumo de alcohol de la madre en su bebé. Existen algunos informes de que los bebés duermen en intervalos más cortos cuando consumen leche después de que su mamá ha bebido alcohol, pero esto no está respaldado en todos los estudios. Y tampoco se han identificado efectos duraderos.

¿Y si quieres ser súper, súper cautelosa y no exponer a tu bebé a *nada* de alcohol? No hay problema. Puedes beber una copa, pero tienes que esperar dos horas para que el alcohol se metabolice antes de amamantar. Para dos copas ese tiempo aumenta a cuatro horas.[30]

Todos estos estudios advierten, con razón, que no sabemos mucho sobre el consumo frecuente o compulsivo de alcohol (tres o más copas diarias). Muchas mujeres que se alcoholizan con frecuencia también lo hicieron durante el embarazo, y son de otro modo distintas de quienes no beben en exceso. Incluso si no estás embarazada o lactando, el consumo excesivo de alcohol no es bueno para tu salud. El exceso de alcohol durante el embarazo es muy peligroso para tu bebé, y después del parto afectará tu capacidad de crianza.

Por otro lado, lamento informarte que beber no mejora tu producción de leche. En todo caso, podría disminuirla un poco; así que, si tienes problemas tempranos con la producción de leche, no pienses que el consumo de alcohol la va a aumentar.[31]

Junto con el alcohol, muchas mujeres se preocupan por las consecuencias de tomar medicinas mientras amamantan. La relación de cada medicamento con la lactancia rebasa el alcance de este libro, pero en general la mayoría son seguros y tu médico es una buena fuente de información. También puedes buscar casi cualquier medicamento en línea, en la base de datos de LactMed.[32]

Dos grupos de medicamentos son muy comunes y merecen que hablemos de ellos aquí: los analgésicos (es decir, los que usaste después del parto) y los antidepresivos.

El parto es incómodo, y después es probable que tengas dolor intenso durante unos días o más. La primera línea de defensa es el Tylenol o ibuprofeno, normalmente (en el último caso) en dosis muy altas. Estos se toleran bien y no hay problema para usarlos durante la lactancia.

Sin embargo, el ibuprofeno no siempre es suficiente, en particular para las mujeres cuyo parto fue por cesárea. La codeína era, por lo general, el siguiente paso, pero datos más recientes sugieren que la exposición durante la lactancia tiene efectos significativos en el sistema nervioso de los bebés; los hace muy soñolientos e incluso se llegó a pensar que tiene consecuencias graves.[33] Por consiguiente, las nuevas recomendaciones en general desaconsejan el uso de la codeína u otros opioides como la oxicodona.[34]

Dicho esto, la recuperación del parto, en particular de una cesárea, puede ser un gran reto, por lo que tu médico te puede recetar opioides, con las precauciones apropiadas. Si se recetan estos medicamentos, en general es por corto tiempo y en la dosis más baja posible. Tu inquietud entre el alivio del dolor y la lactancia es algo que tendrás que solucionar con tu médico.

La información sobre los antidepresivos es considerablemente mejor. Todos los antidepresivos se secretan en la leche materna, pero existe poca evidencia de efectos negativos en el bebé. La depresión posparto es grave, y el tratamiento es importante. Aunque existen algunas diferencias en cuanto al grado en que los distintos antidepresivos pasan a la leche materna, en general se acepta que se recete a las mujeres los medicamentos que funcionan para ellas. Si tomabas antidepresivos antes y sabes cuál es eficaz para ti, entonces ese es el que deberías usar.[35] De lo contrario, el primer recurso de inhibidores selectivos de la recaptación de serotonina (ISRS) para las madres lactantes son la paroxetina y la sertralina, que pasan a la leche materna en los niveles más bajos.

El último comentario es sobre la cafeína. La mayoría de las personas cree que está bien consumir cafeína en la lactancia, y en definitiva no existen publicaciones que sugieran riesgos para el bebé. Sin embargo, algunos bebés son muy sensibles a la cafeína y se ponen inquietos e irritables. Si ves que este es el caso, quizá debas evitarla.

¿Y el agua de la llave? Bébela. La hidratación es importante para todos, ya sea que estés amamantando o no. Toma agua de cualquier parte donde puedas obtenerla.

SACARSE LA LECHE

Hace un par de años el MIT llevó a cabo un hackatón para tratar de idear los mejores diseños para un tiraleche. Aún no ha surgido nada comercializable, pero todas nos hacemos ilusiones porque, en general, los extractores de leche son pésimos.

Estos son algunos de los problemas que las mujeres han expuesto: lastiman y son difíciles de usar, requieren limpieza constante, son ruidosos, pesados e ineficaces. ¡Y estos son solo los problemas con el tiraleche! Sin hablar de los problemas con el acto mismo de sacarte la leche en el trabajo o mientras viajas —pérdida de tiempo de trabajo y eternas dificultades para sacarte la leche en los baños de los aeropuertos—. Sin mencionar la Administración de Seguridad en el Transporte, que pasará con cuidado su varita detectora de explosivos sobre cada biberón que empacaste con amor para el viaje de regreso a casa.

Recuerdo con claridad mi alegría al llegar al aeropuerto de Milwaukee y ver que ahí tenían un lactario; un cuartito pequeño cuya puerta cerraba con llave, equipado con un enchufe y un asiento. Cabe decir que de inmediato le llamé a Jesse muy emocionada y que siento un cariño permanente por Milwaukee (lema: *Milwaukee: la mejor leche del país*).

En los últimos años ha habido algunas innovaciones. Ahora existe un producto llamado Freemie, que es un sistema para sacar leche cuyas copas se adaptan efectivamente dentro del brasier y también recolectan la leche. La clave, creo, es que el motor de bombeo es muy pequeño y puedes guardarlo en el bolsillo o colgarlo a tu ropa. Esto apareció después de mi época de lactancia y no pude convencer a mi amiga Heidi de que lo intentara con fines de investigación, pero sí escuché a mujeres que dicen que es una maravilla. En principio, digamos que te permite salir a caminar mientras te sacas la leche. Alguien me dijo que conoce a algunos médicos que lo usan mientras hacen cirugía, pero creo que esto entra en el ámbito de la anécdota.

Básicamente, hay tres razones para usar un tiraleche. Veamos.

Primero, si tienes problemas de poca producción al inicio, tu médico puede sugerirte que para aumentar la cantidad intentes sacarte la leche después de amamantar a tu bebé, algunas veces (o todas las veces). Como dijimos antes, esta teoría sí es cierta, aunque no existe mucha evidencia empírica. Si este es el único uso del tiraleche, puede ser buena idea rentar uno en el hospital, este sería de mejor calidad. Y es probable que no salgas mucho al principio.

Segundo, muchas mujeres se sacan la leche desde los primeros días para poder empezar a darle biberón al bebé en ocasiones. Por supuesto, te sacas la leche mientras el niño toma del biberón, pero si quieres tener uno listo para la primera vez tendrás que sacarte la leche antes. Es posible que también lo hagas para abastecerte de leche si estás planeando volver al trabajo.

Recuerdo que la logística para hacer esto fue complicada, en particular cuando amamanté a Penelope y mi producción de leche era poca. Algunos libros decían que te sacaras la leche dos horas después de amamantar, incluso si el bebé estaba dormido, puesto que habría algo de leche. Pero a veces ella quería comer de inmediato después de despertar ¡y yo no tenía mucha leche! Recuerdo que estos fueron de los momentos más estresantes durante los primeros días.

En realidad, no hay consejos científicos sobre esto, así que lo mejor que puedes hacer para limitar el estrés es tener un plan concreto. Muchas mujeres dicen que funciona bien escoger una comida —de preferencia en la mañana, que es cuando hay más leche— y sacarte la leche después de esa comida. Cada vez producirás un poco más, y si comienzas pronto, al cabo de una semana o dos tendrás la suficiente para dársela en biberón. Así, mientras el niño toma la leche del biberón, tú puedes sacarte la leche para llenar otro.

Por último, la razón principal por la que las mujeres usan el tiraleche es para reemplazar las sesiones de lactancia cuando regresan al trabajo. La idea es que te saques la leche aproximadamente en los mismos horarios en los que el bebé comería y él se alimentará con esos biberones al día siguiente. Si produces mucha leche, puedes sacar más para congelarla.

No hay manera de evitarlo: para la mayoría de las mujeres es difícil y desagradable. Se supone que en tu trabajo te deben dar descansos para que te saques la leche, pero quizá no siempre sigan las reglas. Si tienes tu propia oficina, genial, pero si no, a menudo tienes que sacarte la leche en lugares que no son los ideales. Una doctora con quien hablé dijo que ella se sacaba la leche en unos vestidores mixtos, a plena vista de todo el mundo (usaba una toalla para cubrirse). Las empresas de cierto tamaño están obligadas a proporcionar lactarios, pero esto no siempre se cumple y no es un requisito que las salas sean acogedoras.

Incluso en una situación perfecta, se supone que debes lavar las partes del tiraleche después de cada uso, y eso lleva tiempo. (Las toallitas limpiadoras pueden ayudarte en esto). Si te sacas la leche durante 30 minutos, tres veces al día —de ningún modo inusual— son 90 minutos en los que podrías hacer otra cosa.

Es posible trabajar mientras te sacas la leche —en algunos casos—, y sugiero encarecidamente que te consigas un brasier manos libres para extraer la leche. Por lo menos tendrás la posibilidad de leer algo en tu teléfono. Muchas personas sugieren que trates de relajarte, ver fotos de tu bebé y que, en general, te tranquilices mientras te sacas la leche. La idea es que esto aumentará la producción. No existe evidencia directa de ello; un estudio que se hizo en mamás que se sacan la leche para bebés en incubadoras mostró que al estar cerca de sus bebés la producción de leche aumentaba, pero esto dista mucho de ser evidencia.[36]

¡Ah!, y mientras pasas tiempo pegada al tiraleche, tal vez deberíamos decir que no es tan efectivo como tu bebé cuando se trata de extraer leche. Incluso un excelente tiraleche nunca reemplazará al bebé. Esto varía de mujer a mujer; algunas pueden no tener ningún problema para amamantar, pero literalmente les es imposible tener leche para extraer; otras no tienen ningún problema en producir leche suficiente.

Aquí no existe la solución ideal. Tengo una buena amiga que parecía tener la organización perfecta: su trabajo era flexible y la guardería de su hijo estaba junto a su casa, así que solo se presentaba para amamantar al bebé unas veces al día. Parecía maravilloso, hasta que trató de salir todo un día y vio que su hijo no aceptaba el biberón.

Todas estamos en espera de una mejor tecnología para extraer la leche. MIT, ¡ponte a trabajar!

Por último, para algunas mujeres que tienen problemas constantes con que su bebé se agarre al pezón, sacarse la leche es la única opción para alimentarlo con leche materna. Este método —en el que solo sacas leche y nunca amamantas— se llama *bombeo exclusivo* (EP, por sus siglas en inglés). Si estás en esta situación, no hay mucha información para orientarte sobre cómo hacerlo, pero sí hay muchas mamás en internet que te pueden ayudar.

Conclusiones

- ¡Amamantar puede ser muy difícil!

continúa...

- Sobre intervenciones tempranas:
  - El contacto temprano piel con piel puede mejorar la probabilidad de tener éxito al amamantar.
- Sobre el agarre:
  - Los protectores de pezones funcionan para algunas mujeres, aunque después puede ser difícil dejar de usarlos.
  - Existe evidencia muy limitada de que al solucionar el problema de lengua anclada o frenillo corto mejorará la lactancia.
- Sobre el dolor:
  - Solucionar el problema de la lengua anclada puede disminuir el dolor de la mamá.
  - No existe mucha evidencia sobre cómo solucionar el dolor de pezón, pero centrarse en el agarre podría ayudar.
  - Si sigues sintiendo dolor unos minutos después de empezar a amamantar o unas semanas después, busca ayuda; puede ser una infección, que puede ser tratable, u otro problema que tiene solución.
- Sobre la confusión del pezón:
  - No está respaldada por datos.
- Sobre la producción de leche:
  - A la mayoría de las mujeres les bajará la leche dentro de los tres días después del parto, pero a una cuarta parte de ellas le tomará más tiempo.
  - El ciclo de retroalimentación biológico es convincente: amamantar más debería aumentar la producción de leche.
  - La evidencia en cuanto a la eficacia de los remedios naturales (por ejemplo, el fenogreco) para aumentar la producción de leche es limitada.
- Sobre extraer la leche:
  - Es horrible.

6

Posición y lugar para dormir

Mis hijos tienen un viejo libro de hojas de cartón, una compra de segunda mano o en barata, llamado *Wynken, Blynken and Nod*. Al final del libro hay una ilustración de un bebé en su cuna. Lo que siempre me asombra cada vez que veo esta imagen es todo lo que hay en la cuna con él. Muñecos de peluche, una cobija, protectores de cuna, una almohada. Las cunas de mis hijos —incluso cuando ya estaban más grandes— no tenían nada más que su pequeña cobija favorita y un biberón con agua. Cuando por fin cambiamos a Penelope a una camita de niña, a los tres años, le llevó meses entender el concepto de las cobijas.

Las recomendaciones sobre crianza cambian con el tiempo, pero quizá nada haya cambiado más desde nuestra niñez hasta la era actual que las cosas que se recomiendan para dormir. Cuando éramos niños no era poco común que pusieran a dormir a los bebés bocabajo, cubiertos con una cobija gruesa, en una cuna rodeada por un protector. Podemos ver por qué tenía sentido: los bebés eran pequeños y las cunas no eran cómodas por naturaleza. Asusta un poco la idea de un bebé de tamaño diminuto acostado solo en una cuna gigante.

Las últimas recomendaciones de la Academia Americana de Pediatría son contrarias a la cuna llena de juguetes y cobijas. La AAP dice que los recién nacidos deberían dormir solos en una cuna (o moisés) y bocarriba. Y que dentro de la cuna con el bebé no debe haber nada. No se deben usar protectores —almohadillas alrededor de la cuna para evitar que sus manitas o pies se atoren—. Los recién nacidos deben dormir en la recámara de los padres pero en su propia cuna o moisés, no en la cama de sus padres.

Estas recomendaciones son parte de una campaña para dormir seguros, diseñada para reducir el riesgo de SMSI (que se conoce más precisamente como síndrome de muerte súbita del lactante, SMSL, pero como la mayoría de la gente está familiarizada con el acrónimo SMSI, ese utilizaré aquí).

La parte inicial de esta campaña, Back to Sleep (un juego de palabras en inglés que significa «volver a dormir» y también «de espaldas para dormir»), se enfocó en la importancia de siempre poner a los recién nacidos a dormir bocarriba. Más recientemente se han centrado en dormir en la misma cama y en compartir la habitación con el bebé.

Las recomendaciones para dormir de la AAP son fáciles de comprender, pero para mucha gente es difícil seguirlas, en particular en medio de la agotadora confusión que, como nuevos padres, experimentamos al grado de creer que seríamos capaces de vaciar nuestras cuentas de banco por dos horas de sueño ininterrumpido. Muchos recién nacidos duermen mejor bocabajo, y es demasiado tentador dejarlos dormir así cuando ninguna otra cosa funciona. También puede ser tentador dejarlo dormir contigo en la cama, sobre todo mientras lo amamantas. Cuando tu bebé se queda dormido mientras lo amamantas y sabes que se quedará dormido si lo mantienes junto a ti, es difícil moverlo.

Por otro lado, la instrucción de tener la cuna del bebé en tu cuarto también puede ser difícil de seguir. Jesse nunca pudo dormir en el mismo cuarto que los niños. Cuando nació Finn, lo tuvimos en nuestra recámara unas semanas; Jesse dormía en un colchón inflable en el ático en construcción. No era un buen plan a largo plazo.

Todo esto hace que estas decisiones no solo sean importantes sino también difíciles. Considerarlas requiere pensar con cuidado en los riesgos.

SMSI Y PENSAR EN EL RIESGO

Descartando anomalías congénitas, en Estados Unidos el SMSI es la causa más común de muerte en bebés nacidos en término durante el primer año de vida. Por definición, el SMSI es la muerte inexplicable de un recién nacido aparentemente sano de menos de un año de edad, y 90% de estas muertes ocurre en los primeros cuatro meses de vida.

Las causas de SMSI no son muy claras. Parece ocurrir cuando, de manera espontánea, un bebé deja de respirar y no retoma la respiración. Es más común en bebés vulnerables —prematuros, por ejemplo— y en los niños varones.

La vulnerabilidad de perder el control sobre lo que más amas en el mundo es uno de los aspectos más inquietantes de la crianza. No conozco a ningún padre que, al menos a veces, no tenga el instinto de mantener a su hijo en casa, de nunca perderlo de vista; literalmente, de no soltarlo.

No obstante, tomamos riesgos. Dejamos que nuestros hijos aprendan a andar en bici, sabiendo que a veces se rasparán las rodillas. Los dejamos jugar con otros niños, sabiendo que al menos en algunas ocasiones regresarán a casa con un resfriado terrible o con infección intestinal. En estos casos, no es muy difícil pensar en cómo sopesar los riesgos contra los beneficios. Por una parte, la infección intestinal es desagradable; pero por el otro, jugar con otros niños es divertido e importante para su desarrollo. Así que evaluamos los riesgos y lo más probable es que decidamos que está bien que nuestros hijos jueguen con otros niños, a menos que esos niños estén visiblemente enfermos.

Es mucho más difícil valorar los riesgos cuando existe la posibilidad de un resultado catastrófico: una enfermedad grave o la muerte.

El primer paso es poner los riesgos de dormir en el contexto de los riesgos que aceptamos de manera implícita todos los días. Llevamos a nuestros hijos en el automóvil, algo que no es por completo seguro. Este es un peligro en el que no pensamos mucho, pero existe. En la escala de los niveles subyacentes de riesgo que aceptamos implícitamente, algunos de los riesgos de los que hablamos más adelante son, aunque reales, muy pequeños.

En segundo lugar, tenemos que reconocer que las opciones para dormir tienen un efecto real en la calidad de vida. Si dormir en la misma cama con el bebé es la única manera en la que tú puedes dormir, entonces puedes elegir hacerlo para conservar tu salud mental, la capacidad para manejar y la capacidad para funcionar en general —lo que también beneficia a tu hijo—. Y estas decisiones esenciales pueden sobrepasar un riesgo muy pequeño, incluso el riesgo diminuto de que pase algo terrible. Es fácil ignorar a la gente que te recuerda que debes cuidarte. Pero esto es en verdad parte de tu responsabilidad.

No es fácil siquiera pensar en las decisiones de crianza relacionadas con el riesgo, por no hablar de tomar esas decisiones. Al menos en algunos casos los riesgos son claros y no muy reducidos, y la decisión es sencilla. En otros parece claro que los riesgos ni siquiera existen. Sin embargo, en algunas situaciones —como dormir juntos, en particular— entran en juego consideraciones más complejas que tendremos que enfrentar.

Mientras escribía este libro hablé con mi amiga Sophie, quien durmió con su hijo más pequeño en la misma cama durante muchos meses. Sophie es una doctora bastante capaz, y desde luego no ignora los riesgos de dormir juntos. Me dijo que no tomó esta decisión a la ligera, y que no estaba en desacuerdo con los lineamientos de la AAP. Pero esa era la única manera en la que su bebé podía dormir, así que optó por hacerlo tomando las medidas de las que hemos hablado para minimizar los riesgos asociados: ella y su pareja no fumaban ni bebían, y quitaron todas las cobijas de la cama. Incluso con estas precauciones, ella aceptó la posibilidad de un pequeño riesgo.

En última instancia, esta es una decisión que los padres tienen que tomar, y es mejor hacerlo con toda la información. Las recomendaciones médicas para evitar el SMSI tienen cuatro componentes: los recién nacidos deben 1) dormir bocarriba, 2) solos en la cuna, 3) en la recámara de sus padres, y 4) sin nada suave alrededor.

RECOMENDACIÓN 1: «BOCARRIBA»

Hasta inicios de la década de 1990, en Estados Unidos y otros países la posición más común para dormir para los recién nacidos era bocabajo. Es probable que la razón fuera que muchos bebés duermen mejor en esta posición; no se despiertan tanto.[1] Sin embargo, ya desde la década de 1970 había algunos indicios de que dormir bocabajo estaba relacionado con un mayor riesgo de SMSI.[2] Los estudios que comparaban poblaciones con diferentes patrones para dormir mostraron peores resultados para el grupo que dormía bocabajo.

Estos primeros estudios fueron prácticamente ignorados, y a mediados de 1980 la mayoría de los pediatras recomendaba que los bebés debían dormir bocabajo. La publicación de *El libro del sentido común del cuidado de bebés y niños*, del doctor Spock, y el que mis padres usaron, dice: «Creo que es preferible acostumbrar a los bebés a dormir bocabajo desde el principio».[3]

Esto cambió a inicios de 1990 con la presentación de una serie de estudios que mostraron de manera más directa que dormir bocabajo se relacionaba con un aumento drástico de riesgo de SMSI.

Estudiar este problema con datos es complejo. Por fortuna las muertes por SMSI son muy pocas, por lo que algunas de las técnicas de investigación más comunes son difíciles de implementar. Incluso en un ensayo aleatorio muy amplio o un estudio observacional es probable no tener suficientes observaciones para sacar conclusiones estadísticas significativas.[4] En cambio, por lo general los investigadores utilizan estudios de casos y controles para el SMSI.

En 1990 el *British Medical Journal* publicó uno de estos estudios con base en datos obtenidos en Gran Bretaña.[5] Los investigadores se centraron en una zona en particular (Avon) e identificaron 67 recién nacidos en el área que habían muerto de SMSI. Después buscaron a dos bebés de control para cada uno de los casos —de edad y peso similares al nacer— y sondearon a los padres de ambos grupos.

Sus hallazgos más asombrosos se relacionaban con la posición del bebé al dormir. Casi todos los bebés que murieron de SMSI dormían bocabajo (62 de 67 bebés, o 92%). Sin embargo, entre los recién nacidos sobrevivientes, solo 56% dormía en esa posición. Con base en esta comparación, los autores sostenían que los bebés que dormían bocabajo eran *ocho veces más* propensos a morir de SMSI. Este artículo también cita el sobrecalentamiento como factor de riesgo; los bebés que murieron eran más propensos a dormir con ropa pesada, bajo muchas cobijas o en una habitación caliente.

Otra investigación con enfoques similares muestra los mismos resultados.[6] Este no es el único tipo de evidencia que tenemos. Existe un mecanismo biológico para esta relación: los bebés tienden a dormir más profundamente bocabajo, y el riesgo de SMSI aumenta con el sueño profundo. Además, tenemos evidencia de Países Bajos basada en la variación de la posición para dormir con el tiempo.

En la década de 1970 una campaña neerlandesa exhortó a los padres a poner a sus hijos a dormir bocabajo. En 1988 la recomendación cambió, y se dijo a los padres que pusieran a los niños a dormir bocarriba. Con estos cambios en la posición para dormir hubo cambios en las incidencias de SMSI. Los índices de SMSI aumentaron tras la recomendación de acostarlos bocabajo, y disminuyeron después de que se les dijo que los pusieran a dormir bocarriba.[7] Esta variación en el tiempo no probaría por sí sola una relación causal entre el SMSI y la posición para dormir. Pero combinada con otra evidencia, comenzó a abrir un panorama de causalidad.

Para principios de 1990 parecía claro que dormir bocabajo era peligroso. Un artículo de revisión publicado en el *Journal of the American Medical Association* en esta época revisó toda la evidencia y concluyó que, a pesar de no haber un ensayo aleatorio, los datos justificaban un esfuerzo serio por evitar que los padres pusieran a sus bebés en esa posición para dormir.[8]

Este esfuerzo adoptó la forma de la campaña Back to Sleep de la que ya hablamos, que comenzó en Estados Unidos en 1992, y fue increíblemente exitosa. En encuestas que se realizaron en 1992 los investigadores encontraron que alrededor de 70% de los bebés dormía bocabajo.[9] Para 1996 esta cifra era solo de 20%. El vasto cambio en la posición para dormir también estuvo acompañado por una disminución de la tasa de SMSI, lo cual además sugiere que la posición para dormir desempeña un papel en el SMSI.

La campaña Back to Sleep hace énfasis en la importancia de poner al bebé bocarriba, no de lado ni bocabajo. Sin embargo, la evidencia apunta en gran medida al hecho de que dormir bocabajo es un riesgo alto, más que dormir sobre un costado. El problema con dormir de lado es principalmente que los bebés pueden voltearse bocabajo. Por lo tanto, las recomendaciones para dormir bocarriba están pensadas para evitar tanto como sea posible el riesgo de dormir bocabajo.

Una observación: si tu bebé se da vuelta cuando está acostado, no hay necesidad de regresarlo a su posición. Cuando pueden hacer esto solos, el mayor riesgo de SMSI también ha pasado, probablemente porque el bebé ahora tiene suficiente fuerza en el cuello para mover la cabeza y respirar con más facilidad.

Efectos secundarios: plagiocefalia deformativa

Existe un efecto secundario considerable de dormir bocarriba: la plagiocefalia deformativa o, en términos coloquiales, cabeza plana. Los recién nacidos que duermen bocarriba corren mayor riesgo de que se les aplane la cabeza. La frecuencia de este problema ha aumentado con el tiempo, desde la implementación de Back to Sleep.[10]

La plagiocefalia deformativa ocurre en gran medida si la cabeza del bebé está siempre en la misma postura cuando duerme. Alguna bibliografía sugiere que esto se exacerba si existe algún grado de aplanamiento de cabeza al nacimiento.[11] También es más común en gemelos o bebés prematuros. No tiene ningún efecto en el crecimiento o función del cerebro, es tan solo un problema estético. Para evitar esta afección asegúrate de que tu bebé duerme un tiempo bocabajo en el día, o de que, en general, no pase todo el día acostado bocarriba.

La cabeza plana se puede reparar en cierta medida. El tratamiento estándar consiste en ponerle un casco, el cual deberá tener puesto la mayor parte del día y la noche, pero existe cierto debate en cuanto a si el casco en realidad soluciona el problema o es mejor no hacer nada. Si te enfrentas con este caso, consulta con tu pediatra acerca de opciones de tratamiento.[12]

RECOMENDACIÓN 2: «SOLO EN LA CUNA»

El segundo consejo de la AAP es que dejes a tu recién nacido solo en la cuna. En otras palabras: que no duerman en la misma cama.

Esta recomendación es controvertida en extremo entre los padres.

Algunas personas apoyan firmemente la idea de dormir juntos. Un argumento común de este grupo es que así han dormido los bebés durante milenios. Es cierto: no había cunas en la cueva, e incluso ahora en muchas culturas es común que los bebés y los niños duerman en la cama con sus padres durante muchos años. Sin embargo, este no es un argumento confiable en cuestión de seguridad. Muchas cosas han cambiado en las prácticas de crianza para mejorar la supervivencia.

Un argumento común para oponerse a esto es que ha habido muertes infantiles por asfixia cuando los padres se quedan dormidos sobre el bebé. Esto también es cierto. Pero el hecho de que esto sea posible no significa que el riesgo sea consecuente, y se puede mitigar con la manera en la que duermen juntos.

La verdadera pregunta, entonces, es si el riesgo de SMSI es significativamente mayor cuando duermen juntos; si es así, qué tanto. De nuevo, la evidencia sobre este tema proviene de estudios de casos y controles similares a los que se usaron para investigar el papel de la postura para dormir. En este caso los investigadores recolectaron información de un conjunto de muertes infantiles, centrándose en el lugar donde el bebé dormía habitualmente, dónde dormían cuando murieron y si eran amamantados o tomaban biberón, así como las características de los padres, incluido el consumo regular de alcohol y el tabaquismo. Los investigadores identificaron un conjunto de controles: bebés que sobrevivieron y eran similares en términos de edad y otras características. Hicieron a los padres las mismas preguntas y compararon las respuestas.

Muchos de los estudios individuales sobre este tema son a pequeña escala, por lo que es útil contar con «metaanálisis», que combinan datos de varios estudios similares. Un excelente ejemplo se publicó en 2013, en el *British Medical Journal*.[13] Este artículo combina datos de estudios que se realizaron en Escocia, Nueva Zelanda, Alemania y otros países (no en Estados Unidos). La utilidad de este análisis es que los autores intentaron de forma explícita calcular el riesgo excesivo en grupos con comportamientos distintos. Se enfocaron en saber si los padres fumaban o bebían alcohol (más de dos copas al día) y si el bebé era amamantado.

La siguiente gráfica —basada en los resultados de su artículo— muestra las diferencias en los índices de mortalidad de bebés que compartían y no compartían la cama. Aquí, los riesgos absolutos se formulan con base en bebés de peso normal, no prematuros. Las distintas barras muestran diferentes combinaciones de los factores de riesgo.

Lo primero que queda claro en esta gráfica es que tanto las tasas globales de SMSI como el aumento de los riesgos de dormir juntos son mucho mayores en presencia de otros factores de riesgo, como el tabaquismo y alcoholismo de los padres, en particular. En el caso más extremo, la mortalidad estimada para el bebé que se alimenta con biberón, cuyos padres fuman y cuya madre bebe más de dos copas al día, es de 27 muertes por cada mil nacimientos; 16 veces más alta que el bebé que no comparte la cama con sus padres.

La observación de que, en particular, el tabaquismo aumenta los riesgos asociados al compartir la cama es muy común en otras publicaciones.[14] Los mecanismos que vinculan el SMSI y el tabaquismo no se conocen suficientemente, pero parecen tener relación con el papel que desempeñan las sustancias químicas del tabaquismo pasivo y su interferencia en la respiración del recién nacido. Este problema se agrava si el bebé está más cerca del fumador (incluso si el padre o la madre no fuman en ese momento).[15]

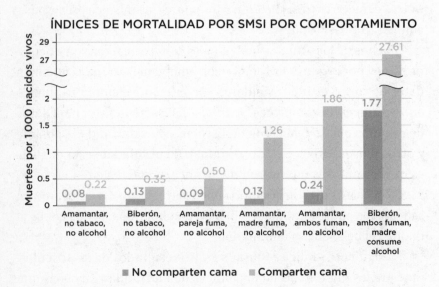

ÍNDICES DE MORTALIDAD POR SMSI POR COMPORTAMIENTO

Esta gráfica también describe lo que quizá es la pregunta más importante para muchas familias, a saber: ¿si lo haces de la manera más segura posible, es decir, si ninguno de los padres fuma ni bebe en exceso, y si amamantas al bebé, siguen existiendo los riesgos por dormir con él?

Estos datos responden de manera afirmativa. El riesgo de muerte de recién nacidos que no comparten la cama con sus padres, en el grupo de menor riesgo, es de 0.08 muertes por SMSI por cada mil nacimientos. Para quienes sí la comparten, son 0.22 muertes por cada mil nacimientos. De nuevo, debemos poner estos riesgos en un contexto más amplio. En Estados Unidos la tasa de mortalidad infantil total es de alrededor de cinco muertes por cada mil nacimientos. Por lo tanto, esto representa un aumento mínimo en relación con la tasa de mortalidad total. Quizá una manera más útil de formularlo es que entre las familias que no tienen otros factores de riesgo, aproximadamente 7 100 tendrían que evitar dormir juntos para prevenir una muerte.

El hallazgo de que dormir juntos conlleva un pequeño riesgo, incluso si se hace de la manera más segura posible, es muy consistente en todos los estudios, y aunque el aumento exacto de riesgo varía de un informe a otro, están dentro de un rango similar.[16] Estos riesgos se concentran a edad temprana. En particular, no parece haber demasiado riesgo en dormir juntos después de los tres meses si ambos padres no beben ni fuman.

Al analizar juntos estos riesgos, la moraleja principal es que, si vas a dormir con tu bebé, en definitiva no debes beber mucho ni fumar, y tu pareja tampoco. Si limitas estos comportamientos podrás dormir con tu bebé de la manera más segura posible, aunque los riesgos seguirán existiendo. Pero por otro lado puede haber algunas ventajas.

El beneficio principal —el que veo que citan las mamás con mayor frecuencia— es la conveniencia de compartir la cama con tu bebé cuando se queda dormido, pues si tratas de llevarlo a su cuna tiende a despertarse. Al menos para algunos bebés esto es cierto, y lo más probable es que tú misma lo puedas evaluar. Si el recién nacido se despierta menos cuando duerme con ellos, los padres también pueden dormir más.

De hecho, para mi amiga Sophie —y otras amigas, muchas de ellas doctoras, que me dijeron que dormían con su bebé— lo hacían sobre todo porque así podían dormir más tiempo. Para Sophie, cuya familia comprendía dos padres trabajadores y otros dos niños, no parecía viable que ella se quedara despierta toda la noche, yendo y viniendo a la cuna. Sin hablar de que su hijo dormía mucho mejor con ellos que en su cuna. El asunto se reducía a dormir juntos o no dormir, y Sophie y su marido por fin decidieron que tener al bebé en su cama era lo mejor para toda la familia.

Un segundo posible beneficio, uno que podemos evaluar con datos, es la posibilidad de que se te facilite el amamantar. Por supuesto, hay una relación: las mamás que comparten la cama también tienden más a amamantar y persistir hasta que su hijo es más grande.[17] Pero esto no necesariamente apunta a un tema de causalidad. Sabemos por las investigaciones que las mujeres que tienen un fuerte deseo de amamantar antes de parir son más susceptibles de compartir la cama.[18] Podría ser que el deseo de amamantar incite a compartir la cama, no al revés. De hecho, el único ensayo aleatorio que evaluó la relación entre amamantar y tener a un recién nacido en una cuna pegada a la cama, en lugar de una separada, no encuentra ningún vínculo entre compartir la cama y amamantar.[19]

Esto no significa que no haya beneficios para tu familia al compartir la cama, solo que es muy probable que no sea la panacea para mejorar la lactancia.

RECOMENDACIÓN 3: «EN LA RECÁMARA DE LOS PADRES»

Entre la avalancha de recomendaciones, compartir la cama está prohibido, pero se promueve compartir la habitación. La Academia Americana de Pediatría recomienda que los recién nacidos estén en la recámara de sus padres al menos los primeros seis meses, e idealmente el primer año de vida, como precaución contra el SMSI. La teoría es que los padres puedan estar más atentos al bebé si están en la misma recámara.

La evidencia que existe sobre compartir recámara y el SMSI es en general menos completa que la evidencia sobre compartir la cama. Los estudios tienen la misma estructura básica, pero son a pequeña escala y menos numerosos. Se pone menos atención a otros factores que podrían influir en la relación. Por ejemplo ¿y si hubiera un monitor de video en el cuarto del bebé? ¿Es suficiente? No encontrarás evidencia de ello aquí.

Con esa advertencia, podemos revisar los estudios que *sí* tenemos.

Para ver un ejemplo concreto, consideremos un estudio publicado en el *British Medical Journal* en 1999. Usando una muestra de aproximadamente 320 recién nacidos muertos y 1 300 bebés de control, los autores afirman que dormir solo en una habitación se asocia con un mayor riesgo de muerte.[20] Sin embargo, los resultados del artículo son inconsistentes. Por ejemplo, importa mucho si analizan o no la ubicación regular donde duermen o la más reciente; los resultados en el primer caso revelan que al parecer no hay riesgo, pero en el segundo caso sí lo hay. No queda claro por qué sucede esto, surgen inquietudes de que algo inusual haya ocurrido en la última noche de vida.

Al hacer sus recomendaciones sobre compartir la recámara, la AAP citó este estudio y otros tres más.[21] Estos muestran pequeños incrementos similares en las tasas de SMSI en bebés que dormían en su propio cuarto, pero los resultados no son contundentes. Todos tienden a ser muy susceptibles en cuanto a qué variables se deben ajustar, y algo importante: la mayoría de estos estudios no fue diseñada para investigar la habitación compartida. Aunque son estudios muy pequeños como para analizar en realidad los factores atenuantes, los beneficios de compartir recámara parecen ser mayores si el bebé también duerme bocabajo[22] y dependen de si en ocasiones también comparten la cama con los padres.[23]

Si bien creo que los beneficios de compartir la habitación son debatibles dada la información, desde mi punto de vista la recomendación de la AAP de que se debe compartir la habitación hasta el primer año del bebé me parece problemática.

¿Por qué digo esto?

La mayoría —hasta 90%— de las muertes por SMSI ocurre en los primeros cuatro meses de vida, de modo que las recomendaciones para dormir en la misma habitación después de ese plazo no parecen relevantes para el SMSI. Esto también aparece en los datos. La opción de compartir la habitación, incluso compartir la cama, parece no influir en el riesgo de SMSI después de los tres o cuatro meses, al menos para los padres que no son fumadores.[24]

Esto significa que al parecer no hay ningún beneficio en compartir recámara por tanto tiempo. Sin embargo, existe un costo real: el sueño del niño. En un estudio de 2017 los investigadores evaluaron si dormir en la misma habitación con uno de sus padres empeoraba el sueño del bebé. Encontraron que así era. A los cuatro meses el tiempo total de sueño era similar tanto para los bebés que dormían con sus padres como para aquellos que dormían en su propio cuarto, pero el sueño era más consolidado (es decir, en periodos más largos) para estos últimos. Esto tiene sentido: su recámara era más silenciosa.

A los nueve meses los bebés que tenían su habitación dormían más tiempo; este efecto era mayor para quienes dormían solos desde los cuatro meses, pero también en bebés que pasaron a su propio cuarto entre los cuatro y los nueve meses. En particular, estas diferencias seguían presentes cuando el niño tenía dos años y medio: los niños que dormían solos a los nueve meses, dormían 45 minutos más durante la noche que quienes dormían con sus padres a la misma edad. El sueño es crucial para el desarrollo cerebral del niño; no es solo una indulgencia egoísta de los padres. Por supuesto, esto puede no ser causal —quizá los padres pasan a sus hijos a su propia recámara cuando empiezan a dormir bien—, pero es sugerente.

En relación con esto, se debe decir que, si planeas entrenar a tu hijo para dormir, el éxito es muy poco probable en tanto el niño duerma en tu habitación. Y por último, la mayoría de la gente duerme mejor sin el niño en el cuarto, y también es importante que los padres estén bien descansados.

Si reunimos todo esto creo que las recomendaciones de la AAP van demasiado lejos. Si deseas compartir la habitación con tu hijo, no dudes en hacerlo. Y quizá —*quizá*— los datos garantizan un leve consejo a favor de compartir habitación a muy temprana edad. Pero decir a las personas que tienen que mantener a su hijo con ellos durante un año, sacrificar el sueño tanto a corto como a largo plazo sin ninguna ventaja clara en el proceso, puede no ser una buena política.

El sofá

Prácticamente en todos los estudios sobre dónde dormir al bebé, lo único que sobresale como algo muy, muy riesgoso, es que compartan el sofá con un adulto. La tasa de mortalidad como resultado de esta práctica es de 20 a 60 veces más alta que el riesgo de base. No es difícil ver por qué: un adulto exhausto se queda dormido con el recién nacido en un sofá acojinado, y es fácil que el bebé se asfixie con un cojín. La desgracia de esto es que al menos en algunas de estas muertes en el sofá, el padre o la madre implicado trata de evitar los riesgos de compartir la cama. Esperan que estando sentados permanecerán despiertos, y luego se duermen por accidente. Incluso con los pequeños riesgos de compartir la cama con tu bebé, eso sería mucho mejor que quedarte dormida con él en el sofá.

RECOMENDACIÓN 4: «NADA SUAVE ALREDEDOR»

El último lineamiento de la AAP para el sueño es que la cuna esté vacía, que no haya nada aparte del bebé: nada de juguetes, protectores, cobijas ni almohadas. Nada.

Es probable que esta sea la recomendación más sencilla de seguir. Aunque sean adorables, no hay razón para tener juguetes o almohadas en la cuna del bebé (los protectores pueden ser otra historia). También existen algunas ventajas si viajas con tu hijo. Ningún padre quiere cargar con el corderito, el osito preferido, el dinosaurio apestoso y el perrito cuando viaja a casa de la abuela. Si puedes limitar el número de cosas de las que tu hijo depende para dormir, tu equipaje te lo agradecerá.

En términos de riesgos, existen dos temas centrales en la recomendación de no poner nada en la cuna. El primero es que los bebés no deberían usar cobijas. Esta conclusión se basa en los resultados de un gran número de los estudios de los que hablamos con anterioridad. Los recién nacidos que mueren de SMSI son más susceptibles de terminar con las cobijas sobre su cabeza que los recién nacidos de control. La industria de ropa para bebé ha encontrado una solución a esto: la «cobija que se puede poner». Es básicamente una bolsa con cierre en la que se mete al bebé. Puesto que no hay una verdadera razón para tener otro tipo de cobija, esta recomendación parece razonable y fácil de seguir.

La segunda parte de la recomendación tiene que ver con los protectores de cuna, prohibidos por la AAP. De hecho, en algunas ciudades de Estados Unidos (Chicago, por ejemplo) se desaprueba la venta de protectores. La idea es que pueden provocar asfixia.

Desde entonces esta recomendación es un poco más complicada; de hecho, el objetivo de los protectores es evitar que los brazos y las piernas de tu hijo se atoren en los barrotes de la cuna. No es probable que esto sea mortal, pero sin duda se puede lastimar.

Es útil pensar en la magnitud del riesgo de un protector. Un artículo publicado en 2016, en el *Journal of Pediatrics*, contabilizó todas las muertes en Estados Unidos que se atribuyen a protectores entre 1985 y 2012.[25] Encontraron 48. Para poner esto en contexto, durante este periodo alrededor de 108 millones de niños nacieron en Estados Unidos, y un rango aproximado de 650 mil muertes infantiles en total. Si se hubieran eliminado los protectores en este periodo, se esperaría una reducción del riesgo de muerte de alrededor de 0.007%, con lo que se habría evitado una de cada 13 500 muertes. En contraste, las estimaciones sugieren que la campaña Back to Sleep redujo el riesgo de muerte casi 8%, lo que evitó una de cada trece muertes, aproximadamente. En otras palabras, si se hubieran eliminado los protectores, el efecto en la reducción del riesgo hubiera sido muy, muy pequeño.

¿Esto significa que debes poner protectores? No, no necesariamente. Los niños más grandes pueden usarlos, entre otras cosas, para salirse de la cuna, y al hacerlo pueden caer al piso, y eso puede ser peligroso. Sencillamente, el riesgo general relacionado con ellos es muy pequeño.

TOMAR DECISIONES

Con esta información, volvemos al punto donde empezamos en este capítulo: pensar en los riesgos, incluidos los que llevan a finales terribles que tememos considerar. Pero necesitamos pensar en ellos, y hacerlo en el contexto del alcance de los efectos y de lo que funciona para nuestra propia familia.

Si observamos los resultados anteriores, parece buena idea hacer que tu bebé duerma bocarriba y evitar cobijas, almohadas y otros objetos suaves en la cuna. Asimismo evitar dormir en el sofá, como se recomienda encarecidamente. Estas recomendaciones cuentan con evidencia convincente, y son muy fáciles de implementar.

También parece claro que fumar aumenta el riesgo de SMSI, en particular si decides compartir la cama con tu bebé.

Por último, si consideramos los datos, debemos concluir que, en términos de riesgo de SMSI, las opciones en cuanto a la ubicación para dormir —tu cama, tu cuarto— importan mucho más en los primeros cuatro meses de la vida de tu bebé.

Esto nos deja unas cuantas opciones en los primeros meses de vida del bebé —ya sea que compartan la cama, la habitación pero no la cama, o ninguno—. Puesto que los datos sugieren que existe algún riesgo en compartir la cama, y es posible que también existan riesgos si tu hijo duerme en su propio cuarto, podemos concluir que lo único que es absolutamente seguro es que tu hijo duerma en tu recámara, en su propia cuna, los primeros meses.

Sin embargo, es posible que esta organización no funcione para tu familia. Tú podrías, por ejemplo, compartir tu cama con tu recién nacido; tal vez porque piensas que de esta manera será más fácil amamantarlo o simplemente porque quieres tenerlo cerca.

Si este es el caso, tal vez te sientas muy tentada a rechazar la evidencia sobre el riesgo. Es fácil encontrar fuentes sobre la crianza que apoyan un estudio que no muestre efectos significativos de compartir la cama con el bebé y que pretenda demostrar que no hay riesgo. Esta no es una manera racional de tomar una decisión. Si deseas hacerlo bien, necesitas enfrentar la idea del riesgo, piensa en cómo reducirlo (si puedes), y después piensa en si el riesgo (minimizado) es algo que deseas tomar.

Si vas a compartir la cama, empieza por asegurarte de que no fumas ni bebes alcohol y que tu cama no está llena de cobijas y almohadas. Y piensa en tu hijo: si tu bebé fue prematuro o tuvo bajo peso al nacer, el riesgo inicial de SMSI es mayor, y el aumento absoluto del riesgo por compartir la cama también será mayor.

Y, por último, en verdad tienes que pensar en los números.

Si observamos la gráfica principal en la página 156 e imaginamos que tienes un recién nacido que nació a término y eres una mamá que amamanta, que no fuma ni bebe (y tu pareja tampoco lo hace), la evidencia sugiere que compartir la cama aumenta el riesgo de muerte un 0.14 por cada mil nacimientos. La tasa de mortalidad por accidentes automovilísticos el primer año de vida es de aproximadamente 0.2 por cada mil nacimientos vivos. El riesgo de compartir cama es, por lo tanto, real, pero es menor que algunos de los riesgos que normalmente podrías tomar.

Con mis propios hijos no me llamó la atención compartir la cama, como tampoco compartir la habitación. Mi hija tuvo su propia recámara de inmediato, y mi hijo después de un par de semanas. Hicimos todo lo que pudimos para limitar los riesgos —la cuna estaba vacía y teníamos un monitor con video—, pero sabíamos que compartir el cuarto con un bebé no funcionaría para nuestra familia, y aceptamos un poco más de riesgo.

No todos tomarían una decisión así, pero la cuestión es que *es* una decisión. Si tú no quieres compartir cama o habitación, puedes decidir no hacerlo sopesando los beneficios para toda tu familia, incluso si aceptas que hay algunos riesgos.

Conclusiones

- Hay evidencia suficiente de que los recién nacidos que duermen bocarriba corren menos riesgo de padecer SMSI.
- Tenemos evidencia moderada de que compartir la cama es arriesgado.
  - Estos riesgos son mucho mayores si tú y tu pareja fuman o beben alcohol.
- Existe menos evidencia confiable de que compartir el cuarto es benéfico.
  - Los beneficios de compartir habitación desaparecen en los primeros meses.
  - El sueño del recién nacido y del bebé mejora si duerme solo después de los primeros meses.
- En la cuna:
  - Saco de dormir para bebé: ¡palomita!
  - Protectores: el riesgo es muy poco, aunque también tiene algunos pequeños beneficios.
- Dormir en el sofá con un recién nacido es extremadamente peligroso.

7

Organiza a tu bebé

Cuando estás embarazada, sobre todo la primera vez, la gente te da muchos consejos. Recuerdo con claridad a otra economista que me explicaba, de todo corazón, que es muy importante poner horarios *de inmediato*, en cuanto vuelvas del hospital. Debes decidir cuándo comerá y dormirá, e imponerlo. ¡A los bebés les encanta! (Así decía).

Mi colega economista no era la única que lo pensaba. Todo un ejército de libros y filosofías —quizá los más conocidos se centraban en el bebé— sugieren que establezcas horarios cuanto antes. Recomiendan que, incluso en los primeros días, cuando es muy difícil predecir cuándo dormirá tu bebé, trates de dar una estructura; la idea es que el bebé se adaptará y adoptará la estructura. Esto puede ser muy atractivo para los nuevos padres que tratan de averiguar cómo comprender a su bebé. Sin mencionar la promesa de que dichos horarios permitirían a los padres predecir mejor cuándo van a poder dormir ellos.

No escuchamos a nuestra amiga economista, y con Penelope no tuvimos horarios. Cuando me embaracé de Finn, Jesse me envió la siguiente transcripción de un mensaje de texto que intercambiamos cuando Penelope tenía cuatro semanas de nacida.

oster.emily(23:41:00(UTC)): ¿QUIERES HACER ALGO?

oster.emily(23:41:02(UTC)): NO SÉ QUÉ.

oster.emily(23:41:06(UTC)): ¿TAMBIÉN DEBERÍAMOS CENAR EN ALGÚN MOMENTO?

oster.emily(23:42:08(UTC)): ¿HOLA?

Observa que estos mensajes se enviaron a medianoche. Al parecer no solo Penelope no tenía horarios, nosotros tampoco.

Por supuesto, al final tuvo horarios que se parecían mucho a los de los otros niños: dormir en la noche, tres siestas durante el día al principio, luego dos, luego una, al final ninguna. Pero cada una de estas transiciones fue una lucha; difícil de implementar, cierto, pero incluso de averiguar cuándo hacerlo. ¿Cómo sabes cuándo está listo tu hijo para dejar una de las siestas? En un momento en el que tratábamos de dejar la siesta de la mañana, nuestra niñera fue a la otra habitación durante el almuerzo, regresó tres minutos después y vio que Penelope se había quedado dormida mientras comía.

Y no solo se trata de conveniencia o cómo planear tu día. ¡Dormir es importante! Es importante para el desarrollo del bebé y para los padres. Tu hijo estará de mejor humor si duerme lo suficiente. Para un niño, dormir demasiado durante el día puede dificultar que duerma en la noche. Esto significa que los padres no duermen. Si las siestas no son suficientes, quizá estén muy cansados para poder dormir de noche. Esto también significa que los padres no duermen.

¿Cuánto sueño es suficiente y cuándo se debe dormir? Parece una pregunta fácil, pero las respuestas difieren mucho. Tomemos, por ejemplo, los dos libros por excelencia para dormir: el de Ferber (*Cómo evitar el insomnio infantil*) y el de Weissbluth (*Sanos hábitos de sueño, niño feliz*). Ambos proporcionan orientación sobre lo que debes esperar en cuanto al tiempo que tu hijo debe dormir.

El problema es que discrepan.

Por ejemplo, Ferber dice que a los seis meses un bebé debe dormir un total de 13 horas: 9.25 horas en la noche y dos siestas de una o dos horas. Weissbluth sugiere que el mismo bebé de seis meses debería dormir un total de aproximadamente 14 horas, pero la mayor parte de ese tiempo debe ser en la noche: 12 horas en la noche y dos siestas con una hora de duración. Esto representa una diferencia de tres horas en el tiempo de sueño que ambos sugieren.

Weissbluth va más allá, aconseja que si tu hijo no duerme mucho —por ejemplo, si duerme solo nueve horas en la noche— es un problema grave. Cito: «Los niños que durmieron menos no solo tendían más a ser socialmente exigentes, malcriados y quisquillosos, sino que también se comportaron como niños hiperactivos. Después explicaré cómo estos niños también tienden más a convertirse en niños obesos».[1] Así que ¡no te presiones!

Pero observa que lo que Ferber recomienda son nueve horas de sueño por la noche. Entonces ¿es el tiempo óptimo de sueño o un camino a la obesidad?

Además, los rangos de edad de las distintas transiciones importantes son amplios y pueden ser vagos. En general, los libros establecen que cuando tienen alrededor de las seis semanas, los recién nacidos empiezan a dormir más tiempo en la noche; a los tres o cuatro meses, las siestas se empiezan a definir; alrededor de los nueve meses, dejan de hacer la tercera siesta; de los 12 a los 21 meses dejan de hacer la segunda, y de los tres a los cuatro años ya no hacen ninguna. En estas últimas dos transiciones en particular, los rangos son amplios. ¡De uno a 22 meses es mucho tiempo!

En términos generales, estas afirmaciones se basan en promedios entre la población, lo cual queda muy claro con un un metaanálisis de estudios sobre la duración del sueño.[2] Las dos gráficas a continuación muestranla duración esperada del periodo de sueño más largo (que casi siempre es en la noche) y el número de siestas, ambos comparados con la edad, que se obtuvieron con base en este análisis.

Aquí puedes ver cómo surgen patrones generales. Alrededor de los dos meses hay un gran salto en el promedio del periodo de sueño más largo; es la consolidación del sueño por la noche. Este aumenta más lentamente conforme el niño crece.

La gráfica de la siesta contiene más información. Como se puede ver, el periodo en que el promedio del número de siestas es dos de los nueve a los diez meses y que el periodo en que baja a una es de los 18 a los 23 meses.

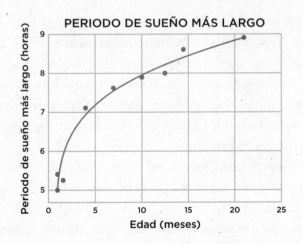

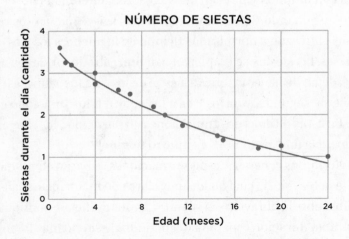

Este artículo también resume el tiempo total de sueño; los recién nacidos duermen un promedio de dieciséis horas al día, que baja a trece o catorce en un año aproximadamente.

Esto te da una idea de qué esperar si tu hijo está en el promedio. Por supuesto, es probable que tu bebé no se ajuste al promedio exacto, y esta gráfica no presenta variaciones de un niño a otro.

Una de las mayores innovaciones en la recolección de datos en los últimos años es la capacidad de obtener esta información mediante apps. La era de la crianza a través del teléfono inteligente ha acelerado la velocidad con la que se pueden recolectar los datos, y la información sobre el sueño no es una excepción. Por lo tanto, no es de sorprender que haya investigadores que utilizan este tesoro. Una de las ventajas de tener *tantos datos* es que puedes observar estas variaciones entre las personas.

En 2016 cinco autores publicaron un artículo en el *Journal of Sleep Research* que usó datos de una aplicación patrocinada por Johnson & Johnson, la cual permite a los padres registrar los patrones de sueño de su recién nacido.[3] Se enfocó en un grupo de personas cuyos registros parecían confiables y pudo aislar datos de 841 niños durante un periodo de 156 989 sesiones de sueño. (Esto significa que, en el estudio, los padres promedio que usaron la aplicación registraron casi 200 sesiones de sueño. Esto es devoción a los datos). La granularidad de los datos permite hacer un análisis interesante y, lo más importante, nos permite ver cómo varía el sueño de un niño a otro.

Varía mucho.

Considera como ejemplo el tema de la duración del sueño en la noche. Según estos datos, el promedio de sueño de un bebé de seis meses de edad es de diez horas. Magnífico, eso es aproximadamente lo que vimos en los estudios que mencioné antes. ¿Y qué hay del bebé en el percentil 25 (sería un bebé que no duerme mucho)? Duerme nueve horas. ¿Y el percentil 75? Duerme 11 horas.

Ahora bien, ¿y *todo* el rango de datos para los bebés de seis meses? Resulta que en los datos hay bebés que duermen solo seis horas en la noche y otros que duermen hasta 15 horas.

Esto aclara un poco las cosas: al menos parte de la razón por la que los libros son confusos es que en realidad no hay una sola respuesta a la pregunta de cuánto debe dormir un niño por la noche.

La información sobre el sueño durante el día muestra una variación similar. En promedio, la sesión más larga de sueño durante el día aumenta de una a dos horas aproximadamente en los primeros dos años de vida, pero aquí existe un rango enorme; algunos niños no duermen ninguna siesta sin importar su edad, y otros duermen hasta tres horas sin parar.

Asimismo, el cambio de dos siestas a una sola también muestra mucha variación. Alrededor de los 11 meses la mayoría de los niños hace dos siestas marcadas, y para los 19 o 20 meses, la mayoría hace una. Pero hay un periodo largo de transición en los datos que muestra que la edad a la que los niños cambian a una sola siesta varía considerablemente.

En conclusión, muchos aspectos para establecer horarios dependerán del niño, y es muy posible que te encuentres con estas variaciones cuando trates de organizar los de tu bebé. Pero no *todo* difiere. En particular, algo que no muestra mucha variación son las horas en que despiertan. Incluso cuando tienen alrededor de cinco o seis meses, la mayoría de los bebés despierta entre las seis y las ocho de la mañana. Cuando llegan a los dos años, el rango disminuye: de seis y media a siete y media de la mañana.

Si combinamos la variación del sueño nocturno total con la falta de variación en la hora de despertar, podemos concluir que la hora de acostarlo cambia mucho. Así es. Si piensas que tu hijo necesita dormir mucho, tal vez tienes que acostarlo más temprano, puesto que no puedes hacer que se despierte más tarde. Si tratas de programar a tu hijo para que se acueste tarde y se despierte tarde, la mañana siguiente quizá no funcionará.

Algunas cosas son más difíciles con el segundo hijo; la principal es la presencia del primer hijo. Pero otras son más sencillas, y al menos en mi experiencia, los horarios son una de ellas. Antes de tener hijos, tus horarios son de adulto: te levantas, vas al trabajo, cenas tarde, quizá ves un poco de televisión. Recuperas el sueño los fines de semana. A veces, quizá, te acuestas más temprano, otras más tarde.

Cuando tienes aunque sea un solo hijo, dependes de su horario. Despertar entre seis y media y siete y media de la mañana, desayuno, siesta, comida, siesta, cena, acostarse alrededor de las siete y media de la noche (idealmente). Cuando llega el segundo hijo, por supuesto que no se adapta a este horario de inmediato, pero sabes que esa es la meta. La intención de los mensajes de texto que Jesse me envió era una advertencia sobre adónde íbamos, pero en realidad nunca llegamos ahí. Sí, Finn se despertaba en la noche, pero yo lo tenía en la cama conmigo —o más bien, en su cuna al lado de mi cama— desde el primer día. Usamos el horario que habíamos tenido con Penelope, y él se adaptó mucho más rápido que ella.

Otra cosa de la que te das cuenta con tu segundo hijo es que el caos que se produjo por no haber programado desde el primer año no termina. Tu bebé terminará por adaptarse a un horario de sueño más predecible. Quizá no de inmediato, tal vez no exactamente el que tú habías pensado, pero lo hará. Es posible que esto sea lo más reconfortante de todo.

Conclusiones

- Existen ciertas pautas amplias sobre los horarios para dormir.
  - El tiempo de sueño nocturno aumenta cuando el bebé tiene alrededor de dos meses.
  - Hacen tres siestas regulares aproximadamente a los cuatro meses.
  - Hacen dos siestas regulares cuando tienen alrededor de nueve meses.
  - Hacen una siesta regular en el periodo entre los 15 y 18 meses.
  - Dejan de hacer siesta aproximadamente a los tres años.
- Entre un niño a otro hay enormes diferencias que casi no puedes controlar.
- La característica más consistente en los horarios es el momento de despertarse, entre las seis y ocho de la mañana.
- Cuanto más temprano se acuesten, más tiempo duermen.

8

Vacunas: sí, por favor

En la década de 1950 aproximadamente 500 personas —la mayoría niños— morían de sarampión cada año en Estados Unidos; se enfermaban de tres a cuatro millones. En 2016 ningún niño en Estados Unidos murió de sarampión, y se estimó que hubo 86 casos.[1]

Existe una razón muy sencilla para esta disminución: el uso de una vacuna contra el sarampión.

Las vacunas son uno de los triunfos más significativos de salud pública en los últimos 100 años (el saneamiento público es otro, aunque menos controvertido). En pocas palabras: se han salvado millones de vidas en todo el mundo gracias a la introducción de vacunas contra enfermedades como tos ferina, sarampión, viruela y poliomielitis. La vacuna contra la varicela ha evitado una innumerable cantidad de molestias y comezón, así como algunas muertes. La vacuna contra la hepatitis B disminuyó el cáncer de hígado. Las nuevas vacunas también son importantes: la vacuna contra el virus del papiloma humano (VPH) ofrece la posibilidad de disminuir de forma significativa los índices de cáncer cervical.

No obstante, las vacunas siguen siendo uno de los puntos centrales de las guerras de mamás. Algunos padres no desean vacunar a sus hijos por miedo a lesiones, autismo o algún efecto adverso no especificado. Otros desean retrasar la vacunación porque piensan que los riesgos disminuirán si estas se espacian.

Estas inquietudes —que han aumentado con el tiempo— tienen efectos visibles en la propagación de enfermedades. En mayo de 2017, por ejemplo, hubo un brote de sarampión en Minnesota, con al menos 50 casos. El brote se concentró en la comunidad inmigrante somalí, donde los activistas antivacunación habían convencido a la gente de que las vacunas se relacionaban con el autismo. Muchas familias no planearon la vacunación o esperaron hasta que sus hijos fueran más grandes. Entre tanto, sus hijos enfermaron de sarampión.

Un aspecto sorprendente de la resistencia a que los niños sean vacunados es que tiende a ser más fuerte en áreas donde el nivel de educación de los padres es más alto. Para la mayoría de los resultados sobre salud —enfermedades cardiacas, obesidad, diabetes— la gente con más educación tiende a ser más sana. Pero en el caso de las vacunas, a menudo la relación es inversa. De hecho, en las zonas en las que los padres tienen niveles de educación más altos hay, en promedio, tasas más bajas de vacunación.[2] Esto sugiere que la decisión de no vacunarse no necesariamente se debe a la falta de información.

El consenso científico sobre las vacunas es muy claro: las vacunas son seguras y efectivas. Esta conclusión está respaldada por una gran variedad de doctores y organizaciones médicas, y por organismos gubernamentales y no gubernamentales. Pero aun así, hay personas que eligen no vacunar a sus hijos y muchas de ellas tienen una buena educación y reflexionaron sobre su decisión. Por lo tanto, vale la pena revisar la evidencia.

ANTECEDENTES

Siempre ha habido gente que no confía en las vacunas. Una colega mía de Brown, Prerna Singh, estudió la resistencia a la vacunación —en este caso, contra la viruela— en China e India, cuando la vacuna se introdujo por primera vez. En ese contexto las inquietudes se enfocaron en el daño que podría causar la vacuna y en la idea de que, de cualquier manera, no podían evitar la enfermedad.

La preocupación más conocida en ese momento tenía que ver con la posible relación con el autismo, pero existe un periodo anterior de inquietud por el peligro de la vacunación que data de 1970. Durante esta época surgió una serie de informes de casos que sugería que la vacuna contra la tos ferina —que evita la tos convulsiva y se aplica como parte de la vacuna DTPa— puede estar relacionada con lesiones cerebrales en el recién nacido. Más tarde se demostró que esto no estaba respaldado por los datos, pero como consecuencia de esta sugerencia inicial, varios de los fabricantes de vacunas tuvieron que enfrentar amenazas de demandas.

Esto fue suficiente para que casi suspendieran por completo la producción de esta vacuna. Los precios de la vacuna aumentaron y la oferta bajó. La falta de acceso a la vacuna presentó un riesgo significativo para la salud pública. En respuesta a esta situación, en 1986 el Congreso aprobó la Ley Nacional de Lesiones por Vacunas en la Niñez, que protegía a las compañías de cualquier demanda por la producción de vacunas obligatorias. Las personas que afirmaban haber sufrido lesiones por una vacuna podían apelar al gobierno federal para obtener compensación, pero no podían reclamar reparación de daños a los fabricantes de las vacunas.

Un efecto secundario algo desafortunado de esta política (razonable) es que parece implicar que existe un riesgo real y considerable de que las vacunas produzcan lesiones. (Quizá hubiera sido mejor darle otro nombre a esta política). En la práctica, el motivo para la aprobación de esta ley no fueron los riesgos reales que presentaban las vacunas, sino las demandas que la gente presentó como reacción en contra de las deficiencias en la investigación. Esta política sigue vigente, y por desgracia es en alguna medida el respaldo para las quejas que, en la actualidad, afirman que las vacunas son un riesgo.

La última resistencia contra la fase de vacunación la encabezó un exmédico («ex» porque perdió su registro médico como consecuencia) llamado Andrew Wakefield.[3] En 1998 Wakefield publicó un artículo en *Lancet* —una revista médica muy respetada—, en el cual sugería que hay una relación entre el autismo y las vacunas.[4] El artículo es un resumen de doce estudios de caso. Los doce niños estudiados padecían autismo, y el documento afirmaba que en al menos ocho

—y posiblemente más— de ellos los síntomas de autismo comenzaron casi de inmediato después de que el niño recibió la vacuna triple viral (SRP) contra sarampión, paperas y rubéola.

Wakefield proporcionó un mecanismo hipotético, relacionado con la salud digestiva, que vincula a ambos.

En primer lugar: la conclusión de este artículo es errónea. Existe otra evidencia, más confiable, de antes y después de la publicación de este artículo que rechaza esta relación. Hablaré de esto en las siguientes páginas. De hecho, un vago caso de estudio en 12 niños difícilmente es evidencia sólida, por lo que no es de sorprender que no haya tenido éxito.

Pero resulta que el artículo también era fraudulento. Los niños que se incluían en la muestra no eran, como afirmaba Wakefield, todos los que podían tomarse en consideración. Wakefield eligió en específico a quienes se adaptaban a su conclusión. Además, muchos de los factores de los casos particulares se falsificaron. Se cambiaron detalles para que los síntomas de autismo aparecieran próximos al momento de la vacunación; cuando en realidad los síntomas aparecieron seis meses o más después de eso; la información del caso sugería que había sido una o dos semanas después.

¿Por qué lo hizo Wakefield? Resulta que estaba planeando demandar a los fabricantes de vacunas y esto sería parte de la evidencia. Su motivo era la razón más antigua del mundo: dinero.

En 2010 la revista *Lancet* se retractó del artículo y a Wakefield se le canceló su registro médico. Pero el daño estaba hecho y Wakefield nunca admitió que su publicación era un fraude ni se disculpó. Sigue viajando por el mundo, pregonando sus desacreditadas teorías. ¿Y la comunidad de inmigrantes somalís durante el brote de sarampión? Wakefield los visitó dos veces en los años precedentes.

Uno de los aspectos más insidiosos de este episodio es que reanimó la inquietud general de que las vacunas no son seguras. Algunas personas no creen en la relación con el autismo, pero aún creen que las vacunas pueden provocar otro tipo de daño. Los sitios web de movimientos antivacunas citan inquietudes como presencia de aluminio en las vacunas y también una idea general de que la activación del sistema inmune puede provocar daño cerebral.

Estos sitios web antivacunas parecen basarse en evidencias; citan artículos y estudios que respaldan su posición. Por otro lado, organizaciones como los Centros para el Control de Enfermedades (CDC, por sus siglas en inglés) y la Academia Americana de Pediatría garantizan que la vacunación es segura. Sin embargo, un efecto negativo de su estrategia es que muy pocas veces refutan de frente la información en contra de las vacunas. No hacen mucho esfuerzo por explicar por qué los artículos citados en contra de la vacunación que aparecen en los sitios web causan problemas (si los causan). Dan la impresión de que la postura antivacunación es seria y está basada en evidencia, y que la postura a favor de la vacunación solo apela a que se tenga confianza en ellas.

Este no es el caso. Las recomendaciones de la AAP, entre otras, se basan en una evaluación cuidadosa y completa de todos los riesgos posibles de la vacunación.

SEGURIDAD DE LAS VACUNAS

En 2011 el Instituto de Medicina (IOM, por sus siglas en inglés) publicó un tomo de 900 páginas titulado *Adverse Effects of Vaccines: Evidence and Causalty* (*Los efectos adversos de las vacunas: evidencia y causalidad*).[5] (Ya sé lo que estás pensando: ¡lectura para las vacaciones!).

El libro es producto de años de trabajo de un gran número de investigadores y profesionales médicos. Tenían una labor abrumadora: evaluar la evidencia de los vínculos entre las vacunas comunes y un amplio conjunto de posibles «efectos adversos».

Evaluaron la evidencia, entre más de 12 mil artículos sobre 158 casos en los que las vacunas tuvieron efectos adversos. ¿Qué significa esto? Para cada vacuna los autores buscaron evidencia sobre una posible relación entre esa vacuna particular y el supuesto riesgo.

Aquí, los riesgos se refieren a los *eventos adversos*. Así, los autores buscaron, digamos, evidencia de un vínculo entre la vacuna triple viral y convulsiones.[6]

¿Qué tipo de evidencia buscaron?

Primero, existen informes de eventos adversos: los CDC recopilan todos los reportes de eventos adversos que la gente (padres, médicos, etcétera) atribuye a la vacunación. Puedes explorarlo tú mismo en línea: al buscar reportes de vínculos entre la vacuna triple viral y el autismo, llegamos a un gran número de informes de padres que afirman que su hijo presentó síntomas de autismo poco después de recibir la vacuna. Quizá tiendas a pensar que estos reportes son suficientes para probar al menos alguna relación entre la vacunación y el resultado; pero la evidencia de este tipo es endeble, por decir lo menos.

Consideremos lo siguiente: imagina que la gente creía que cortarle las uñas a un recién nacido era peligroso desde el punto de vista médico, que provocaba enfermedades u otras complicaciones. Imagina también que establecemos un sistema de informes de eventos adversos por cortar las uñas.

Lo más probable es que obtengas todo tipo de informes. Algunos padres dirían que el día después de que le cortaron las uñas, su bebé tuvo mucha fiebre. Otros dirán que su evacuación fue líquida. También habrá reportes de niños que no durmieron bien durante días después de que les cortaron las uñas, y otros afirmarán que sus bebés lloraron inconsolables durante horas.

Es posible que todas estas situaciones fueran verdaderas. ¡Pero quizá no se vinculan causalmente con el corte de uñas! En ocasiones, los recién nacidos tienen fiebre; otras, sus evacuaciones no son normales. A la mayoría de los bebés se les dificulta dormir, y otros lloran mucho. Para averiguar si existe una verdadera relación debes saber el índice base general de estos eventos —qué tan probable es que la gente los reporte cuando no les cortaron las uñas—. Pero no contamos con un sistema para informarlo. No existe un sitio web en el que podamos registrar cada vez que tu hijo evacuó de manera poco común.

Tendrás que tratar de averiguar si estos eventos adversos en realidad parecen ser más comunes entre los bebés a los que se les cortaron las uñas en comparación con los otros, a los que no se les cortaron. Esto es especialmente difícil para cosas que suceden todo el tiempo, como «el bebé estuvo llorando».

En tu sistema de información sobre las uñas, probablemente también *aprenderías* algo. Obtendrías muchos reportes sobre lesiones en los dedos, cortes que necesitan apósitos. Esto *no* es algo que suceda todo el tiempo, y existe un mecanismo obvio para la conexión con el corte de uñas. Así que es posible que concluyas que cortar las uñas se relaciona con los cortes accidentales de los dedos, cosa que es verdad (Penelope es un caso reportado).

Pero ¿cómo sabemos que el corte del dedo es un efecto real y la fiebre no? ¿Cómo podemos usar este tipo de evidencia?

En el informe del IOM, los autores usaron información como esta combinada con evidencia sobre los mecanismos. ¿Existe una razón biológica para pensar que este vínculo podría existir?

En algunos casos el vínculo biológico era tan plausible que los investigadores sacaron conclusiones con base solo en estos reportes de eventos adversos. En otros, sin evidencia sobre los mecanismos, requirieron profundizar más para obtenerlas y extraer conclusiones.

La segunda evidencia principal proviene de «estudios epidemiológicos», que en este caso comparan a niños que fueron vacunados con los que no lo fueron. En general no son aleatorios, pero pueden ser muy extensos. Si los eventos adversos reportados están respaldados por relaciones en la población general; esto puede mostrar cierto vínculo, incluso si el mecanismo no es obvio.

Los autores de este reporte clasificaron cada uno de los 158 vínculos posibles en una de cuatro categorías: respaldos convincentes (existe una relación causal convincente entre la vacuna y el evento), favorece la aceptación (es posible que haya una relación causal), favorece el rechazo (poco probable, con base en la evidencia disponible) o evidencia insuficiente.

Para la mayoría de estas relaciones, la evidencia es insuficiente. Esto incluye cosas como el vínculo entre la vacuna triple viral y la aparición de esclerosis múltiple, o entre las vacunas DTPa y el SMSI. En estos casos los autores no pudieron encontrar evidencia confiable que respaldara la relación, pero tampoco evidencia sólida para refutarlo. Esto no siempre significa que no la haya. En la mayoría de los casos existen algunos informes que vinculan los eventos desde el sistema de reporte de eventos adversos. Pero cuando los autores lo investigaron, parecía poco probable que estuvieran relacionados.

Esta es una conclusión algo frustrante. Básicamente, lo que hayas pensado antes (hablando en estadísticas, tus «creencias previas») es lo que pensarás después de tener la evidencia. Si la gente considera que las vacunas son seguras, entonces no hay nada aquí que argumente lo contrario. Por el contrario, si piensan que las vacunas no son seguras, nada aquí ayudará a refutar su idea. Para las personas que en realidad quieren creer que las vacunas son dañinas, la falta de evidencia puede considerarse como apoyo a sus creencias; como decir: «No podemos descartar un vínculo entre la vacuna triple viral y la esclerosis múltiple». Con base en esta norma, no puedes descartar una relación entre cortar las uñas y la esclerosis múltiple. La única diferencia es que nadie cree que esta última relación exista.

En general es muy difícil *probar* que no existe ninguna relación entre los dos eventos. Si nos preocupa que haya una pequeña relación, necesitaríamos muestras muy grandes para rechazarla por estadística. A menudo no contamos con eso. Sería maravilloso contar con más evidencia, pero el IOM solo puede trabajar con lo que tiene.

De los 17 casos en los que el IOM pensó que podía sacar conclusiones, se juzgó que 14 tenían respaldo convincente o que favorecían la aceptación de un vínculo. Esto puede parecer alarmante, pero es importante observar con cuidado cuáles son los riesgos.

Primero, para muchas de las vacunas (salvo las DTPa) existe el riesgo de una reacción alérgica. Esto es extremadamente raro (alrededor de 0.22 casos por cada 100 mil vacunas) y se puede tratar con Benadryl o, en casos extremos, con una EpiPen. Las reacciones alérgicas representan la mitad de los riesgos documentados en el informe.

Segundo, en ocasiones ocurren desmayos después de la vacunación, sobre todo entre los adolescentes. No queda claro cuál es el mecanismo, pero el desmayo no tiene consecuencias a largo plazo. Esto representa otros dos riesgos de los respaldos convincentes.

También existen varios casos en los que las vacunas se relacionan con riesgos más graves. Sin embargo, en estos casos los riesgos en general son *extremadamente pequeños*. Un ejemplo es la relación entre la vacuna triple viral y «encefalitis sarampionosa de cuerpos de inclusión». Se trata de una complicación de la infección sarampionosa que es muy grave a largo plazo pero solo se presenta en personas inmunocomprometidas. Es muy poco común, casi siempre fatal, y es una complicación bien conocida del sarampión. La pregunta para el informe del IOM era si alguien que se había puesto la vacuna contra el sarampión todavía podía padecerla. En el reporte los autores examinan tres casos en los que pruebas subsecuentes a los niños que se diagnosticaron con esta enfermedad mostraron que era muy probable que estuvieran expuestos al sarampión mediante la vacunación, no a través de un verdadero caso de sarampión.

Dada esta evidencia —que sabes que es un riesgo del virus del sarampión, y que los niños en estos tres casos no estaban expuestos a la enfermedad—, el informe concluyó que en estos casos es posible que la vacuna provocara la enfermedad.

Esta relación se categoriza como «respaldos convincentes». Es muy importante aclarar, sin embargo, que esto no significa que esto es un riesgo que debería preocupar a todos. Se presenta solo en niños inmunocomprometidos, e incluso entonces es infinitamente pequeño. Existen solo *tres* casos reportados en la historia de la vacunación. Si tu hijo tiene un problema de inmunidad, lo sabrás y hablarás de vacunas con tu médico. Para los niños sanos esto no es un riesgo que se deba tomar en cuenta cuando se está considerando vacunarlos o no.

Surgen problemas similares para los niños inmunocomprometidos a quienes se les vacuna contra la varicela. De nuevo, estas complicaciones son extremadamente raras. Aquí hay una relación con la vacuna, pero estamos lejos de decir que existen casos por los que en realidad te deberías preocupar. No los hay.

Por último, existe otro riesgo relacionado con las vacunas que es más común y, si bien no es grave, puede ser alarmante. En particular, la vacuna triple viral se relaciona con convulsiones febriles —convulsiones que se relacionan con fiebre alta y que se presentan en recién nacidos o niños pequeños—. En general no tienen consecuencias a largo plazo, pero en el momento son alarmantes.

Estas son tan comunes que podemos estudiar su relación con las vacunas que usan conjuntos amplios de datos sobre niños. Aproximadamente de 2 a 3% de los niños en Estados Unidos padecerá una convulsión febril antes de los cinco años de edad (la mayoría no relacionadas con la vacuna).[7] Una serie de estudios encontró que estas convulsiones eran casi dos veces más probables en el periodo de diez días aproximadamente después de la vacuna triple viral.[8] En realidad es más probable que suceda en los niños que reciben su primera dosis de triple viral después (es decir, cuando tienen más de un año de edad); esta es la razón para vacunarlos a tiempo en lugar de hacerlo con retraso.

Algo que el reporte del IOM no cubre es la irritabilidad del bebé, la cual, como tu médico probablemente te dirá, es resultado de las vacunas en muchos niños. Yo aprendí sobre este vínculo a la mala. No sé en qué estaba pensando, pero programé un gran almuerzo estudiantil en nuestra casa unas horas después de las primeras vacunas de Penelope. También fallamos al no tener Tylenol para bebés en la casa. Jesse terminó solo, sirviendo pastelitos a los estudiantes en nuestro comedor, mientras yo luchaba con una bebé que gritaba histérica mientras la llevaba a urgencias. No fue nuestra mejor tarde. Aun así, a la mañana siguiente la tormenta había pasado.

Esta irritabilidad —en general acompañada de fiebre— puede ser molesta, pero no es algo de qué preocuparse. Tu bebé está trabajando para crear anticuerpos contra un virus, y este trabajo tiene algunos efectos secundarios. Pero ninguno que deba inquietarte. Solo asegúrate de tener en casa Tylenol infantil.

Esto cubre los riesgos de las vacunas respaldados por los datos. ¿Y qué hay de las relaciones que *no* están respaldadas por datos? El reporte del IOM rechaza explícitamente varias relaciones. Una de ellas es el vínculo entre la vacuna triple viral y el autismo, la relación que Andrew Wakefield sugirió en su artículo en *Lancet*.

Existe una serie de estudios importantes de esta relación. La mayor incluye a 537 mil niños —todos los nacidos en Dinamarca de 1991 a 1998. En los datos daneses, los autores pudieron relacionar la información de la vacuna con un diagnóstico posterior de autismo o de trastornos del espectro autista. No encontraron ninguna evidencia de que los niños vacunados sean más propensos al autismo; si acaso, los resultados sugieren que los niños vacunados son *menos* propensos a ser diagnosticados con autismo.[9]

Existen muchos estudios similares, algunos se incluyen en el informe del IOM, otros son posteriores. Un estudio se centra en niños que tenían un hermano mayor con autismo y que, por tanto, eran más propensos a padecerlo. De nuevo, los investigadores no encontraron ninguna relación con la vacuna triple viral.[10]

No existe ningún mecanismo mediante el cual esto pueda ocurrir, y los estudios controlados en monos también muestran que no hay relación plausible.[11] *A final de cuentas, simplemente no existe ninguna razón para pensar que el autismo y las vacunas estén relacionados.*[12]

No es justo decir que no hay riesgos asociados a la vacunación en ningún caso. Tu hijo puede tener fiebre. También es posible (aunque muy improbable) que esta fiebre termine en convulsión. También es posible (aunque, de nuevo, muy, muy improbable) que pueda tener una reacción alérgica.

Pero es razonable decir que no hay evidencia de consecuencias significativas a largo plazo en niños sanos.

EFICACIA DE LAS VACUNAS

Quienes estamos en Estados Unidos tenemos la suerte de vivir en un lugar en el que se vacuna a la mayoría de la gente y los casos de enfermedades que se pueden prevenir con la vacunación son raros. Pocos niños padecen sarampión o paperas, y otros pocos contraen tos ferina, pero no muchos. Si la gente se dejara de vacunar, esto ya no sería real. Todas estas enfermedades existen a nuestro alrededor, y en ausencia de las vacunas, las infecciones serían comunes.

La vacunación hace muy buen trabajo para proteger contra enfermedades, pero no es perfecta. Por ejemplo, para la tos ferina, la inmunidad desaparece con el tiempo. A pesar de esto, los estudios muestran de manera consistente que incluso en lugares en los que los índices de vacunación son altos, los niños vacunados son menos propensos a infectarse que quienes no lo están.[13] Durante un brote de sarampión en 2015 que se originó en Disneylandia, la mayoría de los niños afectados fueron los que no habían sido vacunados.

Si estás nervioso sobre las vacunas a pesar de la evidencia anterior, quizá te sientas tentado a confiar en las acciones de otros para evitar la enfermedad de tu hijo. Esta es la idea de «inmunidad de grupo»: si una gran parte de la población se vacuna, entonces la enfermedad no puede establecerse, y toda la población —el grupo— es inmune. Es cierto que si tu hijo es, literalmente, el *único* niño que no está vacunado en tu zona, y nunca viajas a ningún lado en el que haya otros niños no vacunados, está casi garantizado que tu hijo no padecerá la enfermedad.

Pero ¿qué tan factible es esto? Para empezar, muchas áreas en Estados Unidos tienen índices de vacunación por debajo del índice necesario para la inmunidad de grupo: en algunas zonas los índices de la vacuna triple viral son de alrededor de 80%; es necesaria una tasa de vacunación de al menos 90% para poder esperar una inmunidad de grupo. La tos ferina es más común y requiere índices de vacunación más altos para que la inmunidad de grupo funcione. Como resultado, casi la mitad de los condados en Estados Unidos tiene al menos un caso de tos ferina cada año. Muchos tienen más. Incluso si te concentras solo en los riesgos de tu hijo en particular, existen muy buenas razones para vacunarlo.

Vale la pena decir que la vacunación es en beneficio de la sociedad. Si todos trataran de hacer lo que los economistas llaman «el problema del polizón» y no vacunaran a sus hijos, entonces no tendríamos vacunas, y sí muchas enfermedades. Algunos niños no pueden vacunarse debido a deficiencias de inmunidad, cáncer u otras complicaciones; los niños sanos que se vacunan protegen a estos niños vulnerables.

La mayoría de nosotros, que nacimos en los últimos 40 años, no conocimos la época en la que las enfermedades por las que vacunamos a nuestros hijos eran comunes. Quizá hayas oído que uno o dos niños contrajeron sarampión, pero es probable que hayan mejorado porque la gran mayoría de las personas se recuperan de esta enfermedad. La mayoría de nosotros no conocemos a nadie que haya muerto de una enfermedad que se puede evitar con una vacuna. Pero puede suceder, y cuando estas enfermedades son comunes, pasa.

Y vale la pena recordar que la gente puede tener reacciones terribles a enfermedades que en general no son graves. Quizá recordemos a la varicela como una enfermedad muy benigna, aunque con mucha picazón. Pero antes del desarrollo de la vacuna provocaba alrededor de 100 muertes y nueve mil hospitalizaciones al año. Las muertes por tos ferina —de diez a veinte al año— siguen ocurriendo, principalmente entre bebés que son demasiado pequeños como para ser vacunados, por lo cual dependen del comportamiento de vacunación de otras personas para estar protegidos.

Cuando no has visto o experimentado una enfermedad generalizada, las vacunas te pueden parecer una pérdida de tiempo; como si pincharas a tu hijo con agujas sin ninguna razón. Pero la cuestión es que no es así. Las vacunas previenen enfermedades, sufrimiento y muerte.

RETRASAR EL CALENDARIO
DE VACUNAS

Algunos padres que se sienten ansiosos con las vacunas favorecen un calendario de vacunación retrasado, en el que el niño recibe las vacunas espaciadas sobre un largo periodo, en lugar de recibir varias al mismo tiempo.

Dada la evidencia sobre la seguridad de las vacunas que describí con anterioridad, no hay razón para hacer esto; de hecho, el riesgo de convulsión febril aumenta si la vacuna triple viral se aplica más tarde.[14] Retrasar las vacunas no ayudará a evitar ninguno de los pocos eventos adversos que se atribuyen a la vacunación. También toma más tiempo consultar al médico con frecuencia para las inyecciones, y a tu hijo no le gustará.

La única ventaja que le veo a retrasar el calendario de vacunas es que puede exhortar a que algunos padres vacunen a sus hijos cuando, de otra manera, no lo harían. Es mejor tarde que nunca, aunque en muchos casos —el de las vacunas contra el rotavirus, por ejemplo— existen buenas razones para empezar a tiempo. Las primeras vacunas contra la hepatitis B se aplican en el primer par de días de vida del recién nacido y, en el caso poco probable de que la madre padezca hepatitis B no diagnosticada, puede evitar cáncer de hígado a largo plazo en el niño.[15] Por lo tanto, hay razones para comenzar a tiempo.

A algunos médicos también les preocupa que el retraso en las vacunas da la impresión de que la gente debería desconfiar de las vacunas, y de que *sí* hay algo de qué preocuparse. ¿Eso podría exhortar a a que se vacunaran menos personas? Es una teoría interesante, pero no existe mucha evidencia que la respalde.

Desde el punto de vista individual de un padre, la conclusión es que, sencillamente, no existe ninguna razón para retrasarlas.

Conclusiones

- Las vacunas son seguras.
  - Un porcentaje muy reducido de la población tiene reacciones alérgicas, que son tratables.
  - Existen algunos eventos adversos extremadamente raros, la mayoría de los cuales ocurren en niños inmunocomprometidos.
  - Los únicos riesgos comunes son fiebre y convulsión febril, que también son raros y no representan daño a largo plazo.
  - No existe evidencia de una relación entre las vacunas y el autismo, y sí hay mucha evidencia para rechazar dicha relación.
- Las vacunas evitan que los niños se enfermen.

9

¿Mamá ama de casa? ¿Mamá trabajadora?

En las guerras de mamás nada tiene tanto peso como la decisión de volver o no al trabajo. El título de este capítulo se debe a una amiga cuyo hijo tuvo que responder una pregunta en la escuela: «¿Qué tipo de mamá tienes? Tengo una mamá ama de casa», a lo que el hijo de mi amiga respondió: «Ah, yo tengo una mamá trabajadora».

Que le pregunten a tu hijo «¿Qué *tipo* de mamá tienes?», supone mucha tensión. Muchas de nosotras sentimos que la decisión sobre lo que hacemos en el día determinará, en un sentido profundo, qué tipo de mamá (y persona) somos.

Además, o quizá como resultado, esta es un área a la que se asocia una gran tensión e infelicidad. Las mujeres que trabajan (al menos algunas de ellas) me dicen que se sienten culpables por no estar con su hijo en todo momento. Las que no trabajan (al menos algunas de ellas) me dicen que en ocasiones se sienten aisladas y resentidas. E incluso si estamos felices con nuestras decisiones a nivel personal, es posible sentirse como si nos juzgaran en todos lados:

«¿Por qué no estás disponible para ir a la excursión escolar? Ah, ya veo, estarás en el trabajo. Qué mal, Petunia preguntó por ti».

«¿Y qué haces? Ah, ¿*solo* estás en casa con los niños? Jamás podría hacer eso, defraudaría a mucha gente en el trabajo».

Escuchen, esto tiene que parar. Todos los juicios entre padres son inútiles y contraproducentes, y este caso no es distinto.

En primer lugar, toda la premisa del debate está sesgada y no ayuda. La elección de que uno de los padres se quede en casa solo la puede tomar tu familia. Pero ¿por qué tiene que ser mamá? No es así. Considerar esto a la luz de la mamá ama de casa dificulta poder pensar que el «papá amo de casa» también es una opción válida. Y no debería ser así. Sin contar que, en ocasiones, una familia tiene dos mamás. O dos papás. O solo un padre o solo una madre.

Así que empecemos por reflexionar sobre esta decisión no como: «¿qué tipo de mamá serás?», sino como: «¿cuál es la configuración óptima de las horas laborales del adulto para tu hogar?». Cierto, es menos atractivo, pero quizá es más útil al momento de tomar decisiones.

En segundo lugar, este debate ignora el hecho de que en realidad no es una opción para algunas familias. Mucha gente en Estados Unidos no puede salir adelante —y con «salir adelante» me refiero a tener un lugar para vivir y poner comida en la mesa— sin que todos los adultos de la casa trabajen.

Si tu familia tiene la suerte de poder elegir, el objetivo de este capítulo es tratar de darte una perspectiva diferente para pensarlo. Idealmente, esto comienza con la teoría de la decisión y datos concretos, no con la culpa y la vergüenza.

ESTRUCTURAR LA DECISIÓN

¿Cómo debería considerar la opción de trabajar? Yo diría que hay tres componentes.

1. ¿Qué es lo mejor para tu hijo? (consideremos «mejor» como lo que probablemente ayudará a fomentar su éxito, su felicidad, etcétera, a largo plazo).
2. ¿Qué quieres hacer tú?
3. ¿Cuáles son las implicaciones de tu decisión en el presupuesto familiar?

A menudo la gente habla de la 1 y la 3, y yo dedicaré un tiempo a ellas en este capítulo. Pero me gustaría exhortarte a que también pienses en la 2. Es decir, deberías pensar en si *deseas* trabajar. Es común que la gente diga que trabaja «porque tiene que hacerlo» o que se queda en casa «porque tiene que hacerlo». En ambos casos eso puede ser verdad. Pero no creo que tanto como la gente dice.

Y este es un problema. Debería estar bien decir que tomaste esta decisión porque querías trabajar o querías quedarte en casa.

Yo lo diré: tengo suerte de no *tener que* trabajar; es decir, que Jesse y yo podríamos cambiar nuestra organización y vivir con un solo ingreso. Trabajo porque me gusta. ¡Amo a mis hijos! Son maravillosos. Pero no sería feliz quedándome en casa con ellos. Me di cuenta de que mi asignación de tiempo para ser feliz es algo así como ocho horas de trabajo y tres horas con mis hijos al día.

Esto no quiere decir que me guste más mi trabajo que mis hijos; si tuviera que elegir, los niños ganarían siempre. Pero el «valor marginal» de tiempo con mis hijos declina rápido. En parte porque los niños agotan. La primera hora con ellos es maravillosa, la segunda, menos buena; y para la cuarta estoy lista para una copa de vino o, mejor aún, un poco de tiempo para investigar.

Mi trabajo no tiene esta característica. Sí, la octava hora es menos divertida que la séptima, pero las altas no son tan altas y las bajas no tan bajas. Los retos físicos y emocionales del trabajo palidecen en comparación con los retos físicos y emocionales de ser una madre en escena. La octava hora de mi trabajo es mejor que la quinta hora con los niños en un día normal. Y es por eso que tengo un trabajo. Porque me gusta.

Debería estar bien decir esto. Igual que debería estar bien decir que te quedas en casa con tus hijos porque eso es lo que quieres hacer. Estoy consciente de que muchas personas no quieren ser economistas durante ocho horas al día. No deberíamos tener que decir que nos quedamos en casa por el desarrollo óptimo de los niños, o al menos eso no debería ser el único factor para tomar la decisión. «Este es el estilo de vida que prefiero» o «Esto es lo que funciona para mi familia», ¡ambas son buenas razones para tomar decisiones! Así que antes de empezar a leer lo que la evidencia afirma que es «mejor» para tu hijo o pensar en el presupuesto familiar, tú y tu pareja, o cualquier otro adulto que cuide la casa, deberían pensar en lo que en realidad *quieren* hacer.

Y después puedes empezar a pensar en los datos y las limitaciones.

Empezaré por hablar de la opción de trabajar; primero de sus consecuencias en tu hijo y después un poco sobre las repercusiones en tu presupuesto. Al final del capítulo trataré la cuestión del permiso parental temprano y si existe alguna guía sobre cuánto tiempo tomar si planeas volver al trabajo.

REPERCUSIONES SOBRE EL EMPLEO DE LOS PADRES EN LOS RESULTADOS DEL NIÑO

Empecemos con la primera pregunta: ¿Es mejor (o peor) para el desarrollo de los niños que uno de los padres se quede en casa?

Esta es una pregunta muy difícil de responder. ¿Por qué? Primero, las familias que eligen que uno de los padres se quede en casa son diferentes de las que no lo hacen. Y estas diferencias, por completo independientes de que un padre se quede o no en casa, pueden influir en lo que sucede con el niño en esas familias.

En segundo lugar, lo que tu hijo hace mientras tú estás en el trabajo puede importar muchísimo. Una vez que crecen, todos van a la escuela, pero si hablamos de niños pequeños, los resultados se verán influidos por el hecho de que estén en un buen entorno de cuidado (en el siguiente capítulo hablaré de cómo pensar en el cuidado de los niños si decides volver al trabajo).

Por último, en general, trabajar significa dinero. Y el dinero también puede ser bueno para tu familia o abrir oportunidades que tú y tus hijos no tendrían de otro modo. Por eso es un desafío separar las repercusiones de los ingresos de las del tiempo de crianza.

Incluso con estas advertencias, podemos sumergirnos en los datos.

Podemos comenzar con un lugar donde sí tenemos alguna evidencia causal: las repercusiones de que uno de los padres se quede en casa el primer par de años. Más adelante hablo del permiso de maternidad en específico, y de la cuestión, digamos, de no tener permiso de maternidad frente a seis semanas o tres meses de maternidad. Pero también hay un conjunto de información que considera si es importante para los niños que los padres estén en casa un año o seis meses, o quince meses o un año. Esto proviene de Europa y Canadá, donde se han implementado políticas para ampliar el permiso de maternidad en estos rangos de tiempo. (Dejemos de lado nuestra indignación de que en Estados Unidos peleamos por seis semanas, en tanto que en estos lugares discuten sobre un año frente a dos años).

En estos documentos los autores consideran un cambio en una *política*, no las diferencias en opciones, por lo que sus conclusiones pueden ser más confiables. Un permiso de maternidad extendido de seis meses a un año permite que algunas mujeres se queden en casa un año, cuando de otro modo se hubieran quedado solo seis meses. Al comparar los resultados de los niños que nacieron en la política de «seis meses» de permiso con los que nacieron en la de «un año», podemos aprender de los efectos del permiso de maternidad sin preocuparnos por las diferencias subyacentes entre los distintos padres.

La conclusión de esta bibliografía es que estas extensiones del permiso de maternidad no tienen ninguna repercusión en el resultado del niño.[1] No hay ningún efecto en los resultados escolares del niño, en los ingresos posteriores en la vida o en ninguna otra cosa. En muchos casos estos estudios tienen periodos largos de seguimiento. Podemos decir, por ejemplo, que un año de permiso de maternidad frente a dos años no influye en los buenos resultados en los exámenes escolares o en los ingresos que tendrá en la edad adulta temprana.

Esta evidencia se enfoca en los padres que trabajan en los primeros años. Si queremos ver las repercusiones de los padres que trabajan cuando sus hijos son mayores, estamos limitados a los estudios que calculan correlaciones, no impactos causales. No obstante, existen algunos estudios al respecto, y cuando buscamos evidencia sobre la enseñanza —calificaciones de exámenes, término de la educación—, estas relaciones tienden a ser casi cero.[2] Dos padres que trabajan tiempo completo tienen una repercusión similar a la de un padre que trabaja medio tiempo y otro que no trabaja.

En ocasiones existe un sutil matiz en los resultados. Es común ver que los niños de familias en las que un padre trabaja medio tiempo y de familias de otro que trabaja tiempo completo tienden a desempeñarse mejor en la escuela, mejor que los niños de familias en las que ambos padres trabajan tiempo completo o en las que uno de los padres no trabaja.[3] Esto podría deberse a la configuración laboral, pero me parece que es más probable por las diferencias entre estas familias.[4]

En segundo lugar, los estudios tienden a encontrar que los efectos de que ambos padres trabajen son positivos (es decir, trabajar es mejor) para los niños de familias más pobres, y menos positivos (o incluso ligeramente negativos) para los niños de familias más ricas.[5] Aquí los resultados son factores como las calificaciones de los exámenes, logros escolares e incluso obesidad.

Los investigadores tienden a interpretar esto como decir que, en los hogares pobres, el ingreso del trabajo es importante para los resultados del niño. En los hogares más ricos, por otro lado, el tiempo que pasan los hijos haciendo cosas «enriquecedoras» con uno de los padres es más importante. Esto es posible, pero, puesto que estos cálculos siguen siendo solo correlaciones, es difícil leer tanto en los datos. E incluso si aceptamos esta interpretación, hay que tomar en cuenta que subraya la importancia de las actividades de los niños, no la configuración del permiso parental.

Un comentario final es que algunas personas han afirmado que si ambos padres trabajan —y, en particular, si la mamá trabaja— sus hijas serán más propensas a trabajar cuando sean grandes y mostrarán menos evidencia de estereotipos sexistas.[6] Estas son ideas interesantes, y por supuesto que sería agradable pensar que eres modelo para tus hijos. Pero la mayoría de estos datos proviene de la comparación entre Estados Unidos y Europa, por lo que es difícil saber si los efectos se pueden atribuir al empleo de la madre o a otras diferencias.

Si consideramos todo esto junto, mi opinión es que el peso de la evidencia sugiere que los efectos netos del trabajo en el desarrollo del niño son pequeños o inexistentes. Dependiendo de la configuración de tu hogar, estos efectos podrían ser un poco positivos o un poco negativos. Pero esta no es la decisión que ayudará o entorpecerá el éxito del futuro de tu hijo (si alguna decisión pudiera hacerlo).

PERMISO DE MATERNIDAD

Estados Unidos tiene políticas de permiso de maternidad mediocres. Muchos países europeos dan meses —incluso hasta uno o dos años— de permiso pagado o parcialmente pagado, con seguridad laboral garantizada. Muchas personas en Estados Unidos no tienen ningún permiso pagado, e incluso el permiso sin goce de sueldo (digamos, mediante la Ley de Licencia Familiar y Médica [FMLA, por sus siglas en inglés]) tiene por lo general un límite de doce semanas y solo está disponible para alrededor de 60% de los empleados.

Esto ha empezado a cambiar poco a poco. Algunos estados —en especial California, Nueva York, Rhode Island (¡ovación!), Nueva Jersey, Washington y Washington, D. C.— establecieron cláusulas de permiso con goce de sueldo. Estos beneficios generalmente se amplían solo de seis a doce semanas, pero al menos es algo. Y hay un debate a nivel federal sobre el permiso pagado, aunque no ha habido ningún resultado aún.

Si tienes suerte, tu empleo te brinda el permiso con goce de sueldo. Pueden ser de tres a cuatro meses, dependiendo de donde trabajes, o quizá puede ser menos. Las empresas de tecnología han estado trabajando para establecer un ejemplo y ofrecer hasta cuatro meses de permiso con goce de sueldo para mujeres y hombres. Por supuesto, es posible que no trabajes en Facebook.

Parece que el permiso parental es benéfico. Existe cada vez más evidencia que sugiere que los bebés están mejor cuando su madre toma permiso de maternidad. En Estados Unidos, por ejemplo, los estudios han demostrado que cuando se implementó la FMLA, los bebés estuvieron mejor. Los nacimientos prematuros disminuyeron, así como la mortalidad infantil.⁷ El mecanismo puede consistir en que si las mamás que tienen bebés pequeños no trabajan, pueden cuidarlos más fácilmente cuando están enfermos. Esta política también promovió que las mujeres tomaran un permiso antes del parto en caso de embarazo difícil, lo que explicaría el efecto en el parto prematuro.

Otra investigación sobre el tema muestra resultados similares. Cuando los investigadores consideraron todos los factores juntos, en general concluyeron que un permiso de maternidad temprano es benéfico.⁸

Estos beneficios parecen enfocarse en la primera infancia, no más adelante.⁹ Sin embargo, un estudio que investigó a niños en Noruega mostró que introducir el cuarto mes de permiso de maternidad con goce de sueldo para las mamás resultó en una mejor educación académica, e incluso en ingresos más altos de los niños cuando crecieron. Estos efectos a largo plazo fueron mayores para los niños cuyas mamás tenían una posición económica menos elevada.¹⁰

Todo esto es para decir que, si tu trabajo ofrece permiso parental, deberías tomarlo. En caso contrario, vale la pena considerar si puedes tomar algún tiempo sin goce de sueldo. La FMLA te brinda el derecho a doce semanas de permiso sin goce de sueldo, siempre y cuando hayas trabajado el tiempo suficiente en el año anterior y que tu empresa cuente con al menos 50 empleados. Aunque el permiso es sin sueldo, tu empleador debe conservar tu cobertura de seguro médico y guardar tu puesto (o uno comparable) hasta tu regreso.

Si bien el permiso sin goce de sueldo puede ser difícil para muchas familias, y no existen beneficios federales de permiso de maternidad en Estados Unidos, vale la pena explorar si en tu estado se ofrecen esos beneficios. Como antes mencioné, muchos estados tienen cláusulas sobre permisos pagados, y con suerte con el tiempo serán más. En ocasiones puedes juntar diferentes programas estatales —seguro de discapacidad temporal más permiso familiar pagado, por ejemplo— para tener un periodo más largo con goce de sueldo. Incluso aunque solo reúnas unas semanas, los beneficios para tu hijo valdrán la pena.

PRESUPUESTO

La consideración final del trabajo parental es su repercusión en el presupuesto familiar. Este tema es complicado. Requiere pensar en el ingreso del padre y la madre, y el costo de la guardería o cuidado infantil. Lo mejor sería considerar ambos tanto a corto como a largo plazo.

Las guarderías o el cuidado infantil son cosas caras y la mayoría de las veces se pagan con los ingresos «después de descontar los impuestos». Esto significa que tus ingresos deben ser considerablemente mayores que el costo del cuidado infantil para encontrar un punto de equilibrio.

Veamos cómo funciona. Piensa en una familia cuyo ingreso total es de 100 mil dólares, donde cada padre gana 50 mil dólares. Esta familia recibe aproximadamente 85 mil dólares después de impuestos.[11] Si ambos padres trabajan y la familia paga mil 500 dólares al mes por el cuidado del niño, su ingreso total disponible después de pagar este cuidado es de 77 mil dólares al año. Si uno de los padres se queda en casa, la familia gana menos (aproximadamente 46 mil dólares de sueldo neto), pero no paga el cuidado infantil. La diferencia en el sueldo neto es aproximadamente la mitad de lo que sería si la pareja no tuviera hijos.

Este cálculo se complica más si el cuidado infantil es más caro. Una niñera de tiempo completo, en particular si pagas los impuestos legalmente requeridos y vives en una zona cara, puede oscilar entre 40 y 50 mil dólares al año. En mi caso particular eso representa el ingreso completo de uno de los padres. A nivel económico estarían mejor si uno de los padres permaneciera en casa.

Esto también puede ser cierto si uno de los padres gana más que el otro. En nuestro ejemplo, imaginemos que el ingreso total es el mismo, pero ahora uno de los padres gana 60 mil dólares y el otro 30 mil. El padre que gana 30 mil lleva a casa 25 mil dólares al año; después de los gastos del cuidado infantil, la diferencia del ingreso disponible, si se compara el del padre que trabaja con el de que no trabaja, es de solo 7 500 dólares.

Estos son solo ejemplos; tu situación financiera personal puede ser muy diferente. Pero un primer paso para averiguarlo es enfrentar la situación. ¿Cuál sería el ingreso familiar si uno de los padres se quedara en casa comparado con el que tendrían si ambos trabajaran? ¿Cuáles son los costos reales del cuidado infantil? Para hacerlo bien puedes usar una calculadora fiscal en línea (o un preparador de impuestos) para ayudarte a pensar en la repercusión en tus impuestos de la deducción del costo del cuidado infantil.

Esta es la primera parte del cálculo, pero no debería ser la última. Existen al menos dos cosas más que hay que considerar.

Primero, el cálculo cambia conforme tu hijo crece. Tus hijos serán menos caros en la medida en que crecen. Los niños en edad escolar tienden a costar menos: las escuelas públicas son gratuitas, por ejemplo. Y es probable que tu ingreso aumente si permaneces en la fuerza laboral (depende un poco de tu trabajo, pero es cierto para muchas personas). Esto significa que incluso si trabajar no parece ser una buena opción los primeros años, quizá será bueno a largo plazo. Por supuesto, podrías dejar de trabajar cuando los niños son pequeños y volver al trabajo más tarde —muchas personas lo hacen—, pero esto es más fácil en algunos trabajos que en otros. Y no hay garantía de que tu salario no se vea fuertemente afectado cuando regreses, sin hablar de los años de jubilación que perdiste.

No hay una norma general de cómo pensar en las compensaciones a corto y largo plazo; sencillamente no deberías limitar tus consideraciones sobre el presupuesto a las edades de cero a tres.

En segundo lugar, debes pensar en lo que los economistas llaman *valor marginal del dinero*. Digamos que tu familia estaría mejor económicamente si tú trabajaras. Puedes calcular esto en dólares, pero eso no necesariamente te dice qué tan feliz estarás. Debes pensar cuánto valoraría tu familia ese dinero en términos de lo que los economistas llaman *utilidad*; es decir, felicidad. ¿Qué tan diferente sería tu vida? ¿Qué comprarías con ese dinero? Si eso no te hace más feliz, entonces no vale mucho la pena, aunque se trate de dinero.

TOMAR UNA DECISIÓN

Que todos los adultos del hogar trabajen fuera de casa no es una elección fácil para la mayoría de las personas, y es casi imposible dar un consejo generalizado. Los datos sugieren que —dejando de lado el permiso temprano de maternidad, que tiene algunos beneficios significativos— no hay mucha evidencia de que el hecho de que uno de los padres se quede en casa afecte de manera positiva o negativa al desarrollo del niño.

Esto significa que, en realidad, la decisión se reduce a lo que funciona para tu familia. Esto incluye pensar en el presupuesto, pero también en lo que tú deseas. ¿Alguno de los padres quiere quedarse en casa con el niño o no? En cierto sentido, esta es tal vez la consideración principal, pero también es la más compleja y difícil de predecir. Antes de tener al niño es muy difícil decir si querrás estar con él todo el tiempo.

A algunas personas les encanta estar con su bebé cada minuto, y no se imaginan estar lejos. Otras esperan con emoción regresar al trabajo el lunes en la mañana, aunque amen a sus hijos en igual medida.

Y esto puede cambiar conforme los niños crecen. Hay quienes en verdad aman a los bebés. Me he dado cuenta de que conforme mis hijos crecen, gozo más estar con ellos. Aún no quiero quedarme en casa todo el tiempo, pero pienso que ahora me gustaría más que cuando eran más pequeños. Trata de ser honesta contigo misma sobre lo que deseas para ti.

Nada de esto es de gran ayuda para que tomes una decisión. ¡Lo siento! Al final, estás por tu cuenta.

Para concluir: reconoce que cuando se trata de la decisión de quedarte o no en casa —una decisión con factores que te empujan en distintas direcciones— quizá implica que dejemos de emitir los juicios que surgen en ambos lados de la situación. Me gustaría poder decir que elijo un trabajo porque eso es lo que quiero; y me gustaría que mis amigos pudieran decir que eligieron quedarse en casa porque eso era lo que querían. Y me gustaría que todos pudiéramos decir esto sin sentirme tentada a despreciar a esos amigos ni que ellos sientan la necesidad de decirme que mis hijos no tendrán un mejor comienzo en la vida porque no me quedé en casa.

¿Es demasiado pedir? Me parece que no.

Conclusiones

- Los bebés se benefician cuando su madre toma tiempo de permiso de maternidad. Sin embargo, existe poca evidencia que sugiera que si un padre se queda en casa después del periodo de permiso parental redundará en buenas o malas consecuencias para los niños.
- Las decisiones sobre si uno de los padres se queda o no en casa deben considerar tus preferencias, junto con las consecuencias en tu presupuesto familiar tanto a corto como a largo plazo.
- ¡Deja de juzgar a la gente!

10

¿Quién debería cuidar al bebé?

Si decides, como dije anteriormente, «que todos los adultos del hogar trabajen fuera de casa», de inmediato te enfrentas a la siguiente pregunta: ¿Qué diantres vas a hacer con el bebé?

Cuando me embaracé de Penelope, Jesse y yo salimos de viaje para dar algunos seminarios en Suecia. Entre accesos de vómito en nuestro departamento completamente decorado con productos IKEA (¿sabías que IKEA fabrica champú?), no pude evitar darme cuenta con envidia de la organización para el cuidado infantil que los padres suecos tenían a su disposición.

En Suecia, los padres tienen muchos días de permiso de maternidad; además, una vez que regresan al trabajo, cuentan con una gran variedad de excelentes opciones gubernamentales para el cuidado infantil. Mientras caminábamos por Estocolmo vimos muchos grupos de niños pequeños que caminaban por los parques, sujetos a cuerdas para permanecer juntos. ¡Parecía increíble! Si los suecos nos hubieran ofrecido un empleo, lo más probable es que me habría ido corriendo, al menos hasta que Penelope estuviera lista para la escuela. No lo hicieron.

En Estados Unidos el cuidado infantil no es tan sencillo. Existen muchas opciones, pero ninguna opción preestablecida por el gobierno como hay en muchos países europeos. Existen muchas razones para ello, pero quizá se comprenden mejor como políticas. Estos países europeos brindan más servicios de todo tipo —cuidado de la salud, por ejemplo—, y el cuidado infantil es parte de eso. También es el caso en el que los países probablemente se sienten atraídos a hacer lo que han hecho durante tanto tiempo. Los suecos esperan un buen servicio gubernamental de cuidado infantil. Los estadounidenses pueden desearlo, pero no lo esperan.

Si no vives en un lugar en el que el cuidado infantil sea una opción obvia, deberás averiguarlo tú misma. Una guardería o una niñera son las opciones más comunes, pero puedes hacer que alguien de tu familia te ayude o alguna combinación. Incluso dentro de estas opciones básicas hay muchas variaciones. Considera la guardería. ¿Qué tipo de guardería sería buena para ti? ¿Una en casa? ¿En un centro de atención a la infancia? Si contratas a una niñera ¿qué tipo de niñera tendría que ser? Cuando buscábamos a nuestra primera niñera una de las referencias describía a una candidata como una «que les enseña a los niños». Yo ignoraba que había de ese tipo. ¿Me interesaba?

Diré que puedes simplificar todo esto si tomas una hoja del compendio de la teoría de la decisión. Para ser más específica, necesitas un árbol de decisiones. Este es un ejemplo, un tipo de árbol de decisiones de maternidad. Para los fines de este capítulo nos enfocaremos en las opciones externas del cuidado infantil. Si algún miembro de tu familia puede ayudar, puedes agregar otra rama a tu árbol.

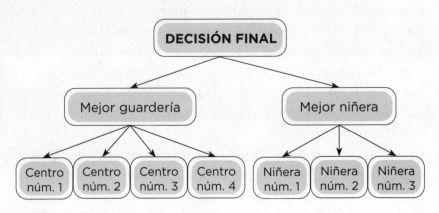

En economía les enseñamos a las personas a «resolver el árbol». Para hacerlo es necesario comenzar desde abajo. Empieza por decidir qué niñera te gustaría tener si *tuvieras* una (en este caso te di tres opciones). Con eso resuelves esa hoja del árbol. Después decide qué tipo de guardería te gustaría si *tuvieras* la posibilidad de elegir una (aquí tienes cuatro opciones). Luego compara ambas.

Ahora, en lugar de comparar la amplia gama de opciones en cada categoría te enfrentas a una opción específica: ¿Prefiero la opción de la guardería «óptima» o a la niñera «óptima»?

Ahí está tu teoría. Por supuesto, la teoría no nos da la respuesta correcta, solo cómo podemos pensar el problema. Para obtener la respuesta necesitamos combinar teoría con evidencia; en particular, la evidencia sobre diferentes opciones de cuidado infantil y cómo compararlas.

LA OPCIÓN DE LA GUARDERÍA

Imagina que nos encontramos del lado izquierdo del árbol: guardería. ¿Cómo eliges la mejor?

Los datos ayudan cuando provienen de estudios como el Instituto Nacional de la Salud Infantil y Estudio del Desarrollo Humano del Cuidado Infantil Temprano (en adelante lo llamaré el NICHD, por sus siglas en inglés, solo para ahorrar palabras).

El NICHD es un estudio longitudinal (es decir, da seguimiento a los niños en el tiempo) de más de mil niños, diseñado para evaluar las repercusiones de varios tipos de cuidado infantil (guarderías, niñeras, miembros de la familia) sobre el desarrollo de los niños. Los investigadores del NICHD estaban interesados en resultados como el desarrollo del lenguaje y problemas de comportamiento. Este estudio también será útil para comparar la guardería con la niñera, pero por el momento podemos centrarnos en la comparación entre las opciones de las guarderías.

En el estudio, los investigadores acudieron a las guarderías donde inscribieron a los niños que participarían y los evaluaron. Se sentaron en el salón de clase, observaron a los maestros y registraron otros datos de la guardería. Después las clasificaron para determinar qué guarderías eran de mayor «calidad» que otras.

Buscaban cualidades específicas en las guarderías de alta calidad, de las que hablaremos en un momento. Pero antes de pasar a eso, veamos por qué importa la calidad.

Un primer artículo que usa estos datos busca la relación entre la guardería y los problemas de capacidad cognitiva y de comportamiento a la edad de cuatro años.[1] Para hacerlo los autores compararon de manera efectiva a los niños que asistieron a guarderías de mejor calidad con quienes fueron a las de menor calidad. La asistencia a la guardería se realiza desde la infancia hasta los cuatro años (pueden continuar en guardería evaluada o pasar al siguiente nivel).

Los autores encontraron que la asistencia a una guardería de mejor calidad se relacionaba estrechamente con un mejor desarrollo del lenguaje del niño: parecía que los niños que fueron a mejores guarderías hablaban más. Sin embargo, cuando consideraron los problemas de comportamiento, parecía no haber ninguna relación con la calidad de la guardería en ningún sentido, el efecto era casi cero.

Los investigadores que hicieron este estudio siguieron a los niños hasta el sexto grado y continuaron encontrando que la calidad de la guardería está asociada con mejores resultados en vocabulario, pero no con el comportamiento.[2]

A estas alturas del libro debería quedar claro que hay un problema obvio con este análisis; es decir, que la calidad de la guardería también se relaciona con otras características de la familia. En promedio, la guardería de mejor calidad es más cara y, por lo tanto, se inscribe un grupo diferente de niños; niños que, por ejemplo, provienen de familias más ricas. Así que es difícil saber qué resultados atribuir a la familia y cuáles a la guardería.

Una ventaja de este estudio particular es la capacidad de controlar de manera amplia los antecedentes familiares. También hicieron visitas a las casas para poder evaluar algo sobre la calidad de la crianza. La manera de educar es muy importante —mucho más que la guardería—, pero los resultados de la guardería permanecieron incluso después del ajuste de las diferencias parentales que observaron. Por supuesto, sigue habiendo inquietudes sobre el papel que posiblemente desempeñan las características parentales que no observamos.

Con estas advertencias en la mente, la evidencia refuerza el sentido común: si vas a enviar a tu hijo a la guardería, esta debería ser buena. Esto lleva a la pregunta obvia: ¿Cómo sabes si es buena? Una manera de determinarlo es volver al estudio del NICHD y considerar cómo los investigadores evaluaron la calidad. Quizá no puedas replicar sus métodos con exactitud, pero al menos puedes tener una idea de lo que buscaban.

Comencemos con lo que no buscaban: lo que yo llamo características «lujosas» de la guardería. No hay una casilla donde palomear una «exposición temprana al chino mandarín» ni «bocadillos orgánicos». Tampoco se enfocaron en cosas como si la guardería trató de enseñar a los niños sobre pingüinos. De manera abrumadora, la evaluación de la calidad de la guardería se enfocó en las interacciones entre el personal y los niños.

La evaluación de calidad tiene varias partes. Primero, en efecto existe una lista de verificación con preguntas sobre seguridad, diversión e «individualización». Esta es una versión simple:

Seguridad	Diversión	Individualización
• No hay ningún enchufe, cable, ventiladores, etcétera, expuestos.	• Los juguetes están al alcance de los niños.	• El niño tiene su propia cuna.
• Las cunas son seguras.	• Hay espacio disponible en el suelo para que jueguen los niños que gatean.	• Cada maestro tiene asignado a un bebé.
• Hay un plan de emergencia por escrito.	• Dispone de tres tipos diferentes de materiales para «motricidad gruesa» (pelotas, balancín).	• El desarrollo infantil se evalúa de manera formal al menos cada seis meses.
• Dispone de toallas desechables.		• A los niños se les ofrecen juguetes apropiados para su nivel de desarrollo.
• El comedor está lejos del área de pañales.		

Seguridad	Diversión	Individualización
• Los juguetes se limpian diariamente. • Los maestros saben sobre enfermedades infantiles.	• Dispone de tres tipos diferentes de materiales musicales. • «Actividades especiales» (es decir, juegos con agua, pintura con esponja). • Tres materiales para juegos infantiles al aire libre.	• Los maestros tienen al menos una hora a la semana de planificación en equipo.

La mayoría de estos factores se puede observar con facilidad y registrar en un recorrido de la guardería, y la lista de verificación es básicamente la misma para las guarderías en casa o en centro.

Además, también evaluaron la calidad observando al niño en la guardería varias veces. Los periodos de observación son bastante cortos: de cuatro a diez minutos en el curso de medio día. Probablemente esto es más difícil de replicar, pero si estás considerando una guardería, sería razonable preguntar si puedes observar en silencio de diez a quince minutos. Probablemente evitaría llevar una hoja de cálculo para observaciones, pero, ya sabes, depende de ti.

¿Qué buscaban los observadores? Primero, algunas cosas básicas. ¿El adulto (o adultos) está disponible e interactúa con los niños (es decir, está en su teléfono o en el piso, sentado con los bebés)? ¿Tiene contacto físico positivo con los niños (les da refuerzo de buen comportamiento con un abrazo, sostiene en brazos al bebé)?

También hay otras preguntas sobre estimulación del desarrollo. ¿El adulto les lee a los niños? ¿Les habla? ¿Responde cuando el bebé hace un ruido? («¡Ga!» «Eso es, es un tigre. Ti-gre. ¿Quieres cargar al tigre? ¡Toma!»).

En tercer lugar está el comportamiento. Todos los bebés y niños actúan en diversos momentos. La pregunta es ¿cómo responde el adulto? ¿Responden al comportamiento negativo coartando físicamente al niño o a los niños? (la pregunta específica de los investigadores es ¿los «coartan con un contenedor físico»?) ¿Los golpean? ¿Hablan de forma negativa al niño? Todas estas serían señales (muy) malas.

Por último, hay un conjunto de observaciones sobre lo que hacen los niños. ¿Parecen estar bien físicamente (no tienen hambre, no se quedan con el pañal sucio, etcétera)? ¿Tienen tiempo para interactuar con adultos? Dios no lo quiera ¿ven televisión?

Al final de la observación, el observador también debe registrar algunos sentimientos generales. ¿La guardería se centra en el niño? Es decir ¿los adultos se enfocan en realidad en lo que los niños quieren hacer, los escuchan y les responden? ¿O los adultos solo siguen la corriente, concentrados sobre todo en ellos y no en los niños? ¿Los niños y adultos parecen tener una relación positiva y cariñosa? ¿Los niños parecen estar bien adaptados y felices o parecen temerosos e irritables al ver al adulto?

No estás (aparentemente) entrenada para ser una observadora de guardería. Por otro lado, muchas de estas características son cosas que puedes ver por ti misma. Es poco probable que un cuidador le pegue a un niño frente a ti, pero la falta de afecto y de calidez no son difíciles de percibir. Y es difícil aparentar lo contrario.

Una pregunta razonable que se debe formular es si todo esto es solo una manera de decir que deberías elegir la guardería más cara que puedas pagar. Es cierto que la calidad y el precio están relacionados: en promedio, las guarderías más caras tendrán mejor calidad. Pero el componente principal de la calidad, la manera en la que los proveedores interactúan con los niños, no es cuestión de precio.

LA OPCIÓN DE LA NIÑERA

Okey, ya resolvimos el nudo de la guardería (o al menos hicimos nuestro mejor esfuerzo). Realizamos nuestras evaluaciones y encontramos la mejor opción posible para una guardería.

Ahora ¿qué hay de la niñera?

El estudio del NICHD evalúa la calidad del cuidado en casa (es decir, una niñera o un miembro que no sea de la familia de la mamá), con los mismos resultados: un cuidado infantil de mayor calidad, según lo determinan las métricas que pueden tomar, es mejor. Sin embargo, la calidad en este caso es mucho más difícil de evaluar que para la guardería.

El estudio usa un periodo similar de evaluación y una lista de verificación para saber si el cuidador es receptivo al niño, si hay juguetes y libros alrededor, si hay gritos y golpes (ambos malos). Por desgracia, es probable que sea más difícil hacer una evaluación confiable de la interacción entre un adulto y un niño, donde obviamente estará el investigador observando al cuidador, que en una guardería, donde puedes disimularte más fácilmente en el fondo.

Por su parte, aún más que en el caso de la guardería, es probable que los índices de calidad estén relacionados con el estado socioeconómico de una forma que sobreestime la importancia de la calidad del cuidador. Una de las preguntas, por ejemplo, es si el niño tiene al menos tres libros. Pero esa es cuestión de la familia, no de la niñera.

Aparte de eso, existe muy poca evidencia concreta sobre cómo encontrar y evaluar a una niñera. Quizá el consejo más útil que yo recibí al hacer esto fue hablar con las referencias (por supuesto) y tratar de evaluar no solo si esa persona les caía bien, sino también si la persona que hacía la referencia me caía bien a mí. ¿Éramos personas con necesidades similares?

También puede ser útil que los candidatos respondan algunas preguntas básicas por escrito. Cuando entrevistas a alguien, puede ser difícil recordar todo lo que querías preguntar. Si usas una agencia, por lo general te sugerirán un cuestionario. Si no es así, puedes encontrar algunos en internet.

Contratar a una niñera es un poco como un salto al vacío, y tendrás que confiar en tu instinto. Cuando mi hija tenía tres años nos mudamos, de manera muy abrupta, de Chicago a Providence. Dejamos atrás a nuestra querida niñera, Madu, y tuvimos que buscar a alguien más en muy poco tiempo. Terminamos contratando a Becky sin siquiera haberla conocido en persona, después de solo dos llamadas telefónicas y una entrevista con mi hermano. Simplemente sentí que estaba bien —y lo estuvo—, aunque esto es difícil de compaginar con mi constante necesidad de contar con información.

GUARDERÍA O NIÑERA

En esta etapa del árbol de decisión ya deberías haber elegido la guardería o niñera que te pareció óptima. Ahora, comparémoslas. ¿Una es necesariamente mejor que otra?

Uno de los problemas de los datos es que muchos estudios que analizan las guarderías en particular, de manera implícita o explícita, las comparan con estar en casa con mamá. Esta es una comparación interesante —consulta los capítulos anteriores—, pero comparar una guardería con una niñera no es exactamente lo mismo.

El estudio del NICHD es nuestra mejor opción en este momento. Este estudio *sí* compara de forma explícita los cuidados de una niñera con el «cuidado infantil en un centro», e intenta, aunque por supuesto de manera imperfecta, ajustar las diferencias de los antecedentes familiares.

El artículo resume los efectos en los niños desde los cuatro años y medio de edad; observa el desarrollo cognitivo y del lenguaje, y problemas del comportamiento.[3] Del lado cognitivo, los resultados son dispares. Pasar más meses en la guardería antes de los 18 meses de edad se asocia con puntajes cognitivos ligeramente más bajos a la edad de cuatro años y medio, pero pasar más tiempo después de eso se relaciona con resultados cognitivos *más altos*.

Es difícil saber por qué sucede esto. Podría ser que en la edad temprana la atención personalizada promueve el desarrollo temprano del lenguaje, pero, a edades mayores, los niños que están en guardería quizá dedican más tiempo a habilidades como el aprendizaje de letras, números e integración social que los niños que se quedan en casa bajo el cuidado de niñeras o padres. Pero esto es especulación.

También es posible que estas sean solo correlaciones sin ningún elemento causal.

Los estudios que combinan estos factores sugieren que, en general, el efecto es positivo: los niños que están en guardería durante más tiempo en este periodo completo tienen mejores resultados cognitivos y de lenguaje a los cuatro años y medio.[4]

En cuanto al comportamiento, existen pequeñas asociaciones entre los problemas de comportamiento y la cantidad de tiempo que los niños pasan en la guardería, a todas las edades, aunque los autores advierten que estos efectos son mínimos y que todos estaban en el rango de comportamiento «normal».

Parece que estos efectos —tanto el cognitivo (ligeramente) positivo como el del comportamiento (ligeramente) negativo— persisten a lo largo de los primeros grados escolares, aunque desaparecen de manera sustancial para el tercer o quinto grado.[5]

Este es solo un estudio, pero los efectos se imitan en otros contextos. La guardería se asocia con mejores resultados cognitivos[6] y un comportamiento ligeramente peor.[7] Al parecer, los efectos de los resultados cognitivos se concentran en el cuidado que ocurre a edades un poco mayores. Existe una gran variedad de evidencia de este último punto; por ejemplo, la evidencia sobre la eficacia del programa federal Head Start se basa en estudios que demuestran que las horas de preescolar aumentan la preparación escolar.

En estos estudios se evalúan varias cosas más. Una de ellas es el «apego infantil». ¿Los niños de guardería son menos apegados a su mamá? No, no lo son. Aquí importa la calidad de la crianza, pero el tiempo en la guardería no hace ninguna diferencia.[8]

Una última comparación basada en datos tiene que ver con las enfermedades. Los niños que están en guardería son más propensos a enfermarse.[9] No son enfermedades graves; más bien, son gripes y fiebres, o gastroenteritis viral. La ventaja es que estas exposiciones tempranas parecen brindar cierta inmunidad; los niños que estuvieron en guardería durante más años padecen *menos* gripes en los primeros años de primaria.[10]

En todo esto, volvemos una y otra vez a dos cosas: primero, la crianza es importante. Mucho más consistente que cualquiera de las asociaciones de estos estudios es la relación entre la crianza y los resultados del niño. Tener libros en tu casa y leerle a tu hijo será mucho más significativo que los libros que tienen en la guardería. Esto parece ser cierto, aunque es probable que tu hijo pase el mismo tiempo de vigilia con sus cuidadores que contigo. No creo que sepamos con precisión por qué es así, aunque puede deberse a que los padres son la influencia más constante que tiene tu hijo. En segundo lugar, la calidad del cuidado infantil importa mucho más que el tipo de cuidado. Una guardería de alta calidad quizá sea mejor que una niñera de baja calidad, y viceversa.

La decisión de la organización del cuidado infantil no se trata *únicamente* de tu hijo. A fin de cuentas, tú tienes que averiguar qué funciona para tu familia. Esto implica reflexiones que van más allá del desarrollo cognitivo.

En primer lugar está el costo. En promedio, una niñera es mucho más cara que la guardería (aunque puede que no siempre sea así). Un acuerdo en el que compartas a una niñera con otra familia podría ser una manera de compensar los costos de tenerla. Esta es una pregunta para tu presupuesto.

¿Qué proporción de tu presupuesto es la correcta para el cuidado infantil? No hay una sola respuesta. La forma en que lo pensamos —esto es meterse en el pantanoso terreno de una crianza economicista, un lugar en el que nadie quiere estar— es volver a la «utilidad marginal del dinero». Digamos que la diferencia entre compartir una niñera y tener tu propia niñera es de 10 mil dólares al año, durante tres años; es decir, 30 mil dólares en total. Obviamente, si prefieres compartir niñera, la elección es fácil.

Pero si prefieres no compartir niñera debes pensar cuánto dinero representa para ti. La clave está en pensar en el valor marginal. Sí, es mucho dinero (el cuidado infantil es MUY CARO). Pero esa no es la pregunta relevante. La pregunta es ¿qué harías si tuvieras el dinero? ¿Cuál es el siguiente mejor uso para este dinero que no sea el cuidado infantil? Es la misma pregunta que te exhorté a formular en cuanto a que uno de los padres se quedara en casa.

Puede ser que la diferencia consista en qué tan bonita es tu casa o departamento. Puede ser la diferencia entre opciones de vacaciones. Puede significar menos ahorros, estás cambiando tus planes de jubilación por algo que necesitas ahora. No existe una decisión fácil. Pero al ser explícito sobre qué otra cosa harías con el dinero, al menos puedes estructurar la decisión de forma un poco más concreta: ¿preferirías tener tu propia niñera, dos vacaciones al año o más ahorros para tu jubilación?

Más allá del presupuesto está la cuestión de la conveniencia. ¿Hay una guardería cerca (ya sea de tu casa o tu trabajo) o tendrás que manejar muy lejos para ir a dejarlo? Y ¿cuáles son tus opciones si tu hijo enferma? En casa, el cuidado del niño puede seguir funcionando si él enferma (también es cierto que se enferman menos en casa), pero en la guardería no. ¿Cuáles son tus opciones de respaldo?

Uno de los mejores consejos de crianza que recibí de mi amiga Nancy fue este: independientemente del tipo de cuidado infantil que elijas, ten un plan para establecer quién estará a cargo cuando la niñera o el niño se enfermen. Pelearse por quién faltará al trabajo en ese momento es mala idea.

Por último, quizá te sientes más cómoda con una u otra de estas opciones. ¡Esa es una buena razón para elegir esa opción! Muchas personas expresan incomodidad ante la idea de que alguien esté con su hijo, en su casa, todo el día. Tu relación con un cuidador en tu casa puede ser compleja. Si tienes una niñera, un día tu hijo te llamará por el nombre de ella. ¿Esto te hará sentir mal? No existe una respuesta unánime, pero es algo que debes pensar con antelación.

Esta es una decisión familiar. Si los adultos de la casa eligen trabajar fuera, necesitas estar contenta con el tipo de cuidado infantil que elijas. De cualquier manera, pasarás tiempo suficiente pensando en tus hijos mientras estás en el trabajo, y si estás preocupada por ellos todo el día, no harás nada. Encontrar un arreglo que funcione para ti es casi tan importante como encontrar a alguien que trabaje con tu hijo.

Como punto final diré que, en el fondo, la dicotomía del árbol de decisión quizá es engañosa. La decisión sobre el cuidado del niño no tiene que ser excluyente. Al considerar los datos, en la medida en que tenemos alguna evidencia, la guardería es peor, y parece ser peor a una edad temprana, digamos del primer año a los 18 meses. En la medida en que la guardería es mejor, parece que esto es cierto a una edad posterior, digamos después del año o 18 meses. Considerando esto en conjunto, podríamos estar a favor de una niñera (o un abuelo que pueda ayudar, o bien, alguna combinación de ambos) en la primera etapa, seguido de guardería a una edad mayor.

Conclusiones

- En cualquier decisión sobre el cuidado infantil, la calidad importa. Para una guardería en particular puedes hacer tu propia evaluación de calidad con algunas herramientas sencillas.
- En promedio, pasar más tiempo en las guarderías parece asociarse con resultados ligeramente mejores y resultados ligeramente peores en cuanto a comportamiento.
- Los efectos positivos de la guardería se presentan a edades más tardías, los negativos se presentan a edades más tempranas.
- Los niños de guardería se enferman más, pero desarrollan más inmunidad.
- La calidad de la crianza es más importante que el tipo de cuidado infantil que elijas, así que asegúrate de elegir algo que funcione también para ti como padre o madre.

11

Entrenamiento para dormir

Dormir. El sueño escurridizo y místico de los nuevos (y viejos) padres.

La mayoría de las personas está preparada para no dormir las primeras semanas con un bebé; quizá tu familia está alrededor ayudándote, o al menos no llegas al agotamiento total. Pero entonces llega el segundo mes y el bebé todavía duerme solo dos horas seguidas. En algún momento el pediatra te dice: «Un bebé de este tamaño puede dormir hasta seis horas seguidas». Te dan ganas de picarle el ojo con una pluma.

Ahora es el cuarto mes. Hubo una noche maravillosa en la que la bebé durmió cuatro horas, pero nunca ha vuelto a pasar. Te lleva dos horas dormirla porque no puedes acostarla en la cuna hasta que se queda dormida en tus brazos al menos una hora. Eso es una hora en la que tú podrías haber dormido, que se esfumó. Ahora es el sexto mes. Ahora el octavo. Ahora parece que tu bebé solo quiere estar despierta a media noche. Y en verdad parece que tú nunca descansarás.

Por supuesto, no es la experiencia de todos. Hay personas que te dirán que su bebé durmió toda la noche desde la tercera semana. En mi opinión experimentada, la mayoría de ellos son unos mentirosos, pero supongo que es posible que algunos no. Y por supuesto, algunos bebés duermen mejor que otros. Pero el hecho es que la mayoría de los bebés se despierta mucho en la noche, y la mayoría de los padres preferiría que no lo hicieran.

Este problema no ha pasado inadvertido para el mercado. Hay una tremenda cantidad de libros sobre estrategias para que tu hijo duerma mejor. Un artículo académico sobre estrategias parentales para dormir menciona cuarenta libros diferentes, desde *Ready, Set, Sleep: 50 Ways to Get Your Child to Sleep* (*En sus marcas, listos, a dormir: 50 maneras de hacer que tu hijo duerma*) hasta *Winning Bedtime Battles* (*Gana la guerra para ir a la cama*).[1] Incluso una lectura cuidadosa en Amazon muestra al menos veinte, entre ellos:

- Weissbluth, *Healthy Sleep Habits, Happy Child* (*Hábitos saludables para dormir, un niño feliz*)
- Ferber, *Solve Your Child's Sleep Problems* (*Resuelve los problemas de sueño de tu hijo*)
- Ezzo y Bucknam, *On Becoming Baby Wise* (*Adaptarse al bebé*)
- Pantley, *The No-Cry Sleep Solution* (*La solución para dormir sin llorar*)
- Hogg, *Secrets of the Baby Whisperer* (*Secretos del bebé murmurador*)
- Waldburger y Spivack, *The Sleepeasy Solution* (*La solución para dormir fácilmente*)
- Mindell, *Sleeping Through the Night* (*Dormir toda la noche*)
- Giordano, *The Baby Sleep Solution* (*La solución para dormir al bebé*)
- Turgeon and Wright, *The Happy Sleeper* (*Dormir feliz*)

Estos libros pueden ser muy atractivos. Siguen una fórmula similar: describen un poco de ciencia sobre el sueño (algunos de mejor manera que otros), sugieren un procedimiento para aumentarlo y describen muchas anécdotas de usuarios exitosos las cuales pueden ser muy convincentes. Por lo general las personas de las historias tienen problemas *mucho* más graves que los tuyos. ¡Y míralos! Unos días después de adoptar el nuevo sistema, ¡duermen 12 horas y se despiertan frescos!

Para la mayoría, cada uno de estos libros tiene un enfoque particular. Por ejemplo, *Healthy Sleep Habits, Happy Child* describe un sistema que implica asegurarse de que el bebé está alimentado, que su pañal está limpio y que se siente cómodo antes de dejarlo en su cuna, pero después debes permitirle que llore todo lo que quiera. El libro contiene muchos detalles —si planeas entrenarlo para dormir, tienes que leer al menos uno de estos— y una buena parte describe la investigación sobre por qué esta es una buena idea.

Algunos sistemas son más complejos que otros. Con Finn intenté por un breve periodo un sistema que implicaba cargarlo cuando lloraba, esperar hasta que dejara de llorar y de inmediato regresarlo a la cuna. Así una y otra vez. Lo abandoné tres días después; en definitiva no me funcionó tan bien como a las personas del libro. Me cansaba demasiado, tal vez lo estaba haciendo mal.

La principal diferencia entre estos libros es si defienden alguno de los sistemas de «dejarlo llorar». En general, «dejarlo llorar» se refiere a cualquier sistema en el que dejas a tu bebé en la cuna, solo, en la noche, y a veces, si se despierta en algún momento en el transcurso de esta, dejas que se vuelva a dormir solo. El término se refiere a que, si haces esto, tu bebé llorará un poco al principio. Las modificaciones incluyen una variación entre ir a ver al bebé, el tiempo que quieres dejarlo llorar, el tiempo de sueño que intentas lograr, si te quedas en la recámara con él (sin levantarlo), etcétera.

El más conocido de estos sistemas es el método Ferber —en inglés, el verbo *ferberizar* se utiliza a veces para describir este comportamiento; «Voy a *ferberizar* a mi bebé»—, aunque Weissbluth es cada vez más popular y también aboga por que los niños lloren hasta dormir.

Las alternativas como *The No-Cry Sleep Solution* evitan en gran medida que los niños lloren hasta quedarse dormidos, y en su lugar optan por sistemas en los que se le enseña al niño a dormir solo sin dejarlo llorar tanto. Con frecuencia hay un poco de llanto (después de todo, es un bebé).

Por supuesto, hay una tercera solución que la comunidad de apego parental defiende con fuerza y que no deberías hacer nunca. Esta ideología se relaciona a menudo con William Sears, un médico de California, autor de más de treinta libros sobre crianza.

Los partidarios de esta ideología afirman, básicamente, que tu recién nacido llora porque te necesita, y que dejarlo llorar es bárbaro. Pero va más allá que esto: el apego parental defiende también dormir juntos, lo cual significa que no es necesario entrenarlo para dormir puesto que el objetivo no es que el niño duerma solo. Los adeptos señalan que si tu hijo está en la cama, no es necesario que te levantes para atenderlo: solo tienes que darte vuelta, poner tu pecho en su boca y volver a dormir.

Si decidiste tener a tu bebé en la cama contigo (ve el capítulo 6 sobre dormir juntos), es probable que el adiestramiento para dormir (al menos los primeros días) no sea una opción viable. La gente intenta adiestrar a los niños mayores que comparten la cama con ellos, pero este es un tema para otro momento. Pero si no es tu caso y tu bebé está en otra recámara, después de un tiempo de levantarte cada dos horas para darle de comer, mecerlo y rogarle que se duerma, quizá empiece a ser atractivo el entrenamiento para dormir.

Consulta internet y de inmediato encontrarás una gran variedad de artículos que detallan el gran daño a largo plazo que padecerá tu hijo si lo entrenas para dormir. Busca en Google «dejarlo llorar» y en la primera página de los resultados encontrarás un artículo de una doctora en psicología, Darcia Narvaez, titulado «Los peligros de dejar llorar a los niños hasta el agotamiento».[2] Como podrías esperar, el artículo discurre con base en el título. Detalla las razones egoístas por las que las personas harían esto y los diversos problemas psicológicos a largo plazo que puede provocar.

En esencia, el argumento de quienes se oponen a «dejarlo llorar» es que tu bebé se sentirá abandonado y, como resultado, le será difícil apegarse a ti y, finalmente, a cualquiera. Vale la pena hacer un breve paréntesis para saber de dónde viene esta idea.

La respuesta: los orfanatos rumanos.

En la década de los ochenta una gran falla de la política sobre salud reproductiva en Rumania dejó a miles de bebés y niños en orfanatos. Estos niños padecieron todo tipo de trágicas privaciones, desde falta de alimento hasta abuso físico y sexual. Además, casi no tuvieron contacto con adultos; los dejaban en sus cunas por años, prácticamente sin contacto humano, lo que provocó un desarrollo físico bastante tardío, además de problemas mentales y psicológicos. Los investigadores que visitaron a estos niños se dieron cuenta de que no podían crear vínculos con otras personas, y muchos de ellos habían sufrido toda su vida.

Esto influyó en la idea del apego de los padres, así como en algunas opiniones sobre el hecho de «dejarlo llorar». Una de las cosas que los visitantes observaron en estos lugares fue el inquietante silencio que reinaba en las habitaciones donde estaban los niños. Los recién nacidos y bebés no lloraban, porque sabían que nadie iría. El argumento es que «dejarlo llorar» es lo mismo: tu bebé dejará de llorar porque sabe que no irás, así como los niños de estos orfanatos. Y al igual que en esos ambientes, su capacidad de apego contigo y otros cambiará para siempre.

Este fue un episodio terrible y vergonzoso, que nunca debió haber pasado. Pero no es comparable con la experiencia de la mayoría de los bebés cuyos padres usan el método de «dejarlo llorar». En ningún momento se sugiere dejar al recién nacido durante meses sin contacto humano, tampoco someter a los niños a algún otro tipo de abuso físico o emocional, como era común en estos orfanatos rumanos.

Por supuesto, los autores de los artículos en contra de «dejarlo llorar» comprenden esto, pero desde su punto de vista, «dejarlos llorar» tiene un efecto progresivo. Los niños abandonados en este orfanato sufrieron consecuencias extremas a largo plazo. Los niños que experimentan otro tipo de estrés crónico en su vida —abuso físico, negligencia grave— con frecuencia tienen problemas a largo plazo. Unas pocas noches de entrenamiento del sueño probablemente no tendrán el mismo resultado; pero ¿quién sabe si padecerán o no pequeños daños?

Por fortuna, la literatura lo sabe —al menos hasta cierto punto—, y podemos consultar los datos para saber si el entrenamiento para dormir es dañino. Pero antes de abordar este tema en este capítulo, parece útil comenzar con la pregunta básica: ¿entrenar para dormir funciona? Aunque pienses que no habrá consecuencias a largo plazo si lo haces, es desagradable hacerlo; a la mayoría de los padres no les gusta escuchar llorar a su hijo. Si no funciona, parece que es algo que debes evitar. Empecemos por ahí. Si el método funciona, si tiene algunos beneficios, podemos entonces hablar sobre los posibles riesgos.

¿FUNCIONA?

Buenas noticias: sí, este método funciona para mejorar el sueño.

Existen muchos, muchos estudios al respecto, que emplean una gran variedad de procedimientos relacionados (muchos de ellos son ensayos aleatorios). Una investigación de 2006 cubrió 19 estudios del lamentablemente llamado método de «extinción» —que consiste en «dejarlo llorar» y no regresar—, de los cuales 17 mostraron mejoras en el sueño.[3] Otros 14 estudios usaron la «extinción gradual», donde vas a ver al bebé en intervalos cada vez más largos, y todos mostraron mejoras. Un número menor de estudios cubrió la «extinción con presencia parental», que consiste en quedarte en la habitación pero dejar que el niño llore; estos también mostraron efectos positivos.

Estos efectos persisten hasta los seis meses o un año, según los estudios que han considerado hasta esas edades. Esto significa que los niños que reciben entrenamiento del sueño duermen mejor (en promedio) incluso un año después del entrenamiento.

Estos métodos no resuelven por completo todos los problemas del sueño desde el primer día. Algunos niños responden mejor que otros, así como algunos padres. Para dar un ejemplo: en un estudio sobre «dejarlo llorar» que se realizó en la década de los ochenta, los autores observaron que los bebés en el grupo de control se levantaban en promedio cuatro noches a la semana, comparado con solo dos noches para los bebés que habían sido entrenados.[4] Estos últimos también despertaban con menor frecuencia durante la noche.

Estos resultados son similares a otros estudios en cuanto a magnitud. No todos los bebés entrenados dormirán toda la noche, cada noche; pero sí duermen mejor en promedio. Despertar cuatro noches a la semana es peor que despertar solo dos.

La conclusión es que, sencillamente, existe una gran cantidad de evidencia que sugiere que «dejarlo llorar» es un método eficaz para mejorar el sueño.

Vale la pena observar que la mayoría de estos estudios —y, de hecho, prácticamente todos los libros para entrenar a dormir— recomienda una «rutina para ir a la cama» como parte de cualquier intervención para dormir. No existe mucha evidencia directa sobre esto —el estudio se refiere a esta rutina como «recomendación de sentido común»—, pero en general se incluye en todas las estrategias de intervención. La idea es tener algunas actividades que le indiquen al bebé que es hora de dormir: ponerle la piyama, leerle un libro, cantar alguna canción, apagar la luz. Básicamente, nadie recomienda que pongas al bebé en la cuna vestido y con la luz prendida, y que le digas que es hora de dormir y cierres la puerta.

BENEFICIOS

Si bien muchos debates populares sobre el entrenamiento del sueño se enfocan en los posibles daños, muchas de las publicaciones académicas se centran en sus posibles beneficios, entre los que no solo se incluyen las mejoras en el sueño infantil, sino también los beneficios para los padres.

Lo más importante es que al parecer las intervenciones para dormir tienen mucho éxito para reducir la depresión materna. Tomemos un ejemplo: un estudio australiano con 328 niños consideró de manera aleatoria a la mitad para ponerlos en un régimen de entrenamiento del sueño y a la otra mitad en el grupo de control. Dos y cuatro meses más tarde, los autores observaron que las madres de los bebés entrenados eran menos propensas a la depresión y más propensas a tener una mejor salud física. Asimismo, tenían menos tendencia a necesitar usar de los servicios de salud.[5]

Este hallazgo es consistente a lo largo de los estudios. Los métodos para entrenar el sueño mejoran de manera sistemática la salud mental de los padres; esto incluye menor depresión, mayor satisfacción conyugal y menor estrés parental.[6] En algunos casos los efectos son muy extensos. Un pequeño estudio (no aleatorio) reportó que 70% de las madres cumplía los criterios de depresión clínica cuando se inscribió al estudio y solo 10% después de la intervención.[7]

Obviamente, debemos pensar con cuidado sobre cualquier posible riesgo para el bebé, pero no se debería ignorar que entrenarlo para dormir es bueno para los padres. Y dormir también es benéfico para el desarrollo de los bebés y niños. Establecer una buena rutina para dormir —una que garantice un sueño más largo y de mejor calidad— podría tener efectos positivos a largo plazo para los niños.

¿«DEJARLO LLORAR» ES DAÑINO?

«Dejarlo llorar» funciona, ayuda a los padres y niños a dormir mejor; alegra y mejora el estado de ánimo de los padres. ¿Pero le produce algún daño a tu hijo?

Existen muchos ensayos aleatorios buenos que hablan de esto. Un estudio representativo que se hizo en Suiza, publicado en 2004, consideró a 95 familias de manera aleatoria para que se sometieran a un régimen de entrenamiento del sueño que incluía algún tipo de «dejarlo llorar».[8] Los autores se enfocaron en si el comportamiento durante el día tenía un efecto en la noche; lo que preguntaron, básicamente, fue si los bebés estaban menos apegados a sus padres durante el día por haberlos dejado llorar durante la noche.

Este estudio particular encontró que, de hecho, la seguridad y el apego de un bebé parecía *aumentar* después de «dejarlo llorar». También encontró mejoras en el comportamiento diurno y en la alimentación, según informaron los padres de los bebés. Observa que estas son las preocupaciones opuestas que surgían con los métodos de «dejarlos llorar».

Este estudio no es el único. Una revisión de 2006 sobre el entrenamiento del sueño, que incluía trece intervenciones diferentes, afirmaba lo siguiente: «En ningún estudio se identificaron efectos secundarios adversos como resultado de la participación en los programas de sueño basados en el comportamiento. Por el contrario, se encontró que los recién nacidos que participaron en las intervenciones de sueño eran más seguros, predecibles y menos irritables; lloraban menos y estaban menos incómodos después del tratamiento».[9] (Traducción: nada malo pasó en ningún estudio, y en la mayoría de los casos los bebés parecían más felices después de haber sido entrenados para dormir que antes). Estudios más recientes han llegado a la misma conclusión.[10]

Una interpretación de todos estos hallazgos es que los bebés descansan mejor, los padres están más descansados y, por lo tanto, todos están de mejor humor. Pero esto va más allá de lo que aparece en los datos, los cuales no hablan de los mecanismos sino solo de los efectos.

Esta evidencia se enfoca en los efectos inmediatos en el bebé. Pero esta no es necesariamente la preocupación principal entre quienes evitan «dejarlo llorar». En cambio, la inquietud consiste en las repercusiones a largo plazo. Sí, el bebé llora menos, incluso menos durante el día, pero porque se dio por vencido, no porque sea más feliz.

Para abordar mejor esta cuestión, necesitamos dar seguimiento a los niños que recibieron el entrenamiento del sueño hasta edades mayores para ver si existen riesgos a largo plazo. Por supuesto, esto se suma a la dificultad de realizar un ensayo aleatorio, puesto que un seguimiento a largo plazo es difícil y caro. Sin embargo, tenemos un ejemplo: el mismo estudio del que hablé en la página 223 sobre los beneficios del entrenamiento del sueño.

Este estudio se realizó en Australia; se reclutaron 328 familias con bebés de ocho meses de edad. Los autores comenzaron por mostrar que la intervención mejoró el sueño y redujo la depresión parental.[11] Pero no pararon ahí. Volvieron para evaluar a los niños un año después y, lo más destacado, cinco años después, cuando los niños tenían casi seis años. En este seguimiento posterior, que incluyó un subconjunto de las familias originales, los investigadores no encontraron diferencia en ninguno de los resultados, incluida la estabilidad emocional y el comportamiento, estrés, proximidad padres-hijo, conflicto, apego padres-hijos o apego en general. Básicamente, los niños que fueron entrenados para dormir parecían ser exactamente iguales que los que no lo fueron.[12]

Este estudio, así como los otros que cité con anterioridad y varios artículos de revisión, no apuntan a daños ni a corto ni a largo plazo por «dejarlo llorar». Funciona, y es bueno para los padres. Esto muestra una imagen muy a favor de «dejarlo llorar». Pero no es algo con lo que todos estén de acuerdo.

Varios artículos académicos argumentan en contra de «dejarlo llorar» desde una perspectiva teórica. Un buen ejemplo proviene de un artículo publicado en 2011 en la revista *Sleep Medicine Reviews*.[13] Los autores de este artículo presentaron un caso en contra de «dejarlo llorar» basado en gran medida en la idea de que el llanto de un niño es una señal de angustia y los padres no deberían ignorarlo. Se aprovechan de las teorías de apego que citamos antes (es decir, los documentos sobre el orfanato) y afirman que los padres que lo hacen ignoran los esfuerzos de sus hijos para comenzar una comunicación con ellos.

El hecho de que «dejarlo llorar» funcione no es convincente para estos investigadores; de hecho, es una señal de daño. Como afirma un artículo en la revista *Sleep*: «¿Cuando un niño deja de llorar se debe entender como que está "curado" o como que "se dio por vencido" y ahora está deprimido y se ha retirado parcialmente del apego de la díada?».[14]

El argumento principal de este y otros artículos similares es que el llanto del recién nacido es señal de estrés (quizá es cierto) y que estar estresados, incluso durante un periodo breve de días o semanas, podría tener consecuencias a largo plazo para los bebés (esto es especulativo). A menudo estos autores apuntan a un estudio particular para apoyar el argumento del estrés. Ese estudio, publicado en 2012, siguió a 25 recién nacidos y a sus madres en Nueva Zelanda durante un tratamiento hospitalizado de cinco días en un laboratorio del sueño.[15] El propósito de quedarse en el laboratorio era entrenar a los bebés para dormir. Las enfermeras que participaron en el estudio recopilaron datos sobre el cortisol, la hormona de respuesta al estrés, tanto en los bebés como en las madres, y también se hicieron cargo de dormir a los bebés y monitorear el entrenamiento para el sueño.

Cada día, antes de entrenarlos para dormir, se evaluaban y registraban los niveles de cortisol de los bebés y las mamás. Esto se hacía de nuevo después de que el niño se dormía. El primer día, todos los bebés lloraron. Sus niveles de cortisol fueron los mismos antes del entrenamiento y después de quedarse dormidos. Los niveles de cortisol de las madres también fueron los mismos antes de que los bebés lloraran que después de que se quedaran dormidos. Esto fue igual el segundo día.

El tercer día ninguno de los bebés lloró (ver antes: el entrenamiento del sueño funciona). Sin embargo, mostraron los mismos patrones de cortisol: fueron iguales antes y después de dormir. Pero para las mamás, esto cambió: sus niveles de cortisol disminuyeron en el último periodo, cuando los bebés no lloraban.

Los autores sugirieron que esto presenta un problema con el entrenamiento del sueño. En particular, observan que después del entrenamiento, los niveles de estrés de la madre no están en sintonía con los del bebé; lo que interpretan como una posible evidencia de debilitamiento en el apego entre madre e hijo.

Algunos comentaristas afirmaron que esta es una sobreinterpretación del estudio. Por un lado, no hay un punto de referencia del nivel de cortisol dado, por lo que no podemos saber si los bebés siquiera experimentaban un estrés elevado. Por otro lado, el estudio terminó después de tres días (o al menos el informe lo hizo), así que no sabemos lo que pasó después.

Pero más allá de esto, no queda claro por qué los distintos niveles de cortisol representan un problema para las mamás y los bebés después del entrenamiento del sueño. En efecto, este estudio muestra que las madres están más relajadas después del entrenamiento del sueño, y que no hay otros cambios para el bebé. Esto parece ser un resultado positivo, no uno negativo.

Básicamente, el argumento en contra del entrenamiento del sueño es teórico. Sabemos que el abuso y la negligencia tienen consecuencias a largo plazo, entonces, ¿cómo podemos estar seguros de que dejar que los bebés lloren hasta quedarse dormidos durante cuatro días no las tenga? Quizá piensas que podrías examinar los datos en busca de efectos a largo plazo y ver que todo parece estar bien, pero el contraargumento teórico es que para algunos niños esto es sencillamente devastador, y no sabes qué niños son esos.

Este argumento es casi imposible de refutar. No hay manera de aprobarlo o desaprobarlo. Se necesitaría una muestra más grande; e incluso en ese caso la mayoría de los estudios no estaría diseñada para advertir este tipo de heterogeneidad.

Un argumento relacionado es que, a pesar de que los niños pueden parecer estar bien a los cinco o seis años de edad, el daño del entrenamiento del sueño puede no manifestarse sino hasta que son adultos. De nuevo, es algo difícil de investigar.

Me parece justo decir que sería bueno contar con más datos, ¡siempre es bueno tener más datos! Y sí, es posible que si tuviéramos más información, encontraríamos algunos efectos negativos. Los estudios con los que contamos no son perfectos.

Sin embargo, la idea de esta incertidumbre debería hacernos evitar pensar que el entrenamiento del sueño tiene defectos. Entre otras cosas, fácilmente podrías argumentar lo contrario: quizá el entrenamiento del sueño es muy *bueno* para algunos niños —en verdad necesitan el sueño ininterrumpido— y existe un riesgo de dañar a tu hijo si no lo entrenas para dormir. No hay nada en los datos que lo demuestre, pero tampoco hay nada que demuestre lo contrario.

También podrías argumentar que los efectos de la depresión materna en los niños son duraderos y, por lo tanto, esta intervención puede tener efectos benéficos a largo plazo. Esto parece, de muchas maneras, más plausible.

Tendrás que tomar una decisión sin contar con los datos perfectos. (Esto es verdad en casi todas las elecciones parentales. ¡Culpa a los investigadores!). Pero sería un error decir, por ejemplo, que la «mejor opción» es no entrenar para el sueño.

¿Esto significa que, en definitiva, debes entrenarlo para dormir? Por supuesto que no; cada familia es diferente, y quizá no quieran «dejarlo llorar» hasta el cansancio. Tienes que tomar tus propias decisiones, como en todo lo demás. Pero si quieres entrenarlo para dormir, no tienes razón para sentir vergüenza ni malestar por esta decisión. Los datos, por imperfectos que sean, están de tu lado.

¿QUÉ MÉTODO Y CUÁNDO?

La mayoría de los métodos que contemplan «dejarlo llorar» son variantes de uno de tres temas: extinción, solo vete y no regreses; extinción gradual, regresa a intervalos cada vez más largos; y extinción con presencia parental, siéntate en la habitación pero no hagas nada. Ferber es partidario del segundo, en tanto que Weissbluth está más a favor del primero.

Existe evidencia de que los tres métodos funcionan —quizá más sobre los primeros dos que sobre el tercero—, pero relativamente poca certeza sobre cuál funciona mejor. Por un lado, algunos reportes parecen encontrar que la extinción gradual es más fácil para los padres y tiene como resultado mayor consistencia; otros estudios han encontrado que hace que el llanto se prolongue.[16]

El único principio general es que la consistencia es la clave. Elegir un método, cualquiera que sea, y apegarse a él aumenta el éxito. Así que la consideración más importante aquí probablemente es qué piensas *tú* que puedes hacer. ¿Saber que puedes ir a ver a tu bebé te ayudará a sentirte mejor? ¿O preferirías cerrar la puerta y dejarla cerrada?

Esto también subraya la importancia de tener un plan. El entrenamiento del sueño no debería ser algo que decidas por capricho porque hoy tu bebé ha sido muy molesto. Debería ser algo planeado; de preferencia por ambos padres y cuidadores, y quizá también con tu médico. Y una vez que tienes el plan, respétalo.

Existe poca orientación sobre la edad apropiada para empezar el entrenamiento del sueño. La mayoría de los estudios se enfoca en el periodo de cuatro a quince meses de edad del bebé, aunque estos estudios tienden a analizar personas con bebés a quienes se les diagnosticaron problemas para dormir, por lo que, en promedio, serán más grandes. En general, será más fácil entrenarlo a los seis meses de edad que a los tres, y probablemente será más difícil entrenarlo a los dos años. Pero parece que estos funcionan en distintas edades.

Es importante observar que tus metas de entrenamiento pueden diferir dependiendo de la edad de tu hijo. Por ejemplo, Weissbluth sugiere que puedes empezar a entrenarlo para dormir a partir de las ocho o diez semanas de nacido. A esta edad la mayoría de los bebés *no* puede dormir toda la noche sin comer. No debes esperar que tu hijo de dos meses duerma doce horas seguidas, como tampoco debes frustrarte o sentir que eres un fracaso si no lo hace. La meta del entrenamiento para dormir en un bebé de diez semanas de nacido es exhortarlo a que se duerma solo al principio y que solo despierte cuando tenga hambre durante la noche.

Por otro lado, un bebé de 10 u 11 meses puede dormir toda la noche sin tener que comer, y entrenar a los bebés a esa edad se centra en que se duerman solos y se queden dormidos toda la noche.

En pocas palabras, el propósito del entrenamiento para dormir no es (a pesar de lo que algunos digan) privar a tu hijo de las necesidades básicas, como alimento o cambio de pañal. Consiste en ayudarlos a que se duerman de manera independiente una vez que esas necesidades están satisfechas.

UNA OBSERVACIÓN SOBRE LAS SIESTAS

Para la mayoría, los libros para dormir también sugieren que puedes usar en el día cualquier sistema que elijas para la noche. Esto incluye una versión de «dejarlo llorar».

Sin embargo, no he podido identificar ninguna investigación que se enfoque de forma específica en el entrenamiento para dormir durante el día. No existe razón particular para pensar que llorar durante el día sería más o menos dañino que durante la noche, por lo que no queda claro si la falta de investigación específica es un problema. Lo más complicado es saber si el entrenamiento para dormir en el día funcionará.

Dormir en el día es más difícil que en la noche. Se presenta más tarde (como dijimos en el capítulo sobre la organización del bebé) y se deja más pronto. Incluso los bebés que duermen muy bien en la noche tienen horarios variables para dormir en el día. Todo esto para decir que es posible que el entrenamiento del sueño para las siestas es más incierto que para dormir en la noche.

¿QUÉ HACER EN ESTE CASO?

Cuando Penelope era bebé vivíamos en Chicago, y teníamos a una pediatra maravillosa, la doctora Li, quien era adepta al método de Weissbluth. Nunca conocimos a Weissbluth en persona, pero la práctica en general apoyaba el entrenamiento para dormir. Entrenamos a Penelope para dormir basándonos en la guía aproximada del libro *Healthy Sleep Habits, Happy Child*.

Sin embargo, debo decir que nuestra consistencia no fue excelente. Empezamos con una modalidad de extinción gradual —ir a su habitación cuando lloraba—, lo que en definitiva mejoró las cosas, pero no funcionó por completo. Hubo meses de llanto intermitente y conversaciones interminables sobre cuánto tiempo debían durar los intervalos para ir a su cuarto, quién debía hacerlo, etcétera.

Finalmente, en una consulta con la pediatra, la doctora Li, le explicamos nuestro sistema. Ella nos dijo, con amabilidad y firmeza, que deberíamos dejar de ir a su habitación. Cuando lo hicimos, el entrenamiento para dormir dio resultado y Penelope adquirió buenos hábitos de sueño (hasta la fecha los conserva).

La segunda vez quise hacer un mejor trabajo con el entrenamiento para dormir. Con Finn teníamos un plan que hicimos por escrito, y al cual acordamos apegarnos.

Usamos el programa de gestión de trabajo Asana para planificarlo. Jesse elaboró el proyecto («Entrenamiento para dormir para Finn»), en el que podíamos hablar de los detalles en todas las etapas.

(Te preguntarás por qué no usamos el correo electrónico o, Dios no lo quiera, lo hablamos en persona. Preferimos evitar los correos electrónicos para los asuntos familiares porque llena las bandejas de entrada de nuestro trabajo y puede ser difícil encontrarlos después. Y hemos comprobado que es mucho más útil comunicarnos por escrito más que en persona, en particular cuando abundan opiniones y las emociones están a flor de piel. Puede ser más fácil debatirlo por escrito para que todos puedan pensar en lo que están diciendo. Así podemos ahorrar nuestras discusiones en persona para otros temas más emocionantes, como las contrataciones departamentales. ¡Divertido!).

Después de darle vueltas, acordamos el siguiente sistema.

PARTE 1: HORA DE DORMIR, INICIO DE LA NOCHE

- Acostar a Finn cuando fuera la hora de dormir de Penelope, alrededor de las 6:45 p. m.
- Ponerle la piyama y leerle un libro como parte de la rutina para ir a dormir.
- Darle de comer y acostarlo en su cuna.
- *No regresar a la habitación antes de las 10:45 p. m.*

PARTE 2: PROGRAMA DURANTE LA NOCHE

- Alimentar a Finn la primera vez que llore después de las 10:45 p. m.
- Después de esta comida, no volver a responder hasta al menos dos horas después de cada alimento.

Ejemplo: si la comida de medianoche es a las 12:30 a. m., entonces no volver a darle de comer por lo menos hasta las 2:30 a. m.

NOTA: EL PERIODO MÁS LARGO DE SUEÑO ES TEMPRANO EN LA NOCHE, POR LO QUE WEISSBLUTH DICE QUE DEBEMOS RESPONDER CON MAYOR FRECUENCIA DURANTE ESTE TIEMPO QUE AL INICIO DE LA NOCHE.

PARTE 3: LA MAÑANA

- Despertar entre las 6:30 y 7:30 a. m.
- Si está despierto a las 6:30, sacarlo de la cuna.
- Si no está despierto, puede dormir hasta las 7:30 como máximo. Si a esa hora sigue dormido, lo despertamos.

En general, el plan sigue el método Weissbluth. El propósito era hacer que Finn se durmiera solo a la hora de acostarlo, pero no privarlo de comida. Iniciamos esta rutina cuando tenía diez semanas de nacido y aún comía dos o tres veces durante la noche, pero pensamos que estaba listo para quedarse dormido solo al inicio de la noche.

En esta segunda oportunidad sí tuve éxito. Finn fue mucho más fácil de entrenar que Penelope; lloró como 25 minutos la primera noche, algunos minutos la segunda y muy poco después de eso. Para ser claros: sí despertaba (con frecuencia) durante la noche después de esta primera etapa. Cuando ya pudo dormir toda la noche tenía siete u ocho meses.

Creo que parte del éxito fue contar con un plan escrito. Quizá tú no quieras ser tan formal, e incluso si tienes un plan, es probable que te desvíes un poco de él: ¡está bien! Pero saber al menos a grandes rasgos cuál es el plan y acordarlo con tu pareja es una buena idea.

Sabemos que parte del éxito con Finn simplemente se debió a que era un bebé más fácil que Penelope. También éramos unos padres con mayor experiencia. Aunque trates a tus hijos exactamente igual, pueden ser distintos. Algunos responderán mejor que otros.

Por último, una gran parte de nuestro éxito en esta segunda oportunidad se debió a que Penelope estaba ahí.

Lo que da más miedo del entrenamiento del sueño es pensar que tu bebé te va a odiar la siguiente vez que vayas a verlo. La única esperanza para tener un verdadero éxito reside en que puedas convencerte de que el entrenamiento va a ser bueno para tu familia, y que te ayudará a ti y a tu bebé a descansar mejor. Y si puedes, también ayuda recordar que eso no le hará daño a largo plazo.

Por supuesto, es difícil recordar todo esto en el momento. La primera noche que lo intentamos con Finn, lloró y terminamos acostando a Penelope. Yo me sentía ansiosa; independientemente de lo convencida que estés de tu plan, es muy difícil escuchar a tu bebé llorar. Penelope me miró, muy seria, y me dijo: «Mamá, pase lo que pase, no puedes entrar. Tiene que aprender a dormir solo. Tenemos que ayudarlo a que lo haga».

En presencia de un niño que fue entrenado para dormir y que, obviamente, no te odia, es difícil aferrarte a ese miedo.

Conclusiones

- Los métodos que consisten en «dejarlo llorar» son eficaces para fomentar el sueño durante la noche.
- Existe evidencia de que el uso de estos métodos tiene buenos resultados para los padres, entre los que se incluyen menos depresión y mejor salud mental general.

continúa...

- No existe evidencia de daños a corto o largo plazo para los be- bés; si acaso hay alguna evidencia de beneficios a corto plazo.
- Hay evidencia de éxito para una amplia variedad de métodos específicos y muy poco para distinguir entre ellos.
  - Lo más importante es la consistencia: elige un método que puedas cumplir y apégate a él.

12

Después del pecho: empezar con alimentos sólidos

Gideon Lack es un investigador en el King's College de Londres. Estudia alergias en niños, en particular las alergias a los cacahuates. En algún momento, quizá en sus pláticas con colegas en Israel, el doctor Lack tuvo la impresión de que las alergias a los cacahuates eran mucho menos comunes entre los niños de Israel que en los de Gran Bretaña. Así, en 2008 publicó un artículo que probaba esta teoría. Con el uso de un cuestionario que cubría aproximadamente cinco mil niños en cada lugar y enfocándose en los niños judíos tanto en Israel como en Gran Bretaña, encontró que los niños en edad escolar en Inglaterra eran alrededor de diez veces más propensos a ser alérgicos a los cacahuates que los niños en Israel.[1] Casi 2% de los niños en Gran Bretaña era alérgico, frente a 0.2% de los niños israelíes.

En el artículo que mencionaba estos hallazgos, el doctor Lack y sus colegas no solo mostraron las diferencias prevalentes; especularon por qué existían estas diferencias: en particular, la exposición temprana a los cacahuates. Los niños en Israel estaban expuestos a los cacahuates a una edad más temprana; hay un bocadillo para niños que tiene cacahuate llamado *bamba*, y los investigadores afirmaban que esta exposición podría ser la causa de una menor incidencia de alergias a los cacahuates en los niños israelíes.

El lector cuidadoso sabrá que este tipo de afirmación es exactamente lo que me vuelve loca. ¡Hay una cantidad enorme de diferencias entre Israel y Gran Bretaña! Estas cuestiones no se abordan en absoluto utilizando solo a los niños judíos del Reino Unido. Una diferencia obvia es la tasa de diagnóstico: ¿qué pasa si en Gran Bretaña se diagnostican incluso las alergias leves a los cacahuates y en Israel únicamente las graves? Puesto que los datos solo se basan en un cuestionario, no tenemos manera de verificar la alergia o su gravedad.

Gideon Lack pudo detenerse ahí, dejándonos con un hecho interesante, pero vago, y alguna especulación no satisfactoria del por qué, pero no lo hizo. Prosiguió su idea con un método mucho más convincente: un ensayo controlado aleatorio.

En los años que siguieron a los hallazgos iniciales, Lack y sus colegas reclutaron a un grupo de alrededor de 700 bebés de entre cuatro y once meses de edad, y los organizaron en dos grupos aleatorios, uno expuesto a cacahuates y otro no. A los padres de los niños en el grupo expuesto se les dijo que dieran a sus hijos una dosis de cacahuates —aproximadamente seis gramos a la semana—, usando el bocadillo israelí bamba o mantequilla de cacahuate. A los padres de los niños del otro grupo se les dijo que evitaran los cacahuates.

Los investigadores seleccionaron a un grupo de niños que eran más propensos a padecer alergias a los cacahuates que la población general; esto era importante para asegurar que tendrían conclusiones más sólidas incluso con una muestra relativamente pequeña; y también dividieron la muestra en niños que no tenían sensibilidad a los cacahuates al inicio y quienes mostraban algún tipo de sensibilidad. Esto les permitió observar los efectos generales y los de los niños que eran más propensos a la alergia. Por supuesto, los niños fueron supervisados de cerca en caso de reacción adversa.

Los investigadores finalmente publicaron sus hallazgos en 2015, en el *New England Journal of Medicine*.[2] Los resultados, que pongo en una gráfica en la siguiente página, son asombrosos. Los niños expuestos a los cacahuates fueron menos propensos a ser alérgicos a ellos a los cinco años que los niños que no lo fueron. En el grupo que no consumió cacahuates, 17% de los niños fue alérgico a los cacahuates a los cinco años. (Recuerda que esta cifra es más alta de lo que sería en la población general por la manera en que los investigadores seleccionaron la muestra). Por su parte, solo 3% de los niños que recibió cacahuates fue alérgico.

Puesto que el estudio era aleatorio, no había otra razón más que la exposición a los cacahuates por la que los índices de alergia fueran distintos. Y estas diferencias se mostraron tanto en el grupo de alto riesgo a las alergias como en el de bajo riesgo.

Este es un hallazgo sorprendente, por decir lo menos. Sugiere que la exposición temprana a los cacahuates ayuda a los niños a evitar que desarrollen alergia a los mismos. El hallazgo es particularmente notable porque sugiere que el consejo común que hasta ahora se le ha dado a los padres sobre los cacahuates es completamente erróneo. (Con Penelope nos dijeron que esperáramos hasta que tuviera un año de edad para dárselos). Este consejo se da en particular a las personas cuyos hijos corren un riesgo más alto de padecer alergia.[3]

No es exagerado decir que este consejo ha empeorado las cosas y que, de hecho, podría ser en gran medida responsable del aumento de alergia a los cacahuates en los últimos veinte años. ¿Por qué tu hijo debe llevar mantequilla de semillas de girasol a la escuela? Quizá sea la culpa de malos consejos de salud pública.

Como consecuencia de estos hallazgos, las recomendaciones sobre la exposición a los cacahuates han cambiado por completo. Ahora es normal recomendar una exposición temprana a los cacahuates, en particular para niños con riesgo de padecer alergia. Se espera que, con una mayor difusión y uso de estas recomendaciones actualizadas, haya menos alergias mortales a los cacahuates. Y podemos agradecérselo a Gideon Lack. Por supuesto, esto subraya los problemas al basar sus recomendaciones iniciales en poca o ninguna evidencia.

El momento de darle cacahuates no es la única recomendación que escucharás sobre los alimentos. La Academia Americana de Pediatría (entre otras fuentes) tiene sitios web completos dedicados a recomendar que tu hijo empiece a consumir alimentos sólidos. Solo que la mayoría de las veces ofrecen muy poca evidencia real que apoye estas recomendaciones.

Las recomendaciones de la AAP hacen eco a la forma occidental tradicional en la que empiezas a darle comida a tu bebé. Esto comienza entre los cuatro y seis meses, con cereal de arroz o avena. Alimentas a tu hijo con una cuchara. ¡Te aseguras de tomar unas fotos adorables para enviarles a los abuelos! También serán útiles en la boda de tu hijo.

Después, unos días o semanas más tarde, le das fruta y verdura, una variedad a la vez, cada tres días. El consejo estándar es dar la verdura primero para que los niños no sepan que la fruta sabe mejor. Alrededor de un mes después le das carne. Todo en forma de puré y con cuchara.

Con Penelope seguimos esto al pie de la letra. Hice una breve incursión en preparar yo misma la comida de la bebé, a lo que renuncié casi de inmediato. Sí, invertí en el suministro más grande del mundo de comida orgánica para bebé, Earth's Best. De hecho, teníamos un armario especial dedicado a los frascos. Cuando al final Penelope rebasó la edad para consumirlos, aún teníamos cajas completas de tarros de pollo con camote «Etapa 2».

Al final lo alimentas con comida que el niño puede tomar con las manos. Esto incluye Cheerios y arroz inflado. Poco a poco, cerca del año, eliminas gradualmente los purés. (En caso de que te lo preguntes, sí, un banco de alimentos aceptará esos tarros que tienes almacenados en el armario).

Sin duda no hay nada malo con estas recomendaciones *per se*. Les han funcionado a muchas personas durante muchos años.

Y hay un razonamiento detrás de esta estrategia. Antes de los cuatro meses es posible que tu bebé no pueda comer alimentos sólidos —esta capacidad es fundamentalmente diferente a la de lactar o tomar de un biberón—, y no hay razón para darles nada que no sea leche materna. También existe la preocupación en cuanto a llenarles el estómago de comida que, a diferencia de la leche materna y la fórmula, no les brindan los nutrientes apropiados para su edad. Esto explica la recomendación de cuándo comenzar.

Empiezas con cereal de arroz porque es insípido y puedes mezclarlo con leche materna o fórmula que tu hijo puede comer más fácilmente. Estos cereales también están fortificados con hierro, que es útil si estás amamantando a tu bebé porque a esa edad es posible que la leche materna ya no le brinde el hierro suficiente.

La separación entre una y otra etapa de la introducción de alimentos sirve para saber si alguno de ellos provoca una alergia. Si le das a tu hijo fresas, huevo, jitomate y trigo, todo el mismo día, y tiene una reacción alérgica, será difícil saber qué alimento la causó.

Todos estos argumentos son lógicos, pero no hay muchas pruebas sobre los detalles. En el mejor de los casos, describiría estas recomendaciones como basadas en la lógica más que en la evidencia.

Por ejemplo, no hay evidencia sobre el orden en que se debe presentar la comida. Si quieres empezar con zanahoria o ciruela pasa en lugar de cereal de arroz, no encontraré razones en la evidencia publicada por las que no debas hacerlo. Por supuesto, quizá tu bebé estará más cómodo con el cereal de arroz, pero la zanahoria es mucho más sabrosa. Finn pensaba que esos cereales eran una broma. El único cereal de arroz que comió fue el arroz congee de nuestro restaurante chino favorito.

Asimismo, existe cierta sensibilidad detrás de la idea de esperar entre un alimento y otro. Casi todas las alergias son provocadas por uno de pocos alimentos —leche, huevo, cacahuates y frutos secos— y es razonable no dárselos al mismo tiempo. Pero la mayoría de las

241

personas no es alérgica a la mayoría de los alimentos. Sí, puedes ser alérgico a los chícharos, pero es muy poco común. Esto no significa que haya algo malo con el plan de cada tres días, y con base en otra evidencia de que los niños necesitan probar un alimento algunas veces antes de que les guste, quizá haya una razón para enfocarse en agregar nuevos alimentos uno a uno. Por otro lado, si planeas darle a tu hijo todos los alimentos antes de que cumpla un año, en algún momento tendrás que apurarte.

Esto se relaciona con pequeñas modificaciones alrededor del plan tradicional para introducir comida. Pero algunas personas van más allá y cuestionan la estrategia de alimentarlos de puré con una cuchara. Una alternativa, cuya popularidad ha aumentado en años recientes, se conoce como «destete dirigido por el bebé». En esta práctica, en lugar de introducir alimentos hechos puré y dárselos al niño con una cuchara, esperas hasta que sea lo bastante grande como para tomar la comida con sus propias manos y luego haces que coma más o menos lo que la familia come.

Usé esta estrategia con Finn. Me gustaría decir que fue porque descubrí bastante tarde mucha evidencia que sugería que era mejor. Pero de hecho, fue porque no podía soportar otro armario lleno de tarros. El destete dirigido por el bebé implica darle a tu hijo solo la comida que tú consumes. ¡Esto parecía genial! Ya producía esa comida. Estaba completamente a favor de adoptar una estrategia más sencilla que preservara el espacio en mi armario.

Los defensores del destete dirigido por el bebé no se centran normalmente en los beneficios de una crianza perezosa. En vez de eso, citan los beneficios para tu hijo: los bebés aprenden a regular la cantidad de comida que ingieren, lo que resulta en una menor incidencia de sobrepeso u obesidad, aceptan una gran variedad de alimentos y tienes una mejor experiencia familiar durante las comidas.

La evidencia que respalda estas afirmaciones es, no obstante, limitada.[4] El punto principal es que el tipo de padres que probablemente intentarán hacer esto son distintos de los que usan una estructura más tradicional para alimentarlos. Tienden a tener ingresos más altos, mayor nivel de educación, y más probabilidades de poder sentarse a comer todos juntos en familia, etcétera. Estos factores también se relacionan con la experiencia a la hora de la comida y la calidad de la dieta, lo que hace difícil separar el papel que desempeña un sistema de introducción de alimentos en el destete.

La mejor evidencia con la que contamos proviene de un (pequeño) ensayo aleatorio en 200 familias.[5] Los resultados respaldan algunas de las afirmaciones sobre el destete dirigido por el bebé, pero no todas. Los padres del grupo de destete dirigido por el bebé informaron que sus hijos fueron menos remilgosos para comer y fueron más propensos a comer con su familia. También fueron más propensos a amamantar más tiempo y a aplazar la introducción de alimentos (es decir, lo hicieron hasta que el bebé tuvo aproximadamente seis meses en lugar de a los cuatro).

Por otro lado, este estudio no encontró diferencias en si los niños tenían sobrepeso u obesidad a los dos años de edad, y no encontraron diferencias en los nutrientes que consumían los niños o la ingesta total de calorías. Los investigadores observaron que esto era difícil de medir, puesto que se embarran mucha de la comida. Los niños comían de forma ligeramente diferente —el grupo de destete dirigido por el bebé era más propenso a comer carne y sal, por ejemplo—, pero estas diferencias no apuntaban en ninguna dirección sistemática.

Una de las inquietudes principales de aplicar esta estrategia es que el bebé podría atragantarse al no poder tragar pedazos grandes. El estudio mostró que el atragantamiento no era más común en el grupo de destete dirigido por el bebé que en el grupo tradicional al que alimentaban con cuchara. Sin embargo, el atragantamiento es bastante común en todos los bebés, y a las personas en el estudio se les exhortó a no introducir alimentos que presentaran riesgos significativos de ahogamiento. Un niño de cuatro meses no debería ingerir pedazos grandes de fruta dura, ya sea que el bebé dirija o no.

Este estudio siguió a 200 personas; es claro que conocer respuestas detalladas a estas preguntas requeriría mucho más que eso. Si deseas intentar el destete dirigido por el bebé, no hay ninguna evidencia que diga que es mala idea. Si no lo deseas, tampoco hay nada convincente que diga que debas hacerlo.

Una nota final sobre los tiempos: existe un debate sobre el momento correcto para introducir alimentos sólidos y, en particular, la pregunta de si el hacerlo muy temprano dará como resultado posteriormente que los niños se vuelvan obesos. ¿Cuál es la razón para esperar cuatro meses? ¿En verdad debes esperar seis meses o más? La mayoría de las razones para esperar hasta los cuatro meses son psicológicas —en realidad, los bebés no pueden comer antes de esta edad—, pero esperar más tiempo no parece ser importante. Existe alguna relación entre el momento de introducir los alimentos y la obesidad infantil, pero parece que se debe a otros factores, como el peso y la dieta de los padres.[6]

¿LO QUE LES DAS DE COMER A TUS HIJOS IMPORTA?

Decidir si vas a empezar a darle purés es una cosa, pero aquí hay una cuestión más importante: ¿exactamente qué deberías darle de comer a tu hijo? La conclusión es que, más o menos, todos en el planeta comen, y todos más o menos comen alimentos sólidos, así que independientemente de cómo introduzcas los alimentos, lo más probable es que termines con un hijo que come algo.

Sin embargo, no hay garantías de que a tu hijo le guste una gran variedad de alimentos, coma de forma sana y esté dispuesto a intentar nuevas cosas. Quizá no es difícil tener un hijo que coma nuggets de pollo y hot dogs, pero ¿cómo terminas con uno que adore el kale sofrito y el kimchi con calamar? ¿O al menos uno que quiera probarlo?

Debemos reconocerlo: este problema quizá no sea importante para todos. Quizá te interese que tu hijo desee comer algunas verduras, pero no te importa particularmente si es quisquilloso o no.

No hay nada malo con un niño que solo come brócoli y pasta, siempre y cuando eso funcione para tu familia. Más aún, quizá no te importe si el niño solo come pasta, asumiendo que comerá brócoli cuando crezca. En este caso, tendrás que pensar con más cuidado sobre cómo tu hijo obtendrá las vitaminas necesarias, fuera de eso, no es problemático.

Cuánto te importe esto dependerá de cómo se alimenta tu familia. Durante un tiempo preparé dos cenas: una para Penelope y más tarde una para nosotros; y resultó ser demasiado. Al final cambiamos tanto lo que comíamos como lo que ella comía para poder hacerlo juntos. Pero muchas personas están bien con el sistema de dos comidas.

Sin embargo, supongamos que te importa promover una «dieta sana». La buena noticia es que hay mucha investigación sobre el tema. La mala es que mucha de ella no es muy buena.

Considera un artículo de 2017 que recibió mucha atención de los medios de comunicación.[7] Los autores estudiaron a 911 niños de los nueve meses hasta los seis años de edad y relacionaron su dieta temprana con la dieta posterior. Encontraron que los niños que comían una dieta variada —y en particular quienes consumían una gran variedad de frutas y verduras— a los nueve meses eran más propensos a comer una dieta variada con verduras que a los seis años.

Los investigadores concluyeron que el gusto se educa temprano y que, por lo tanto, es importante exponer a los niños a una variedad de alimentos a edad temprana.

Sin duda esta es una posible explicación de los resultados. Pero en ningún sentido la más probable. Otra explicación más plausible es que los padres que alimentan a sus hijos con verduras al año también son más propensos de darles verduras a los seis años. Esto es solo un problema muy básico de causalidad, y es difícil aprender algo aquí.

No obstante, podemos obtener algunas pistas sobre las verdaderas relaciones subyacentes de estudios más pequeños e indirectos.

Considera el siguiente ejemplo, que es muy claro. Los investigadores reclutaron a un grupo de mamás y les asignaron de manera aleatoria una dieta «alta en zanahoria» y «baja en zanahoria» durante el embarazo y la lactancia. Las mamás con la dieta alta en zanahoria bebían mucho jugo de zanahoria.

Cuando sus hijos estuvieron listos para el cereal de arroz, los investigadores les ofrecieron (a los bebés, no a las mamás) cereal con agua o saborizado con zanahoria. Los niños cuyas mamás habían comido más zanahoria tendían más a preferir el cereal de zanahoria (como se muestra por su consumo y expresión facial, y posiblemente también si levantaron el plato y lo aventaron al suelo).[8] Esto sugiere que la exposición al sabor —en este caso a través de la placenta y la leche materna— afecta la receptividad de los niños a nuevos sabores.

En relación con esto, hay evidencia aleatorizada de que una exposición repetida a la comida —quizá darles a los niños pera todos los días durante una semana— una vez que los niños empiezan a comer alimentos sólidos, aumenta su gusto por ella. Esto funciona con las frutas, pero también con las verduras, incluso las amargas.[9] Refuerza la idea de que los niños pueden acostumbrarse a distintos sabores y que les gustan los que les son familiares.

Esto no debería ser de sorprender. Las personas comen distinto en diferentes culturas, y sabemos que la gente sigue expresando sus preferencias por los alimentos que comieron de niños, incluso si cambian de zona geográfica.[10]

Considerado en su conjunto, por un lado, desde la perspectiva global de salud pública, dudaría mucho en concluir que la falta de exposición a las verduras al primer año fue el problema principal con la dieta del niño más grande. Quizá el problema resida en los alimentos que ofrecen a los niños en ambas edades. Por otro lado, desde el punto de vista de un padre individual, si quieres que tu hijo coma una variedad de alimentos, esto sugiere que es benéfico exponerlo de forma repetida a estos sabores.

Sin embargo, incluso si comes cualquier cosa extraña mientras amamantas, y expones con cuidado a tu hijo a las coles de Bruselas durante semanas, es posible que al final sean un poco quisquillosos con la comida. Los investigadores clasifican esta actitud en dos grupos: neofobia alimentaria (miedo a nuevos alimentos) y alimentación quisquillosa o irritable, en la que al niño sencillamente no le gustan muchos alimentos.

Antes de entrar en estos temas y en cómo podríamos remediarlos (difícil), deberías saber que la mayoría de los niños son más quisqui-llosos aproximadamente a los dos años, y poco a poco se les quita en la escuela primaria. En ocasiones es una sorpresa para los padres —tu hijo de 18 meses come como caballo y, de pronto, a los dos años, empieza a ser muy selectivo y en general no come mucho—. He estado en muchas cenas en las que uno de mis hijos come un bocado y dice: «¡Ya acabé!».

Este cambio puede llevar a expectativas poco realistas de los pa-dres sobre cuánto comerá su bebé o niño. Como afirma un artícu-lo de revisión de 2012, «La mayoría de los niños entre uno y cinco años de edad que acuden con sus padres porque se niegan a comer están sanos y tienen un apetito apropiado para su edad e índice de crecimiento».[11] El artículo señala también que el tratamiento más útil para este problema es el asesoramiento para los padres, no tiene nada que ver con el niño. Gracias por el juicio, investigadores.

Esto sugiere que, incluso si tu hijo en ocasiones no come mucho, lo más probable es que no debas preocuparte demasiado, pero esto no responde a la pregunta de cómo puedes tratar o evitar que sea quisquilloso en general. Este es un tema interesante de investigar. Un estudio que me gusta mucho dio seguimiento a 60 familias de niños de 12 a 36 meses, conforme intentaban introducir nuevos alimen-tos. Una noche las familias grabaron un video de sus interacciones durante la cena para que los investigadores pudieran estudiar lo que parecía influir en la adopción de nueva comida.[12]

Este estudio informó lo que los padres hacen en realidad, más que lo que dicen que hacen. Esto es bueno porque ninguno de nosotros es particularmente bueno para informar nuestro verdadero compor-tamiento. El hallazgo principal muestra cómo los padres hablan del nuevo alimento. Los niños son más propensos a intentar comerlo, con lo que los investigadores llaman *señales de apoyo a la autonomía*;

es decir, comentarios como: «Prueba tu hot dog» o «Las ciruelas pasas son como uvas grandes; te pueden gustar». Por el contrario, son menos propensos a probar nuevos alimentos si los padres usan *señales coercitivas de control*; por ejemplo: «Si terminas la pasta puedes comer helado» o «¡Si no comes, te voy a quitar el iPad!».

Otros estudios muestran que la presión de los padres para que prueben nuevos alimentos, o al comer en general, está asociada con un mayor rechazo a ellos, no a una disminución de este.[13] Estos estudios también muestran que el rechazo a los alimentos es más común en familias cuyos padres ofrecen una alternativa. Es decir, si tu hijo no come brócoli y en su lugar le ofreces nuggets de pollo, puede que le estés enseñando que esta es siempre la recompensa por no comer nuevos alimentos. Este problema se agrava por la preocupación de los padres de que su hijo no esté comiendo lo suficiente (lo que, como dije con anterioridad, probablemente no es verdad).

Toda esta información implica un consejo general: ofrécele a tu niño una gran variedad de alimentos y sigue ofreciéndoselos incluso si los rechaza al principio. Conforme crecen, no te asustes si no comen tanto como esperas, y sigue ofreciéndoles alimentos nuevos y variados, no los reemplaces con algo que sí les guste. Y no uses amenazas ni recompensas para forzarlos a comer.

Este consejo es fácil de dar, pero puede ser difícil de realizar. Es frustrante sentarse a comer algo delicioso con tu hijo de cuatro años si grita que odia la comida y no comerá nada. No tengo una perfecta solución para esto, más que tapones para los oídos.

También intenté entrenar a Finn para que dijera: «No me gusta el guisado de carne», en lugar de: «ODIO EL GUISADO DE CARNE», puesto que al menos suena más amable, aunque siga acompañado de empujar el plato y hacer un puchero. (La crianza es un maratón y no una carrera).

Todo este debate se basa en la suposición de que tu hijo no tiene en verdad un problema con el aumento de peso o la nutrición. Si estás preocupada, para eso está el pediatra: puede revisar el aumento de peso, la desnutrición, falta de vitaminas, etcétera. Para los niños que están desnutridos existe un conjunto de lineamientos distintos, la mayoría de los cuales son más intensos y complejos para aumentar la ingesta.

ALERGENOS

La historia al inicio de este capítulo da un sentido de cómo han cambiado las recomendaciones para los cacahuates: dáselos antes, no después. Lo que la historia no muestra es si esto se traduce de manera más general a los alergenos alimentarios, y exactamente cómo debes introducirlos.

Para la primera pregunta la respuesta probablemente es sí. La mayoría de las alergias resultan de ocho tipos de alimentos: leche, cacahuates, huevo, soya, trigo, frutos secos, pescado y mariscos. La incidencia de estas alergias ha aumentado con el tiempo, quizá como resultado de una mejor higiene (menos exposición a alergenos en etapas tempranas), y claramente debido en parte a una falta de introducción temprana.

La leche, el huevo y los cacahuates representan una gran parte de estos. Ya cubrimos la evidencia de los cacahuates. Otra investigación sugiere un mecanismo similar para los huevos y la leche.[14] La evidencia sobre la leche no es tan convincente como las otras dos, pero quizá solo porque aún no se han publicado grandes estudios.

Todo esto apunta a la posible importancia de introducir estos alergenos temprano, probablemente desde los cuatro meses. (La leche se puede introducir en forma de yogur o queso).

Es importante aclarar, aunque el lenguaje aquí es sobre la «introducción», que estos estudios incluyen también una exposición regular. No es suficiente que tu hijo pruebe la mantequilla de cacahuate o los huevos. En verdad tienes que seguir dándoselos con frecuencia.

Lo que lleva a la pregunta: ¿cómo lo hago?

Esta es una situación en la que es buena idea ir despacio. Trata con un poco al principio —solo un alimento alergeno en un día dado—

y ve cómo reacciona. Si no pasa nada, dale un poco más. Y así hasta que llegues a una cantidad normal.

Y después haz rotar estos alimentos.

Esto es mucho, en particular porque la mayoría de los bebés en realidad no come mucho. Exponerlos de manera consistente a los cacahuates, yogur y huevo, además de todo lo demás (¿qué tal chícharos?) requiere trabajo logístico. Si te intimida, y en especial si estás muy preocupada por estos temas, existen algunos (nuevos) productos que contienen formas en polvo de estos alimentos y se usan mezclados con la leche materna, fórmula o cereales.

OTROS ALIMENTOS PROHIBIDOS

Más allá de los alergenos, existen algunos alimentos en la lista de «alimentos prohibidos»: leche de vaca, miel, alimentos que impliquen riesgo de asfixia y bebidas endulzadas con azúcar. ¿Estos pertenecen a la lista?

Obviamente, el último no es solo en la infancia. En definitiva, los refrescos se desaconsejan para bebés y niños (y adultos). Tu hijo de seis meses no necesita una Coca-Cola. El jugo es más controvertido (y, de hecho, recuerdo una infancia dominada por el jugo de naranja), pero, en general, los niños pequeños deberían consumir fórmula, leche materna o (una vez que empiezan con alimentos sólidos) agua. La fruta entera o el puré de fruta es preferible a los jugos de frutas.

También se debe evitar el riesgo de asfixia —nueces, uvas completas, caramelos duros— por razones obvias. Los bebés y niños pequeños se ahogan, y estos alimentos son más susceptibles de provocar ahogamiento. Las uvas están bien si se cortan en pedazos, las nueces están bien en forma de mantequilla de nuez, y los caramelos duros no se recomiendan por otras razones.

La leche de vaca sea tal vez la recomendación más complicada, en parte porque interactúa con los problemas de alergenos descritos con anterioridad. Es importante introducir algunos lácteos —yogur y queso— para evitar las alergias. Pero la leche en sí misma está prohibida.

El problema es que la leche de vaca no es un sistema de nutrición infantil completo, y si tu hijo toma mucha leche limitará la ingesta de fórmula o leche materna. En particular, los bebés que consumen leche de vaca como fuente primaria son más propensos a tener deficiencia de hierro.[15] La evidencia solo dice que no se debería reemplazar la fórmula o la leche materna con leche de vaca. Sin embargo, no hay problema si se agrega a la avena o el cereal.

Por último, la miel. El problema con la miel es que podría provocar botulismo infantil. El *botulismo infantil* es una enfermedad grave; básicamente, es una toxina que interfiere con las funciones neurológicas y puede afectar la capacidad del bebé para respirar. Es más común antes de los seis meses y es tratable, con un muy alto índice de éxito. Aun así, el tratamiento no es fácil: en general el bebé necesita estar conectado a un respirador durante unos días hasta que puede volver a respirar por sí solo.

La toxina que provoca esto, *Clostridium botulinum*, se encuentra en la tierra y en todos lados, incluida la miel. Esto, combinado con el hecho de que hubo varios reportes de casos entre las décadas de los setenta y ochenta en los que los bebés que desarrollaron botulismo consumieron miel, llevó a la recomendación de evitarla durante el primer año de vida (en ocasiones hasta los dos o tres años).

La pregunta de qué tan importante es la miel como fuente del botulismo está abierta. Aunque la prohibición de la miel se ha publicitado ampliamente en las últimas décadas, en realidad no ha habido ningún cambio en el índice de botulismo infantil.[16] Esto sugiere que otras fuentes de botulismo son más importantes en la práctica. Así que quizá esto sea una exageración, pero las desventajas de evitar la miel también son limitadas.

SUPLEMENTOS VITAMÍNICOS

La gente pasa mucho tiempo diciéndote lo maravillosa que es la leche materna, ¡que es el alimento más maravilloso del planeta y contiene todo lo que tu bebé necesita! Después, casi de inmediato te dan una botella de gotas de vitamina D y te dicen que, de hecho, la leche materna no tiene suficiente vitamina D y que debes recordar darle esas gotas a tu bebé todos los días, de lo contrario podría padecer raquitismo.

Podría decir que recordar estas gotas fue un «reto» para nuestra familia. Varias conversaciones a gritos de un lado al otro de la casa para saber si alguien le había dado o no las gotas ese día. Los días se hacen borrosos. ¿Fue ayer o hace tres semanas?

Quizá deberíamos considerarnos afortunados de que Penelope y Finn no padecieron raquitismo.

De nuevo, quizá este riesgo es exagerado.

La creencia general de la suplementación de vitaminas (para cualquiera: adultos, niños, bebés) es complicada. Es cierto que la deficiencia de algunas vitaminas puede provocar problemas graves. La deficiencia de vitamina D provoca raquitismo. Se sabe que la deficiencia de vitamina C causa escorbuto, según se reconoció por primera vez en los marinos que pasaban meses sin comer ninguna fruta o verdura. Sin embargo, si consumes una dieta variada típica —incluso una que sea muy poco sana según todas las normas—, es muy poco probable tener una deficiencia grave de cualquiera de estas vitaminas.

En general, tu bebé o niño no necesita multivitamínicos (nada de vitaminas masticables de los Picapiedra). Si solo comen una dieta *muy* limitada, es posible que sea necesario un multivitamínico, pero sería poco usual. Incluso un niño que parece quisquilloso para comer recibirá suficientes vitaminas de sustento. Un bebé que es amamantado también obtendrá la mayoría de las vitaminas de esta manera.

Dos posibles excepciones a esto son la vitamina D y el hierro.

La vitamina D no está presente en muchos alimentos y tampoco en altas concentraciones en la leche materna. Las personas obtienen la vitamina D mediante la exposición al sol; pero puesto que muchos vivimos en casas que están en lugares fríos y no en la sabana, la exposición al sol no siempre es constante.

Como resultado, muchos bebés y niños se consideran deficientes en vitamina D. Esto podría ser hasta en una cuarta parte o más de niños blancos, y mayor entre los niños de color (la piel más oscura reduce la absorción de vitamina D del sol).[17] Aquí la deficiencia se define como una concentración de vitamina D en la sangre por debajo del nivel apropiado.

Lo que queda menos claro es si esto en verdad tiene un impacto real para la salud. Escasos estudios han considerado los verdaderos *resultados* asociados con la vitamina D, como el crecimiento óseo. En dos que lo hicieron —ensayos aleatorios muy pequeños sobre la suplementación— no hubo repercusiones en el crecimiento o salud ósea, aun cuando aumentó la concentración de vitamina D en los bebés.[18]

Esto no significa que no deberías usar suplementos de vitamina D. Y por supuesto, el raquitismo sucede principalmente en países en vías de desarrollo con serias limitaciones nutricionales. Pero sí sugiere que si las olvidas uno que otro día, no deberías preocuparte.

Si no te sientes cómoda dándole suplementos a tu bebé directamente, existe evidencia de que, si estás amamantando, altos niveles de suplementación para la mamá aumentarán su concentración de vitamina D y lograrán un propósito similar.[19]

En ocasiones también los lactantes tienen deficiencia de hierro, lo que puede provocar anemia. La leche materna es baja en hierro. Por lo común no se recomienda una suplementación de hierro a menos que el recién nacido muestre signos de anemia, y el cereal de arroz tiene hierro; así que cuando tu hijo empiece a comer, este problema disminuirá. Asimismo, los índices de anemia se mejoran con el pinzamiento tardío del cordón umbilical (ver la parte 1), que es mucho más fácil que la suplementación.

Todos estos suplementos se aplican a los bebés lactantes. La fórmula contiene hierro y vitamina D, junto con el resto de las vitaminas.

Así que si usas fórmula incluso en algunas ocasiones, es poco probable que tu hijo padezca estos problemas.

Conclusiones

- La exposición temprana a los alergenos reduce las incidencias de alergias alimentarias.
- Los niños necesitan tiempo para acostumbrarse a nuevos sabores, por lo que es valioso seguir intentando con un alimento si lo rechazan la primera vez, y la exposición temprana a distintos sabores aumenta la aceptación.
- No existe mucha evidencia que respalde las recomendaciones de la introducción de alimentos tradicionales; no es necesario que le des cuanto antes cereal de arroz si no quieres.
- El destete dirigido por el bebé no tiene propiedades mágicas (al menos no con base en lo que ahora sabemos), pero tampoco hay razón para que no lo hagas si quieres hacerlo.
- Darle suplemento de vitamina D es razonable, pero no te asustes si lo olvidas de vez en cuando.

De recién nacido a bebé

Los bebés son agotadores de muchas maneras: no duermen, no pueden decirte qué quieren, comen todo el tiempo en horarios impredecibles. Cuando tienes un recién nacido o un bebé de cuatro meses es posible que esperes el momento en el que tu hijo pueda cenar sentado a la mesa y decirte qué quiere.

Pero cuando sucede te das cuenta de que esto no siempre es tan maravilloso como pensabas. Piensa en la batalla de los calcetines. Con un bebé puede ser difícil encontrar calcetines que no se caigan. ¡Pero es fácil ponérselos! Están felices si se los pones, es fácil manipularlos. Con un bebé, rara vez te preocupas por levantarte temprano para poder tener tiempo de ponerle los calcetines.

No es así con un niño pequeño.

—¡A ponerse calcetines y zapatos! —dices 11 minutos antes de salir de casa.

—¡NO! No QUIERO calcetines! ¡No los QUIERO! —Pataleta, muecas, los brazos cruzados en actitud de enojo.

—Te ayudo a ponerte los calcetines.

Forcejeo.

—¡¡¡AHHH!!! ¡¡¡NOOOO!!!

—Si no me dejas ponerte los calcetines, le diré a papá que venga a ayudarme.

—¡CALCETINES NO! ¡¡¡CALCETINES NOOO!!!

—Mi amor ¿me puedes ayudar?

Llega el otro padre y mantiene al niño inmóvil.

Los calcetines están puestos. ¡Genial! Vas a buscar los zapatos. Regresas. El niño ya se quitó los calcetines; no lleva calcetines, solo una sonrisa malvada. También se quitó los pantalones.

Los niños pequeños son otra cosa. Son divertidos, juguetones, es emocionante tenerlos cerca. Pero también se resisten. Al mismo tiempo, hay otras cosas que intentas hacer con ellos, cosas con las que necesitas su ayuda. Entrenarlos para dormir, vacunarlos —son cosas que puedes hacer sin su cooperación—. No pasa lo mismo cuando se trata de entrenarlos para ir al baño. Puedes establecer un sistema, tener calcomanías, M&M's, un video especial para usar la bacinica. Pero finalmente tu hijo tendrá que decidir usar el baño. Es solo un hecho: no puedes forzar a nadie a hacer popó.

Criar a un niño pequeño también parece de alguna manera más relevante que criar a un bebé. Conforme ves aparecer la personalidad de tu hijo, también empiezas a ver con qué tendrá problemas. Y tú, de pronto, te enfrentas a opciones —como el tiempo de pantalla o a qué tipo de preescolar enviarlo— que parece que seguirán a tu hijo para siempre. Además de todo esto, agrega el problema de la disciplina, en la que de repente tienes que pensar y que se suma a un problema de crianza mucho más complejo.

Conforme tu hijo crece, los métodos de crianza basados en evidencia se vuelven más desafiantes. Cuantas más variaciones hay en los niños, más difícil es sacar conclusiones de los datos. La heterogeneidad entre los niños significa que lo que funciona para uno puede no funcionar para otro, y si consideras que hay un efecto de alguna de las estrategias en promedio, quizá no obtengas nada, incluso si funciona muy bien para algunos niños.

Sin embargo, hay algunos principios generales que debemos aprender. En esta parte del libro también hablaré un poco de los hitos —algunos físicos, que verás durante el primer año, y orientados al lenguaje, que vendrán después—. La mayoría nos preocupamos, al menos algunas veces, ya sea que nuestros hijos se desarrollen normalmente o no. «¿Por qué mi hija no gatea, camina o corre? ¿Por qué mi bebé de 16 meses solo dice "da" para todo?». Probablemente no hay ninguna decisión sobre esto, pero saber algo sobre los datos puede relajar incluso al más neurótico.

Por desgracia no he encontrado ninguna información que aborde el problema de los calcetines. Sigo con la esperanza de un progreso tecnológico que haga aparecer de la nada un calcetín que se pegue a la pierna de tu hijo. Permanece atenta.

13

Caminar temprano, caminar tarde: cambios físicos importantes

El hijo de mi amiga Jane nació tres meses después que Penelope. Cuando crecieron un poco —cinco, seis, siete meses— la diferencia de edad no era obvia, pero antes era difícil creer que fuera cierto. Cuando nació Benjamin, Penelope parecía gigante. Cuando era un recién nacido rechoncho de seis semanas de edad, ella tenía cuatro meses y medio, ya en camino de ser un bebé hecho y derecho.

Pero llegaron los primeros pasos. Al año, como cualquier niño promedio, Benjamin se levantó y comenzó a caminar. Penelope no. Cuando él empezó a caminar, ella tenía 15 meses y no mostraba ningún interés. A veces es fácil ignorar que tus hijos son diferentes al promedio, pero es más difícil si al promedio lo ves todo el tiempo.

En la consulta de control de Penelope a los 15 meses de edad, la siempre tranquilizadora doctora Li me dijo que no me preocupara por eso. «Si no camina a los 18 meses», dijo, «recurriremos a la intervención temprana. ¡Pero no te preocupes! Ella se las arreglará». La intervención temprana es un programa gubernamental diseñado para ayudar a los niños en edades tempranas que tienen retrasos en el desarrollo, ya sean físicos o mentales. Este es un programa muy valioso al que se puede recurrir; sin embargo, no me gustó la sugerencia de que nos estábamos acercando.

Intenté explicarle a Penelope cómo caminar; no le importó. Traté de estimularla, y solo conseguí hacerla enojar.

Entonces, casi dos semanas después de la consulta, Penelope caminó. Como si no pasara nada. Quizá porque estaba muy grande

261

cuando aprendió, no se cayó mucho tampoco, sencillamente pasó de gatear a caminar con toda normalidad en uno o dos días. De inmediato olvidé mi miedo de que quizá nunca caminaría y pasé a otras neurosis. (Siempre hay más neurosis a la vuelta de la esquina cuando estás criando).

No creo que mi experiencia haya sido única. En ese momento los cambios físicos importantes —sentarse, gatear, caminar, correr— tienen una importancia enorme. Tengo muchas notas de los primeros meses de la vida de Penelope sobre su capacidad para voltearse (se volteó muy pronto a la izquierda, pero muy poco a la derecha). El control de la cabeza está entre los primeros medios con los que contamos para evaluar cómo van nuestros hijos.

Por lo tanto, la incapacidad de lograr estos parteaguas en el momento esperado preocupa a los padres. Creo que parte del problema es enfocarse en las edades promedio; por ejemplo, «la mayoría de los niños caminan al año». Esto es cierto, pero no considera el hecho de que hay una amplia *distribución* en lo que se considera normal.

Estamos acostumbrados a pensar estas distribuciones en, digamos, el peso de nuestro hijo. El peso promedio de un bebé de un año es de 10 kilos, pero hay algunos que pesan menos y otros más. Cuando vas al pediatra a la consulta del año del bebé, te dicen algo así como: «Tu hijo está en el percentil 25 de peso».

En el caso de los cambios importantes —desarrollo físico y de lenguaje— en realidad no hablamos de distribuciones. No sé por qué; podría ser una falta de datos o la poca disposición parar asignar percentiles en estas áreas. Pero ya sea que hablemos de ellas o no, estas distribuciones existen. Y solo saberlo podría tranquilizarte un poco. Es cierto que la edad promedio para caminar es un año, pero si tu hijo camina un poco antes o después de ese año promedio es por completo normal, igual que el que tu hijo esté en el percentil 25 (o 75) de peso.

Entonces ¿por qué le hacemos siquiera caso a esto? ¿Por qué los pediatras evalúan las habilidades motrices? Existe una buena razón para hacerlo, pero el objetivo es detectar a los niños que están fuera del rango normal de distribución. En particular, los pediatras buscan a niños que tienen mucho retraso. Los niños que tienen mucho retraso en etapas tempranas —control de la cabeza, voltearse— son más propensos (no muy propensos, solo *más* propensos) a tener problemas graves de desarrollo.

Algunos de estos problemas también se manifestarán a nivel cognitivo y de comportamiento, pero no vemos evidencia de retraso en estas áreas hasta que los niños son más grandes. Existe bibliografía que muestra que los niños con retraso motriz temprano grave también muestran menos habilidades espaciales más adelante en la infancia,[1] y quizá de adultos, de mediana edad, tengan resultados más bajos en lectura.[2] Por esta razón la pediatría se enfoca en detectar de forma temprana los retrasos motrices.[3]

Asimismo, los retrasos motrices pueden indicar algunas enfermedades o afecciones en particular.

La más importante es la parálisis cerebral (PC), que en términos generales se refiere a problemas del desarrollo provocados por daño muy temprano en el sistema nervioso. Esto afecta de 1.5 a 3 niños entre mil, lo cual significa que es inusual, pero lo bastante común como para que muchos pediatras lo constaten en su práctica normal (estos índices son mucho más bajos en bebés que llegaron a término, con nacimientos no traumáticos). En el pasado se creía que la PC era resultado exclusivo de lesiones al nacer, pero evidencia más reciente sugiere que algunas condiciones prenatales también pueden tener una incidencia en si el niño nace con o sin PC.[4]

La parálisis cerebral no es una enfermedad —como un virus o un cáncer— ni un defecto genético. Es un término que describe problemas motrices resultado de una lesión en el sistema nervioso. Los problemas provocados por la PC varían mucho; pueden afectar diferentes extremidades o partes del cuerpo, y puede ser más o menos grave. Al nacer, es posible que los médicos sepan si los bebés corren un riesgo más alto de padecer PC debido a un traumatismo en el momento del nacimiento, a un parto prematuro u otros factores de riesgo, pero al nacer no se puede dar un diagnóstico definitivo.

En vez de eso, la PC se reconoce normalmente más tarde, cuando el desarrollo motriz es anormal. Los casos más graves se pueden detectar temprano, a los cuatro o seis meses, pero los menos graves pueden ser claros al año o más tarde. Una evaluación cuidadosa del retraso motriz de los bebés es útil para aumentar la posibilidad de detección temprana, lo que permitirá una intervención también temprana.

El otro grupo de afecciones que se puede detectar de esta manera son las enfermedades neurológicas progresivas, que son extremadamente raras. La distrofia muscular es la más común, pero afecta solo a 0.2 de cada mil nacimientos. Las otras son incluso menos comunes. Dada su naturaleza progresiva, también son más difíciles de detectar en etapas tempranas; aun así, es algo a lo que los pediatras están atentos.

Los retrasos motrices también son comunes en algunas condiciones que se dan al nacimiento. La espina bífida (un defecto de nacimiento en el que la médula espinal no se cierra de forma correcta), por ejemplo, o una afección genética como el síndrome de Down. El desarrollo motriz de los niños que pertenecen a este grupo se monitorea con cuidado, pero no esperamos que estas afecciones se detecten únicamente con el desarrollo motriz.

Cuando acudes al pediatra para la consulta de control (lo que sucederá muchas, muchas veces, en los primeros tres años), buscará indicios de estos retrasos motrices graves. Pero ¿qué indicios exactamente y cómo se detectan?

Primero, en todas las consultas tu médico explorará a tu bebé para revisar el desarrollo muscular y le hará varias manipulaciones (que a tu bebé no le gustarán). Constatará los buenos reflejos, la buena «calidad» del movimiento. Esta es una parte importante de la evaluación, aunque muy difícil de cuantificar (y extremadamente difícil de evaluar por ti misma).

Además, en cada consulta los doctores verificarán algunos hitos básicos de desarrollo. Estos son algunos ejemplos de las consultas a los 9, 18, y 30 o 36 meses de edad.

Consulta	Hitos
9 meses	Voltear a ambos lados, sentarse con apoyo, simetría motriz, tomar y pasar objetos entre las manos.
18 meses	Sentarse, ponerse de pie y caminar de forma independiente; tomar y manipular objetos pequeños.
30 meses	Errores sutiles de motricidad gruesa, pérdida de habilidades previas (marcador de una enfermedad progresiva).

Los más importantes aquí son los hitos de los 9 y 18 meses; a los 30 meses los problemas principales ya han sido bien identificados y los médicos buscarán cosas más pequeñas.

Para estos momentos casi todos los niños habrán logrado estos hitos. Normalmente los bebés en desarrollo se voltean entre los tres y cinco meses de edad; si no lo hacen a los nueve meses, en definitiva están fuera de lo normal. Del mismo modo, aunque el desarrollo típico indica que deben caminar entre los 8 y los 17 meses (un promedio de 12 meses), no hacerlo a los 18 meses es un indicador de que los niños están fuera de la norma.[5]

Vale la pena establecer un programa formal de evaluación para garantizar que no se pierdan de vista los niños con retraso, pero un buen pediatra evaluará el desarrollo motriz de tu hijo en todas las consultas, y buscará indicios en los que tu hijo esté fuera del rango normal en cualquier hito en particular o en especial en dos o más.

¿Cuáles son estos rangos normales? Para saberlo podemos consultar los datos. Usando datos de seis países, la Organización Mundial de la Salud calculó el rango del percentil 1 al 99 para cada variedad de resultados entre niños sanos. Los niños que estudiaron no tienen un diagnóstico de problemas motrices, por lo que su argumento es que esto se puede considerar como el rango de desarrollo normal.[6]

Hito	Rango
Sentarse con apoyo	3.8 meses a 9.2 meses
Ponerse de pie con ayuda	4.8 meses a 11.4 meses
Gatear (5% de los niños nunca lo hace)	5.2 meses a 13.5 meses
Caminar con ayuda	5.9 meses a 13.7 meses
Ponerse de pie solo	6.9 meses a 16.9 meses
Caminar solo	8.2 meses a 17.6 meses

A partir de estos datos podemos ver la lógica en la sugerencia de la doctora Li de que esperáramos a que caminara hasta los 18 meses antes de entrar en pánico, y podemos ver la amplia variación de rango normal en casi todos. Por ejemplo, ponerse de pie solo ocurre en cualquier momento entre los 7 y 17 meses de edad. ¡Esto es una eternidad para un bebé!

Tu médico se centrará, con razón, en los rangos superiores. Pero ¿qué pasa si tu hijo camina muy temprano, digamos a los siete meses? ¿Esto significa que será un atleta maravilloso? Y si lo hace en el extremo del rango normal, ¿está condenado a ser el último que elijan para el equipo de kickball?

En realidad existe muy poca evidencia sobre los impactos a largo plazo cuando tardan en caminar. Prácticamente todos los niños —de hecho, incluso la gran mayoría de los que tardan en hacerlo— acaban por caminar y correr. Si preguntas: «¿Caminar temprano anticipa caminar mejor?», la respuesta será: «No, todos caminan».

Cuando se trata de ser un atleta de élite, sencillamente no dice nada. No sé si es que los investigadores no están interesados en predecir el desempeño de los atletas de élite. Quizá el problema es que incluso si hubiera alguna relación, el resultado es tan poco probable que nunca se reflejaría en los datos. Sabemos que los Juegos

Olímpicos no son un objetivo realista para la mayoría de las personas. Gracias, datos.

Sencillamente no hay nada en los datos que nos haga pensar que caminar, ponerse de pie, voltearse o levantar la cabeza en etapas tempranas esté relacionado con ninguno de los resultados posteriores. Estar pendiente de los retrasos es buena idea; buscar lo excepcional o preocuparse porque tu hijo llega al extremo del rango normal, tal vez no lo es.

ENFERMEDAD

Aunque técnicamente no es un hito, el primer resfriado de un bebé es, en definitiva, un momento importante para los padres. Y uno malo. Después está el segundo resfriado del bebé, y el tercero y así sucesivamente.

Como padres de un niño pequeño, pasarán los meses de octubre a abril ahogados en un mar de mocos. A muchos de nosotros nos parece que nuestro hijo tiene gripe, o tal vez otra enfermedad, todo el tiempo, literalmente. Si tienes dos hijos o, Dios no lo quiera, más de dos, los meses de invierno son un caos de enfermedades recurrentes: tú, niño 1, niño 2, tu pareja, de vuelta al niño 2, ahora el niño 1 otra vez. En general hay una dosis de gastroenteritis viral en algún momento intermedio (todos se contagian, obviamente).

Sin duda te preguntarás: «¿Es normal? ¿Todos los demás también gastan sus ahorros en pañuelos desechables con crema?».

Básicamente, sí.

Los niños que aún no están en edad escolar se enferman de gripe en promedio de seis a ocho veces al año, la mayoría de ellos entre septiembre y abril.[7] Esto significa aproximadamente una vez al mes. Estas gripes duran, en promedio, 14 días.[8] Un mes tiene 30 días; por lo tanto, en invierno tu hijo estará resfriado, en promedio, 50% del tiempo. Por si fuera poco, el resfriado en la mayoría de los niños acaba con tos, la cual puede durar otras semanas.

La mayoría de los resfriados menores, aunque aumentan el riesgo de infección de oídos y otras infecciones bacterianas prolongadas (bronquitis, neumonía errante), es la razón por la que la mayoría de los médicos te dirá que vayas a consulta si estás preocupado, si una fiebre dura más de un par de días o si tu hijo empeora después de que parece mejorar. De estas complicaciones, las infecciones de oído son las más comunes. Aproximadamente una cuarta parte de los niños tendrá una infección de oído antes del año de nacido, y 60% para la edad de cuatro años.[9]

Si tu hijo se enferma, tu médico es tu mejor recurso. Una gran parte de las consultas al pediatra se debe a resfriados, y aunque en muchos casos no es necesario que el doctor revise a tu hijo, no serás el único en llevarlo a revisión. También deberías invertir en un buen libro de pediatría general, que podría hacer un trabajo más completo al enlistar los síntomas infantiles de lo que yo puedo hacer aquí. Hay algunas referencias al final; mi favorita es *El pediatra portátil para padres*, de Laura Nathanson.

Algo que ha cambiado desde que éramos niños son los antibióticos. Antes era común recetar antibióticos para los síntomas de resfriado, al menos algunas veces. Ya no es así.

Los resfriados no responden a los antibióticos (los provoca un virus), y tu médico no debería (y en general no lo hace) recetarlos. El uso excesivo de antibióticos es un problema de salud pública en todo el mundo, ya que contribuye a la resistencia antibiótica. Incluso para tu hijo en particular, los antibióticos no están totalmente exentos de riesgo, pueden contribuir a la diarrea, por ejemplo. Recetar antibióticos con moderación es, en definitiva, algo bueno.

Para las infecciones de oído y otras complicaciones es posible que se receten antibióticos, aunque pueden no ser necesarios ni siquiera para estas. Las pautas para el tratamiento de esta afección son complicadas y dependen mucho del tipo de infección, junto con otros síntomas. Si a tu hijo le duele el oído, tienes que consultar a tu médico.

En conclusión, ¡disfruta tu tiempo en el país de los mocos! En el lado positivo, los niños en edad escolar se enferman un poco menos (dos o cuatro resfriados al año), así que esto no dura para siempre.

Conclusiones

- El retraso del desarrollo motriz puede ser una señal de problemas más graves, donde el más común es la parálisis cerebral.
- La fluctuación del desarrollo motriz dentro del (muy amplio) rango normal no es causa de preocupación.
- Existen muchos enfoques para evaluar las habilidades motrices; tu pediatra es tu mejor compañero para hacerlo.
- Los niños padecen muchos, muchos resfriados; aproximadamente uno al mes durante el invierno, por lo menos hasta la edad escolar. Pañuelos desechables con crema. Muchos pañuelos desechables con crema.

14

Bebé Einstein versus el hábito de la televisión

Cuando era niña, teníamos un televisor en la casa. Estaba en el desván. Mis hermanos y yo teníamos permiso de ver una hora de televisión antes de la cena, y nos limitaban a los programas de la televisión abierta *3, 2, 1... contacto* y el programa infantil *Square One Television*. Cuando llegué a segundo de secundaria, por fin pude convencer a mi madre de que me dejara ver *90210*, ya que sin eso estaba condenada al olvido social. Creo que tuvo compasión de mí con la esperanza de que eso ayudara (no fue así).

La programación que eligieron mis padres —*Square One* llegó después de *Plaza Sésamo*— reflejaba su deseo de que viéramos televisión «educativa». Sí, teníamos permiso de ver la tele, pero al menos era algo que nos enseñaría las letras y matemáticas.

¿Aprendimos algo de estos programas? No estoy segura. Sin duda recuerdo cosas de *Square One* —a mi mente llegaba «Mathnet» y «Mathman»—, pero no las relaciono con ningún concepto matemático en particular. La única cosa específica que sí recuerdo es una canción: «Nunca llegas al infinito, solo sigues... y sigues...». Estoy segura de que aprendí sobre el infinito de una manera u otra, pero creo que es justo darle el crédito al programa. En el caso de *Plaza Sésamo* existen investigaciones confiables que sugieren que la exposición al programa aumenta la preparación escolar de niños de tres a cinco años.

En los últimos 30 años ha habido un enorme progreso en la programación educativa y, en la última década, en otros medios educativos en pantalla. Donde nuestros padres solo tenían *Plaza Sésamo*, nosotros ahora contamos con una plétora de juegos educativos para iPad, DVD, videos, etcétera. Todos ellos prometen una alfabetización y habilidades numéricas tempranas.

Plaza Sésamo y programas similares (*Dora la exploradora, Las pistas de Blue*) están diseñados sobre todo para la edad preescolar. Para los niños pequeños, los DVD del *Bebé Einstein* son lo máximo. *Bebé Einstein* es una franquicia de videos muy populares que produce contenido para bebés y niños pequeños con una combinación de música, palabras, formas e imágenes. El propósito de estos videos es explícitamente educativo. Intentan enseñar nuevas palabras a los niños, por ejemplo, o nueva música. Y sin duda la compañía afirma que tienen éxito.

Por otro lado, existe una gran cantidad de evidencia que sugiere que la exposición a la televisión —y en general a cualquier pantalla— se asocia con un desarrollo cognitivo más bajo. Los investigadores han mostrado que los niños que miran más televisión son menos saludables y tienen peores resultados en las pruebas.

¿Qué es mejor? ¿Mostrarle a tu bebé de nueve meses un DVD de *Bebé Einstein* para animarlo a que hable antes? ¿O al hacerlo solo estás promoviendo el temible «hábito televisivo» de los *Osos Berenstain*?

La Academia Americana de Pediatría está en total acuerdo con la segunda respuesta. Recomienda no exponer de ningún modo a la televisión ni a la pantalla a los niños menores de 18 meses, y no más de una hora al día, de preferencia acompañado de uno de los padres, para los niños mayores. Además, recomienda elegir programación de «alta calidad», como la de la televisión abierta. Eso incluiría *Plaza Sésamo*, aunque también incluiría programas menos enfocados al aprendizaje, como el programa importado de Canadá y despreciado por los padres, *Caillou*.

Pero otros afirman que estas recomendaciones son demasiado conservadoras —y, de hecho, la AAP ha cambiado de parecer con el tiempo (hasta hace poco, nada de pantalla antes de los 24 meses). La única forma de responder es consultando la información.

BEBÉ EINSTEIN

Entre otras cosas, el campo de la psicología del desarrollo se interesa en la cuestión de cómo aprenden los niños. Los investigadores en esta área llevan a sus laboratorios a niños, incluso niños pequeños, para estudiar cómo interactúan con otras personas, con nuevos juguetes o con diferentes idiomas, entre otras cosas.

Gracias a esta investigación podemos empezar a aprender el potencial de los bebés y niños para aprender de los videos. Los resultados no son muy alentadores. En un ejemplo, los niños de 12, 15 y 18 meses de edad vieron una demostración de acciones con marionetas, unos en persona y otros en televisión.[1] Los investigadores evaluaron si los niños podían repetir la acción en ese momento o 24 horas después.

En los tres grupos de edad, cuando los niños vieron a la persona real haciendo la acción, algunos de ellos fueron capaces de replicarlo al día siguiente. La demostración en video tuvo mucho menos éxito; los niños de 12 meses de edad no aprendieron nada y los niños mayores aprendieron mucho menos que cuando vieron a una persona real hacerlo.

Otro ejemplo es un estudio en el que los investigadores trataron de usar una grabación en DVD para mantener la exposición a sonidos no nativos. Al nacer, los niños pueden aprender los sonidos de cualquier idioma, pero, conforme crecen, se especializan en los sonidos que escuchan con regularidad. Los investigadores trataron de mantener la exposición de niños de habla inglesa, de 9 a 12 meses de edad, a sonidos del chino mandarín, ya fuera con una persona real o con un DVD.[2] Con la persona real funcionó bien, con el DVD no.[3]

Estos resultados sugieren que sería sorprendente que *Bebé Einstein* funcionara. Pero podemos ir más allá, puesto que existe evidencia de ensayos aleatorios sobre esta cuestión específica.

En un artículo de 2009 varios investigadores probaron directamente si los niños jóvenes —en este caso de 12 a 15 meses de nacidos— podían aprender palabras de los DVD.[4] De hecho, usaron un producto de *Bebé Einstein* llamado *Bebé Wordsworth*, pensado para aumentar la comprensión del vocabulario. Los padres de niños en el grupo de tratamiento recibieron el DVD y les dijeron que su hijo tenía que verlo con regularidad durante seis semanas. Los niños del grupo de comparación no recibieron ni vieron el DVD.

Cada dos semanas, los investigadores llevaban a los niños al laboratorio y evaluaban si habían aprendido a hablar o a comprender nuevas palabras. Durante el curso del estudio el número de palabras habladas y comprendidas aumentó, porque los niños crecieron. *Sin embargo*, no hubo diferencias en el aprendizaje de palabras en los grupos del DVD y los que no tenían el DVD. Los autores del estudio resaltaron que el indicador más significativo de cuántas palabras hablaban los niños y con qué rapidez crecía su vocabulario era el hecho de que sus padres les leyeran libros. Otros autores tienen versiones ampliadas de este estudio con niños de hasta dos años y encontraron resultados similares.[5]

Bebé Einstein no parece hacer honor a su nombre. Esa no es la manera de hacer que tu hijo sea el primero en la guardería. Por supuesto, si tú —¡gulp! — quisieras usar estos videos para distraer a tu hijo mientras, digamos, te bañas, el desarrollo del vocabulario quizá no sea el objetivo. (Hablaré más de los efectos perjudiciales más adelante).

Es posible que los videos sean una basura para el aprendizaje de los bebés. Pero hay más evidencia de que los niños mayores pueden aprender de la televisión. Si tienes un niño en edad preescolar y ve aunque sea un poco de televisión, sabes que esto debe ser cierto. Cuando Finn tenía dos años, desarrolló el inquietante hábito de imitar a Caillou («Pero MAAAAAAMMMIIIIII, no QUIEEEEERRRRRO cenar.»). Pensaba que era graciosísimo. No había manera de que hubiera aprendido eso ni de nosotros ni de su hermana mayor.

Los niños aprenden canciones de las películas y programas, y pueden aprender los nombres de los personajes y los elementos básicos de la trama. Los investigadores en el laboratorio han demostrado que los niños de tres a cinco años pueden aprender palabras de la televisión.[6]

Entonces, no debería sorprendernos que también aprendan alguna información buena. Quizá la prueba más fehaciente de esto proviene de estudios del programa *Plaza Sésamo*, que inició en la década de los setenta, tuvo gran popularidad y recibió muchos elogios. El objetivo de *Plaza Sésamo* se basaba explícitamente en el aprendizaje. La idea era aumentar la preparación escolar de los niños de tres a cinco años. Puedes darte cuenta cuando ves el programa: se enfocan en números, letras y un comportamiento general de interacción social.

En etapas tempranas los investigadores usaron ensayos aleatorios para evaluar los efectos de *Plaza Sésamo*. En una de las pruebas, las familias asignadas al grupo de tratamiento tenían el televisor conectado para poder ver el programa de manera más efectiva.[7] A lo largo de un periodo de dos años, los investigadores encontraron mejoras en varias medidas de preparación escolar, incluido el vocabulario.

Parecía que los efectos de *Plaza Sésamo* eran duraderos. Un estudio más reciente consideró los primeros años del programa y comparó a los niños que tuvieron un acceso temprano a él —gracias a una mejor recepción televisiva—, con quienes tuvieron un acceso más tardío. Los primeros tenían menos tendencia a retrasarse en la escuela a edades mayores.[8] El programa tuvo mayores efectos positivos para los niños de entornos más desfavorecidos, que se puede deber a las diferencias en otras actividades en su día o a otra cosa.

Todo esto para decir que para niños un poco mayores, la televisión puede ser una fuente de algún tipo de aprendizaje; esto defiende, entre otras cosas, la recomendación de supervisar lo que ven. Para los niños muy pequeños, lo que ven puede importar menos, puesto que no aprenden mucho de eso, aunque no puedes confiar en la televisión para hacer que tu hijo sea un genio.

EL HÁBITO DE LA TELEVISIÓN

Confesión de padres: nunca pensé que la televisión fuera una oportunidad de aprendizaje. Mis hijos miran un poco de tele, en periodos en los que yo necesito concentrarme para hacer algo. Al final del día el fin de semana, cuando pasaste todo el día con los niños y necesitas preparar la cena, es maravilloso enviarlos a ver televisión media hora. Para mí, el atractivo de los videos de *Bebé Einstein* no era que le enseñarían nada a Finn, sino que podían entretenerlo más tiempo a una edad más temprana.

Si tu meta es una distracción tranquila, entonces tu pregunta tal vez no es si la tele es una oportunidad para aprender, sino si es nociva. ¿La televisión pudre el cerebro de tu hijo?

Muchos estudios dicen que sí. Por ejemplo, un estudio de 2014 muestra que los niños en edad preescolar que ven más televisión tienen una «función ejecutiva» más baja; es decir, menos autocontrol, concentración, etcétera.[9] Un estudio anterior, de 2001, muestra que la obesidad es mayor entre las niñas que ven más televisión.[10]

Estos son solo ejemplos; muchos, muchos artículos relacionan los malos resultados con mucha televisión. Entre los más influyentes está un artículo de 2005, de Frederick Zimmerman y Dimitri Christakis.[11] Utilizando un gran conjunto de datos representativos a nivel nacional, su objetivo fue relacionar el hecho de ver la televisión a edades tempranas para examinar los resultados entre niños de seis a siete años. Los investigadores ubicaron a los niños en cuatro categorías con base en cuánto tiempo veían la tele en dos rangos de edad: menos de tres años y de tres a cinco años. Mirar la televisión a nivel «alto» era más de tres horas al día; «bajo» era menos que eso.

El 20% de los niños cayó en lo que llamaron el grupo «alto-alto»: más de tres horas de tele al día en ambas edades: antes de los tres años y entre tres y cinco. El 26% cayó en el grupo «bajo-alto»: menos televisión antes de los tres, más entre los tres y cinco años. El 50% estaba en el grupo «bajo-bajo», y solo 5% en el grupo «alto-bajo».

Los autores informaron diferencias entre los grupos en los resultados de las pruebas de matemáticas, lectura y vocabulario a la edad de seis años. Sus conclusiones sugieren que ver más televisión en los niños menores de tres años reduce las calificaciones en las pruebas; no en gran cantidad, pero sí el equivalente a un par de puntos de CI. Si buscas evidencia en estos datos de que la televisión es mala, lo que afirman los autores es que verla mucho tiempo antes de los tres años parece ser un problema.

Sin embargo, parece que ver tele a edades mayores no importa. Por ejemplo, cuando los autores compararon a niños que veían solo un poco de televisión antes de los tres años y luego mucha entre los tres y los cinco, con niños que vieron poca televisión antes de los tres y poca después, encontraron que sus resultados no eran diferentes. Si acaso, los niños que vieron más televisión más tarde tuvieron resultados *superiores* que los que vieron menos.

Esto arroja un poco de agua fría en la idea de evitar la televisión para niños mayores, pero sugiere que la recomendación de evitar la televisión antes de los tres años está justificada. Por otro lado, hay algunas advertencias. Primero, los niños en este estudio veían mucha televisión. El tiempo promedio de televisión antes de los tres años es de 2.2 horas *al día*, y el grupo de televisión «alto» veía más de tres horas al día. Es difícil extrapolar esto a la pregunta, por ejemplo, de si deberías permitir que tu hijo vea la tele un par de horas a la *semana*.

En segundo lugar, a pesar de que los autores trataron de controlar esto, es muy difícil ajustar todas las otras diferencias entre los niños que ven mucha televisión y los que no. La mayoría de los niños en la muestra, 75%, vio menos televisión entre el nacimiento y los tres años; los que vieron más debieron ser poco comunes de algunas maneras. ¿Cómo sabemos que lo que importa es la tele y no esas otras cosas? No podemos saberlo, por eso es un resultado difícil de interpretar.

Algunos investigadores han intentado hacer un mejor trabajo y hacer ajustes para explicar este segundo tema en particular. En mi opinión, la mejor evidencia causal proviene de un artículo de 2008 realizado por dos economistas, uno de los cuales es mi marido (¡en serio! ¡Creo que es un buen artículo por otras razones!).[12] De hecho, me gusta tanto este artículo que también hablé de él en *Expecting Better*. Es un buen ejemplo de cómo pensar en general conclusiones causales para una pregunta complicada. También es útil para las decisiones reales sobre la televisión.

En el estudio, Jesse y su coautor, Matt, aprovecharon el hecho de que la televisión se introdujo en diferentes lugares de Estados Unidos en épocas distintas. Esta variación significaba que cuando la televisión se introdujo por primera vez en las décadas de los cuarenta y cincuenta, algunos niños tenían acceso a ella y otros no. Puesto que el momento en el que la gente tuvo televisor en su área no estaba relacionado con otros factores de crianza, podrían evitarse muchas inquietudes que plantearon otros artículos.

La idea era averiguar de qué manera el acceso de los niños pequeños a la televisión se relacionaba con los resultados de las pruebas cuando los niños estaban en la escuela o eran un poco más grandes. Jesse y Matt no encontraron evidencia de que una mayor exposición a la televisión a una edad temprana afectara de manera negativa los resultados posteriores. Esto sugiere que las correlaciones de otros datos sean solo eso: correlaciones y no efectos causales. Por supuesto, la televisión en los años cuarenta y cincuenta era distinta a la de ahora, pero los niños en esa época veían mucha televisión, por lo que la cantidad de tiempo no es muy diferente.

Todos estos estudios se enfocan en la televisión. Pero en el entorno actual de crianza el tiempo de pantalla ha aumentado. Tu hijo ahora puede ver la tele en su teléfono o iPad, pero también puede jugar, abrir aplicaciones y hacer toda clase de cosas. ¿Este tipo de tiempo de pantalla es como la televisión? ¿Debería limitarse?

Básicamente, no tenemos idea. Hay algunos estudios, pero tienen demasiados errores. Un ejemplo es un artículo —ni siquiera es un artículo, más bien es un resumen— que tuvo mucha cobertura periodística porque mostraba que los retrasos del lenguaje eran más comunes en niños que tenían más exposición a un teléfono entre los cinco meses y los dos años.[13] Pero esto tiene el mismo problema, quizá incluso más extremo, que el artículo sobre la televisión del que hablamos antes. ¿Qué otras características de la familia se relacionan con mucho tiempo en el teléfono para un niño de seis meses? ¿No es posible que esos factores estén asociados con un retraso en el lenguaje?

Esto no significa que mucho tiempo de pantalla esté bien. Sencillamente no sabemos a ciencia cierta.

SEAMOS BAYESIANOS

Los verdaderos datos que tenemos sobre estas preguntas son muy limitados. Con base en lo que está disponible, diría que podemos aprender algunas cosas:

1. Los niños menores de dos años no pueden aprender mucho de la televisión.
2. Los niños entre tres y cinco años pueden aprender de la televisión, incluido vocabulario, entre otras cosas, en programas como *Plaza Sésamo*.
3. La mejor evidencia sugiere que ver televisión en particular, incluso la exposición a edades muy tempranas, no influye en los resultados de las pruebas.

Esto puede ser útil, pero deja muchas preguntas sin respuesta. El iPad, las aplicaciones, ¿son buenas o malas? ¿Ver deporte en televisión cuenta como televisión? ¿Qué cantidad de tiempo de televisión es *demasiado*? ¿Qué hay de los programas en iPad, que no haya comerciales es algo bueno o malo?

Nada en los datos responderá estas preguntas. Pero podemos avanzar un poco si diversificamos nuestro enfoque.

En el campo de la estadística hay al menos dos enfoques amplios. El primero es la «probabilidad frecuentista», que aborda el aprendizaje sobre las relaciones en los datos usando solo los datos que tenemos. El segundo es la «inferencia bayesiana», que trata de aprender las relaciones iniciando con una creencia previa sobre la verdad y usa los datos para actualizarla.

Para dar un ejemplo en este contexto, digamos que tenemos un estudio bien hecho que mostraba que los niños que ven *Bob Esponja* tienden mucho más a ser capaces de leer a los dos años, y ese es el único estudio sobre este tema. En el mundo de la probabilidad frecuentista estarías forzado a concluir que *Bob Esponja* es una excelente herramienta de aprendizaje.

Para los bayesianos esta conclusión es menos clara. Antes de ver los datos lo más probable es que pensara que *Bob Esponja* puede enseñarle a tu hijo de dos años a leer. Observar los datos debería hacernos pensar que esta relación es real, pero si empezamos siendo muy escépticos, deberíamos permanecer así incluso después de verlos.

La inferencia bayesiana consiste en pensar cómo incorporar otras cosas que sabes sobre el mundo —o que piensas que sabes— en tu conclusión, junto con los datos.

¿Por qué esto es relevante? Creo que tenemos algunas creencias previas sobre este tema. Solo hay 13 horas de vigilia aproximadamente en el día para los niños. Si pasan ocho de ellas viendo televisión, no hay tiempo suficiente para hacer casi nada más. Parece poco probable que esto no tenga algunos efectos negativos.

Por otro lado, es difícil imaginar que ver una hora a la semana de *Plaza Sésamo* o *Dora la exploradora* disminuirá el CI de tu hijo o tendrá algún otro efecto a largo plazo.

Puedes someter al iPad a una lógica similar. Que un niño de dos años se pase todo el día en el iPad: posiblemente sea malo. Pero que pase media hora viendo juegos de matemáticas dos veces a la semana: puede no serlo tanto.

Cuando partimos de este punto, los datos —si bien escasos— parecen mucho más útiles, puesto que sí proporcionan mucha información precisamente sobre las cosas de las que tenemos menos intuición (lo que se conoce en la inferencia bayesiana como «tener un precedente más débil»).

Por ejemplo, no tengo mucha intuición de si un niño pequeño puede aprender de videos. Los datos —que indican que no— son, por lo tanto, informativos y útiles. Asimismo, aunque creo que ver televisión ocho horas al día es malo y una hora a la semana está bien, no estoy tan segura de cuánto es lo «normal» para verla, digamos, dos horas al día. Para este asunto, el trabajo de Jesse es muy informativo porque considera precisamente esta magnitud de exposición y muestra que no hay ninguna repercusión.

Si quisiera hacer un mapa de toda la relación entre los resultados de las pruebas y cualquier cantidad de tiempo en televisión, aún no estaría completo, pero puedo empezar a usar una combinación de mis prejuicios —mis creencias antes de ver los datos— y lo que sí veo en los datos para rellenar los puntos en los que tenía más dudas.

Esto empieza también a darnos una idea de dónde podrían ser más útiles estos estudios. Muchos niños usan aplicaciones en iPads o tabletas durante un tiempo cada día. Básicamente no tenemos investigación sobre esto, y no es algo sobre lo que uno pueda tener una buena intuición. Podría creer que todo esto es bueno —hay muchas aplicaciones muy buenas de matemáticas y lectura—. También podría creer que es malo —en realidad no se *aprende*, solo se golpetea.

Por último, nuestras intuiciones deberían estar informadas por la idea económica de «valor del tiempo y costo de oportunidad». Si un niño ve televisión, no hace nada más. Dependiendo de qué sea «nada más», ver televisión puede ser mejor o peor. Muchos estudios sobre esto hacen énfasis en que, por ejemplo, tu hijo puede aprender letras o vocabulario en *Plaza Sésamo*, pero es mejor cuando los aprenden de ti. Eso es, casi en definitiva, cierto, pero es menos obvio para mí que esta sea la alternativa. Muchos padres usan la televisión para descansar, tomar aliento, cocinar, lavar la ropa. Si la alternativa de una hora menos de televisión es un padre frenético e infeliz que les grita a sus hijos durante una hora, es una buena razón para pensar que la televisión es mejor.

Conclusiones

- De los cero a los dos años, tu hijo no aprende de la televisión.
- Un niño de tres a cinco años puede aprender de la televisión.
  - Vale la pena poner atención a lo que están viendo.
- La evidencia, en general, es escasa. Cuando dudes, usa tus «precedentes bayesianos» para completar los datos.

15

Hablar lento, hablar rápido: desarrollo del lenguaje

Cuando tenía 22 meses de edad, mis padres (ambos economistas, lo sé, lo sé) estaban en un coctel y mi madre empezó a conversar con una profesora visitante, Katherine Nelson. Su campo era el desarrollo del lenguaje infantil, y mi madre mencionó que tenía una hija (yo) que hablaba mucho, sobre todo sola en su cuna, antes de quedarse dormida. La profesora Nelson se emocionó mucho y le preguntó a mi madre si estaría dispuesta a grabar mis discursos en la cuna, para investigación. Por supuesto que lo estaba.

Durante los siguientes 18 meses, aproximadamente, mis padres me grabaron la mayoría de las noches y le dieron las cintas a la profesora Nelson y su equipo de investigadores. Al inicio, mi madre transcribió muchas de las cintas para tratar de darle sentido a mi pobre dicción. Este abundante *corpus* de grabaciones y textos —en algunos yo hablaba sola, en otros hablaba con mis padres— proporcionaron un tesoro de datos para los investigadores que estudiaban cómo los niños adquieren el lenguaje. Les interesaban preguntas como: ¿el concepto de futuro se desarrolla en los niños antes del concepto de pasado? Se realizaron artículos, conferencias académicas y hasta una antología de artículos de investigación sobre las grabaciones.

(No se me escapa la ironía de que fui el objeto de un libro como este y que también estoy escribiendo uno).

Este libro, *Narratives from the Crib* (Narrativas desde la cuna),[1] se publicó cuando yo tenía como nueve años. Tengo el recuerdo vívido de regresar a casa de la escuela y encontrar una versión preliminar sobre la mesa del porche. Lo abrí, deseosa de saber un poco de mí cuando era más niña, pero por desgracia me pareció que le faltaba información sobre ese tema. Era un libro académico y árido; un conjunto de artículos escritos por lingüistas que analizaba las formas verbales y las estructuras de las oraciones. Recuerdo haber leído algunas citas mías, las más divertidas, y lo dejé de lado.

Nunca volví a abrir el libro hasta que Penelope tuvo la misma edad. En ese momento fue en servicio de la sempiterna neurosis parental: comparar a tu hijo con otros. Exploré el libro para tratar de averiguar si Penelope y yo nos parecíamos en algo. La primera cita del libro es: «Cuando viene papi pongo eso ahí, luego como mi desayuno y papi hace mi cama», lo dije cuando tenía 22 meses y cinco días. ¿Penelope decía cosas así a una edad similar? Es difícil decirlo; así que le pregunté a mi madre: «¿En verdad dije eso o es solo lo que tú pensaste que dije?». No hace falta decirlo, no se acordaba. (O eso dijo).

Comunicarnos unos con otros —hablar, señalar, escribir— está entre las cosas que nos hacen más humanos. El momento en que tu hijo deja de llorar y, señalando desesperado el refrigerador, dice: «Leche, por favor» (o incluso solo «¡LECHE!»), es un momento en el que puedes empezar a ver un atisbo de persona ahí. Con frecuencia recordamos las primeras palabras de nuestros hijos (Penelope: «zapatos»; Fin: «Penelope [pu-pu]», y muy pronto muchos de nosotros probablemente admitiremos haber contado cuántas dicen.

Hablar también es un punto natural de comparación —de tus hijos con otros niños, de tus hijos entre ellos y (en mi caso) de tus hijos contigo misma—. Antes de tener a Finn me advirtieron que este problema es particularmente grave si tienes primero una hija y después un hijo.

«Los niños son más lentos en el lenguaje», me advertían mis amigas más sutiles. Otras menos sutiles decían: «Pensarás que tu hijo es estúpido». Las personas cuyos hijos nacieron en el orden de género contrario me dijeron que pensaron que su hija era muy brillante.

De hecho, tratar de averiguar cómo se compara tus hijos con otros no es sencillo. Al igual que con los hitos físicos, los médicos tienden a enfocarse en identificar si es necesaria una intervención temprana en el niño. En la consulta a los dos años de edad es común que te pregunten si el niño tiene al menos 25 palabras que usa con frecuencia. Si son menos que estas, podría ser apropiado aceptar ayuda externa para saber qué anda mal. Pero este es un límite que indica un problema, no una medida del promedio ni nada sobre el rango. El niño promedio tiene más de 25 palabras a los dos años. Pero ¿cuántas *más*?

La mayoría de los libros de pediatría usa el mismo método; te advierte cuándo debes preocuparte, pero no te da una idea de la distribución en su totalidad.

Aun con la distribución total, hay otras preguntas: ¿es importante? ¿Hablar más temprano es un indicio de algo posterior? Estas dos preguntas tienen respuesta —la primera es un poco más satisfactoria que la segunda—, solo tenemos que ver los datos.

LA DISTRIBUCIÓN DE LAS PALABRAS

En principio parece sencillo recopilar información sobre cuántas palabras dicen los niños. En concreto, puedes contarlas. Es probable que cuando un niño es muy pequeño y cuenta con 5, 10 o 20 palabras, sus padres pueden recordar la mayoría de ellas. Pero este procedimiento va dejando de funcionar conforme los niños hablan más y más. Supongamos que tu hijo dice 400 palabras, algunas de las cuales usa con más frecuencia que otras. ¿En verdad las recordarías todas?

Un problema relacionado con las comparaciones es cómo contar las palabras que son específicas de tu hijo. Por ejemplo: un poco después de cumplir dos años, Finn se obsesionó con una canción titulada *Bumblebee Variety Show*, escrita por Jen, el instructor local de Music Together (Música juntos). La escuchábamos una y otra vez siempre que íbamos en el coche. Le gustaba cantarla en voz alta: en el automóvil con música, en su cuna, en la tina.

La letra principal de la canción es «Bumblebee variety show». Técnicamente, entonces, podía decir esto, aunque lo pronunciaba como una sola palabra: *bumblebeevarietyshow*. Así, al contar las palabras ¿debería pensar que conoce la palabra *variety*? Sin duda no podría usarla en una oración, y tampoco la entendía como una palabra separada. Entonces, probablemente no. ¿Debería, pues, contar *bumblebeevarietyshow* como una sola palabra? Esto parece más plausible. No obstante, no queda claro que entendiera que esto era una palabra y no solo un sonido. De hecho, *no* es una palabra.

Los investigadores evitan ambos problemas —recordar y comparar— usando una medida estandarizada del tamaño del vocabulario, la cual proviene de una encuesta que se utiliza sistemáticamente. El que se usa con más frecuencia es el Inventario del Desarrollo Comunicativo de MacArthur-Bates (MB-CDI, por sus siglas en inglés).

El MB-CDI se aplica a los padres (¿quieres hacerlo? Consulta las notas).[2] La parte del vocabulario enlista 680 palabras en diferentes categorías: sonidos de animales, palabras de acción (morder, llorar), partes del cuerpo, etcétera. Los padres marcan todas las palabras que le han escuchado decir a su hijo para obtener un conteo del tamaño de vocabulario con base en estas palabras.

Para los niños mayores de 16 meses, la encuesta usa palabras y oraciones; para los que son menores existe un formulario separado de palabras y gestos.

Este enfoque del tamaño del vocabulario funciona bien por dos razones. Primero, al enlistar las palabras y preguntar a los padres por ellas en lugar de recurrir a su memoria, estos tienden menos a olvidarlas. Es posible que sin esta ayuda yo no recuerde que mi hijo conocía la palabra *pala*, pero una vez que se menciona, me acuerdo enseguida de que hubo un momento en el que pidió una. En segundo lugar, al considerar las mismas palabras para todos los niños es más fácil comparar entre ellos.

Una desventaja obvia de este método es que le resta importancia a la capacidad de hablar de los niños, que conocen muchas palabras poco comunes, pero no usan algunas de las más comunes. Por ejemplo, una de las palabras en la lista es *Coca*; si tus hijos no toman refrescos, es posible que no conozcan esta palabra. Asimismo, los niños de Hawái no estarán familiarizados con la palabra *trineo*.

Este problema se agrava conforme llegas a las edades en las que los niños conocen la mayoría de las palabras. Quizá no sea posible distinguir entre un niño que dice 675 de las palabras y otro que dice las 680. Para los niños que conocen menos palabras, estas pequeñas diferencias se nivelan: un niño sabe decir *trineo* y otro, *playa*.

Muchas personas han completado este formulario; en gran parte al servicio de la investigación, para evaluar los retrasos en el desarrollo de los niños o tan solo para satisfacer a padres curiosos. Independientemente de la razón, quienes desarrollaron esta encuesta tienen un sitio web donde se pueden subir los resultados, y a partir de esto podemos obtener una primera respuesta a la pregunta de la distribución de las palabras. La gráfica a continuación la crearon a partir de sus datos; el eje horizontal es la edad y el eje vertical es el conteo de palabras según se califica en la encuesta.

Las líneas en la gráfica muestran los «cuantiles»; básicamente, la distribución de las palabras en cada edad. Considera, por ejemplo, la edad de 24 meses. Este dato indica que el niño promedio —la línea del percentil 50— tiene aproximadamente 300 palabras a los 24 meses. Un niño en el percentil 10 —cerca de la parte inferior de la distribución— tiene solo unas 75 palabras. Por otro lado, un niño en el percentil 90 conoce cerca de 550 palabras.

Para niños más pequeños estas encuestas y datos se enfocan tanto en palabras como en gestos (señas). La segunda gráfica de la página siguiente muestra datos similares para niños de 8 a 18 meses en esta métrica. Una de las moralejas principales de estas gráficas es que el auge del lenguaje se da después de los 14 o 16 meses. Incluso el bebé de un año más avanzado sabe solo pocas palabras. A los ocho meses prácticamente ningún niño usa palabras o gestos.

Yo estaba particularmente interesada en poner esto en evidencia, dada la insistencia de mi suegra en que Jesse decía la palabra *sospechoso* a los seis meses.

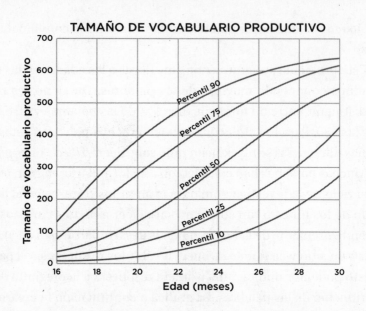

TAMAÑO DE VOCABULARIO PRODUCTIVO

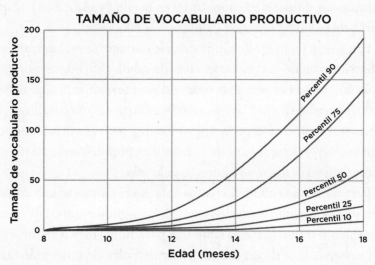

TAMAÑO DE VOCABULARIO PRODUCTIVO

El sitio web donde están estos datos es accesible al público[3] y tiene la capacidad de realizar toda clase de gráficas. También pueden mostrar los datos desglosados por la educación parental o el orden del nacimiento (el segundo hijo se tarda más en hablar más tarde), por ejemplo, y tienen datos similares para otros idiomas y para la contabilidad de las palabras que los niños comprenden, además de las que pueden decir. Vale la pena observar que los niños bilingües, es decir, cuyos padres o cuidadores les hablan en dos idiomas diferentes, tienden a tardarse más en hablar, aunque cuando lo hacen, pueden hablar ambas lenguas.

Quizá la más interesante de estas divisiones es la de género, dada la impresión general de que los niños se desarrollan con mayor lentitud. De hecho, esto se confirma en los datos. Las gráficas a continuación separan a niños y niñas, y podemos ver que los niños conocen menos palabras en todos los puntos de la distribución. Por ejemplo, a los 24 meses la niña promedio cuenta con cerca de 50 palabras más que el niño promedio. A los 30 meses los niños y las niñas más avanzados son similares, pero aún existen grandes diferencias en otros puntos de la distribución.

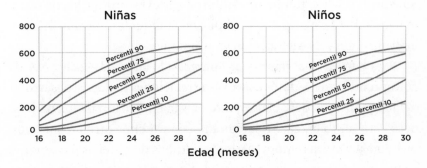

Esta información proporciona una norma útil, pero es importante ser cauteloso en cuanto a su procedencia. La mayoría no son datos representativos a nivel nacional. En estos datos hay muchos más padres con títulos universitarios o de posgrado que los que conforman la población general. Esto significa que es posible que estas cifras exageren la media entre los niños. Dicho esto, ofrecen algo más allá que una pauta general sobre cuándo preocuparse, y también brindan la seguridad de que existe un rango significativo en esta distribución para todas las edades tempranas.

DE CUALQUIER FORMA, ¿IMPORTA?

Todos disfrutamos contemplar a nuestros propios hijos; por lo tanto, saber en qué nivel está tu hijo en esta distribución puede ser divertido. Pero prácticamente todos aprenden a hablar. No obstante, es natural preguntarse si en realidad estas desigualdades tempranas predicen alguna diferencia a largo plazo. ¿Los niños que aprenden a hablar antes también aprenden a leer antes? ¿Tienen mejores resultados escolares más adelante?

Sin duda existen contraejemplos, historias de niños extremadamente precoces que tardaron mucho en hablar, pero leían a los 18 meses. Y también existen historias alentadoras: niños que hablan muy pronto y que también resultaron ser extraordinarios de otras maneras. Pero este tipo de ejemplo, en cualquier dirección, no nos informa nada sobre la relación en promedio.

Para hacer eco al refrán que aparece a lo largo de este libro es difícil aprender en los datos sobre otras relaciones dadas. El desarrollo del lenguaje se asocia claramente con la educación de los padres; pero esta también está relacionada con muchos otros resultados, incluida la lectura temprana y los resultados de pruebas posteriores. Lo que en verdad nos gustaría preguntar es si el desarrollo temprano del lenguaje es un indicador de cuestiones posteriores, *condicionada* por lo que sabemos sobre los padres. Pero nuestra información sobre los padres en los datos puede ser incompleta. Como resultado, los estudios de los que hablaré pueden exagerar la relación entre hablar antes y resultados posteriores.

Básicamente hay dos preguntas que podrías formular: ¿puedes sacar algo del hecho de que tu hijo hable muy bien muy temprano o esté muy retrasado en el habla? Y, asumiendo que tu hijo está en medio de la distribución ¿importa en dónde se encuentra? ¿Existen diferencias más tarde en la vida entre un niño de dos años que está en el percentil 25 de la distribución, comparado con el que está en el 50 o 75?

Los estudios más amplios y rigurosos sobre esto se enfocan en si los niños que hablan anormalmente tarde también se retrasan de otras maneras después.

En una serie de estudios, una investigadora llamada Leslie Rescorla reclutó a un grupo de 32 niños de 24 a 31 meses de edad que estaban retrasados en el habla.[4] Los niños de la población base retrasada —casi todos varones— tenían un promedio de 21 palabras a esta edad. Con base en gráficas previas, esta cantidad de palabras está muy por debajo del promedio. Ella reclutó una muestra comparativa de niños con características similares, pero con habilidades del desarrollo del lenguaje normales.

En particular, este estudio les dio seguimiento a los niños —o al menos a la mayoría— hasta la edad de 17 años. A edades más avanzadas los investigadores observaron las habilidades verbales, las calificaciones de pruebas y resultados similares.[5]

Los resultados proporcionan un grupo heterogéneo de evidencia. Por un lado, el grupo con retrasos en el habla parecía tener resultados ligeramente peores en las pruebas incluso después. Sus calificaciones de CI a los 17 años fueron menores que las del grupo de comparación. Por otro, no era muy probable que estos niños tuvieran una muy baja calificación; por ejemplo, ninguno de ellos obtuvo el mínimo de 10% en las pruebas de CI a los 17 años, a pesar de haber estado por debajo de 10% de los que hablaban.

Este resultado básico —que existe una correlación, pero que el poder predictivo es limitado— es consistente a lo largo de muchos estudios. Algunos de ellos son más amplios. Por ejemplo, un artículo que consideró seis mil niños en un estudio longitudinal sobre la infancia temprana encontró que el vocabulario limitado a los 24 meses pronostica habilidades verbales hasta los cinco años, pero, de nuevo, la mayoría de los niños estuvo en rangos normales más tarde.[6]

Estos estudios se enfocan en los niños que hablan después. Dentro del rango normal, tenemos menos trabajo, pero al menos existe un artículo de 2011 titulado «Size Matters» (El tamaño importa) (Supongo que a alguien le causará gracia) que compara a niños que hablaron antes y después de los dos años.[7] El grupo de «retraso en el habla» tenía un promedio de 230 palabras a los dos años, frente a 460 para quienes hablaban mucho. Estas son porciones diferentes de distribución, pero dentro del rango normal.

Al estudiar a los niños hasta los 11 años el artículo encontró de nuevo diferencias duraderas entre los grupos, pero hubo muchas coincidencias. Para dar una idea de esto: en una medida de habilidad del lenguaje (algo llamado «habilidad para descifrar palabras») en el primer grado, el grupo de niños de habla retrasada tuvo un resultado promedio de 104, frente a 110 del grupo de habla temprana. Es muy claro que el segundo grupo iba mejor; pero también había una gran cantidad de variaciones dentro de cada grupo.

La siguiente gráfica da una idea del rango para los dos grupos.[8] Por un lado, podemos ver (en promedio) resultados más altos en el grupo de habla temprana. Por otro, hay una cantidad tremenda de coincidencias en las distribuciones. La variación individual ahoga por completo la diferencia en promedios.

¿Qué pasa con la habilidad excepcional del lenguaje? De nuevo, vemos un poco de evidencia a menor escala de que hablar de manera precoz se relaciona con la precocidad posterior.[9] Pero esta relación no es enorme en este u otros estudios, y hablar bien antes de los dos años no es en ningún sentido un determinante decisivo de la lectura temprana u otros logros.[10]

Es natural, y probablemente inevitable, que los padres queramos comparar a nuestros hijos con otros. El desarrollo del lenguaje está entre los primeros procesos cognitivos que en realidad vemos en los niños, por lo que no es de sorprender que se vuelva un punto de comparación. Y si en verdad sientes curiosidad, es posible usar los datos aquí para hacer algunas comparaciones más concretas. Pero es crucial tener en la mente que la capacidad predictiva del lenguaje temprano, si bien está ahí, en verdad es muy pobre. Hablar de manera temprana no garantiza el éxito más tarde, incluso a los cuatro años, y quienes hablan más tarde en su mayoría son como cualquier otro en algunos años.

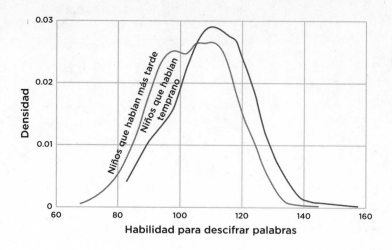

Niños que hablan más tarde

Niños que hablan temprano

Habilidad para descifrar palabras

Conclusiones

- Existen algunas herramientas estándar para determinar el tamaño del vocabulario de un niño que puedes usar tú misma. También hay algunas métricas con las que puedes comparar.
- En promedio, las niñas desarrollan el lenguaje más rápido que los niños, aunque hay muchas superposiciones entre géneros.
- El momento del desarrollo del lenguaje sí tiene alguna relación con resultados posteriores (calificaciones de exámenes, lectura), pero el poder predictivo es débil para cualquier niño individual.

16
Dejar los pañales: calcomanías versus M&M's

A mi mamá le gusta contar la historia de cómo me entrenaron para ir al baño. «Cuando tenías 22 meses, un día anunciaste que usarías ropa interior de niña grande. Era viernes, y el lunes te llevé a la guardería sin pañal».

Esta historia no es plausible en varios niveles (el anuncio, la velocidad del entrenamiento, etcétera). La primera vez que me dijo esto también pensé que la edad era imposible. ¿22 meses? Creo que no. Y es cierto que, en general, cuando regresamos a sus notas sobre temas como este (sí, sé que no todas las mamás llevan notas detalladas, es una cuestión familiar), con frecuencia se constata que exagera. Sin embargo, en este caso no lo hizo. Sus apuntes de esa época sugieren, en gran parte sin comentarios, que usaba ropa interior a esa edad.

Para no quedarse atrás, mi suegra insiste en que Jesse aprendió a ir al baño a los 18 meses, y que pudo hacer popó en el escusado a los 13 meses. También sugiere que esto era muy típico.

Pero recuerdo con claridad que mi hermano menor (perdón, Steve) no sabía ir al baño cuando empezó preescolar, a los tres años. Esto no era común en esa época, y fue una fuente de enorme ansiedad parental.

La pregunta es cuándo el entrenamiento para ir al baño sigue siendo una fuente de estrés para los padres. ¿Deberías presionar a tu hijo para entrenarlo antes? Si es así, ¿lo estresarías? De lo contrario, ¿se retrasaría de alguna manera?

Y la experiencia de la generación de nuestros padres y, por lo tanto, de los abuelos que hablan sobre nuestros hombros, no parece necesariamente típica ahora. Mi hermano, un aprendiz tardío del uso del baño para los estándares de ese tiempo, sería como alguien normal ahora. Entrenarse a los 18 meses —en particular para un niño— suena como la cosa menos común.

Sin embargo, esta es solo mi impresión informal, y me dio curiosidad saber si se adaptaba a algún dato real. Decidí ser un poco más sistemática. En otras palabras, en lugar de solo preguntarles a mis amigas, a la gente de Facebook y Twitter —básicamente a cualquiera que pudiera encontrar—, formulé algunas preguntas simples: ¿cuándo nació tu hijo? y ¿cuándo lo entrenaste para ir al baño?

La primera gráfica en la siguiente página muestra la edad promedio para entrenar para ir al baño en mi encuesta al momento del parto.[1] De hecho, la edad promedio ha aumentado con el tiempo, de 30 meses para los nacimientos anteriores a 1990 a más de 32 meses en épocas más recientes. Pero quizá la segunda gráfica es aún más notable, muestra el porcentaje de niños que están entrenados a los 36 meses o después (es decir, a los tres años). Esto es solo aproximadamente 25% de los niños en los primeros años de nacimiento, pero de 35 a 40% en los periodos más recientes.

Por supuesto, esta no es exactamente una muestra con validez científica. En definitiva, no pasaría una revisión paritaria. Pero la impresión informal y los hallazgos de estos datos están apoyados por bibliografía. Algunos estudios de los años sesenta y ochenta muestran una edad promedio de 25 a 39 meses para terminar el entrenamiento para ir al baño durante el día, y prácticamente a los 36 meses todos los niños ya habían aprendido a ir al baño en el día. En contraste, en grupos más recientes solo de 40 a 60% de los niños estaba entrenado a los 36 meses.[2]

Esto sugiere que el entrenamiento para ir al baño ocurre más adelante. ¿Por qué?

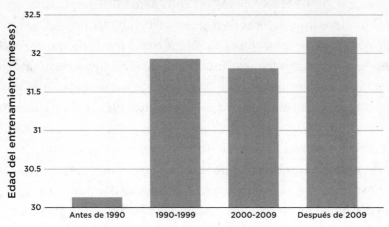

EDAD PROMEDIO PARA TERMINAR
EL ENTRENAMIENTO PARA IR AL BAÑO

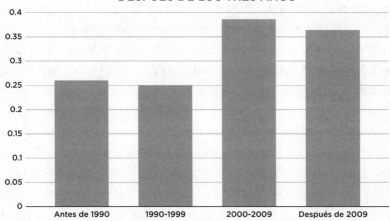

PORCENTAJE DE NIÑOS ENTRENADOS
DESPUÉS DE LOS TRES AÑOS

El *Journal of Pediatrics* publicó un estudio en 2004 donde hacía esta misma pregunta.[3] El estudio inscribió a 400 niños de aproximadamente 18 meses de edad y los siguió durante su entrenamiento para ir al baño. Encontraron tres factores que se relacionaban de forma significativa con el entrenamiento tardío para ir al baño. El primero —y probablemente el que explica la variación en el tiempo—

es un inicio posterior del entrenamiento. Los niños que empezaron a entrenarse después terminaron el entrenamiento después.

Los otros dos factores se relacionan con hacer popó. Los niños que con frecuencia estaban estreñidos o que mostraban resistencia a hacer popó en la bacinica (antes llamado «rechazo a efectuar deposiciones», hablaremos más de esto) tendían a entrenarse más tarde. Los autores afirmaban que estos factores también podían aumentar con el tiempo, aunque en gran medida culpaban el entrenamiento posterior a un inicio posterior del proceso.

Es interesante especular por qué las personas empezaron a entrenar más tarde en años recientes. Mi madre insiste que tiene que ver con la calidad de los pañales —antes los pañales se filtraban mucho, lo que hacía que fuera menos divertido usarlos—. La generación que nació a finales de la década de los setenta y principios de los ochenta fue la primera en usar pañales desechables comunes, quizá debido a las innovaciones a principios de los ochenta que disminuyeron de manera drástica el tamaño de los pañales desechables.[4]

Los ingresos también podrían desempeñar un papel. En promedio, las personas se han vuelto más ricas con el tiempo, y el precio de los pañales, ajustado a la inflación, ha disminuido. Esto podría significar un periodo prolongado de uso de pañales más aceptable, aunque poder pagar pañales sigue siendo un desafío para muchas familias.

Es probable que aquí también haya un ciclo de retroalimentación. Si todos entrenan a sus hijos para ir al baño cuando cumplen dos años, la gente puede sentir algún tipo de presión social en este sentido. Si todos los demás esperan hasta los tres años, se convierte en una norma. Esto también puede afectar cuando, por ejemplo, las guarderías presionan en el entrenamiento para ir al baño.

Independientemente de por qué ocurre esto, el hecho de que la iniciación tardía se relaciona con una terminación tardía sugiere que es, en efecto, posible entrenar a tu hijo para ir al baño a una edad más temprana. ¿Lo harías?

El beneficio principal, y tal vez el único, de entrenar a un niño para ir al baño más temprano es que no tendrás que cambiar tantos pañales. La razón principal para esperar es que cuanto más pronto empieces, más tiempo tardarás en terminar. Podemos ver esto en los mismos datos que describimos antes, con los 400 niños que empezaron a los 18 meses.

La gráfica de esta página, reproducida a partir de su estudio,[5] muestra la edad de término del entrenamiento para ir al baño como una función de la edad de iniciación (ambos según lo informaron los padres). Aquí, definen la edad de la iniciación como la primera edad en la que los padres *tratan* de entrenar a su hijo; como preguntarle al niño al menos tres veces al día si necesita usar la bacinica. Y la edad de término es cuando los padres dicen que su hijo está completamente entrenado durante el día.

Lo que podemos ver es que la edad de término del entrenamiento para ir al baño es similar a la edad cuando se empieza en cualquier momento entre los 21 y 30 meses. La segunda gráfica muestra la duración del entrenamiento —cuanto más pronto empieces, más tardas en terminar—. Un aspecto un poco depresivo de esta gráfica es que la duración del entrenamiento es de aproximadamente un año si comienzas temprano.

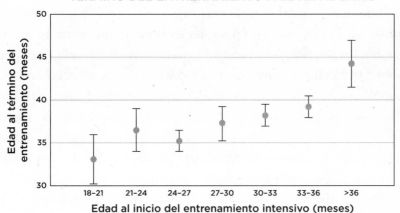

TÉRMINO DEL ENTRENAMIENTO PARA IR AL BAÑO

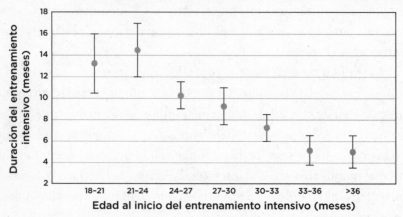

DURACIÓN DEL ENTRENAMIENTO PARA IR AL BAÑO

Los autores sugirieron que si lo que te importa es cuándo terminas el entrenamiento para ir al baño, no tiene mucho sentido empezar antes de los 27 meses. Pero sucede que después de esto, comenzar antes en general significa terminar antes. Si empiezas a entrenar a los 27 o 28 meses, puedes esperar terminar como a los tres años, pero te llevará 10 meses hacerlo. Si empiezas a los tres años, terminarás más tarde, pero es probable que te lleve menos de seis meses entrenarlo por completo.

Cuando pensamos en el contraste entre hacerlo a los dos o tres años, vale la pena pensar en las maneras en las que los niños de estas edades son diferentes, lo que lo hace más difícil o más fácil. Un niño de tres años tiene mucho más control de sus esfínteres (quizá también sobre ti, pero esa es una historia diferente). Esto es en parte físico y en parte emocional. Un niño de 18 meses es menos susceptible de decidir que no hará popó en la bacinica, sin importar lo que tú digas. Tienen menos voluntad para desafiarte. Esto hace que con los niños pequeños sea más fácil.

Por otro lado, puedes razonar con un niño de tres años y, sí, sobornarlo. Tienen más voluntad para desafiarte, pero también puedes aprovechar que tienen más capacidad para comprender y controlarse. Eso podría facilitar lidiar con él. Los datos en cuanto al momento de hacerlo sugieren que, en la práctica, lo último probablemente es más importante.

MÉTODOS

Al escoger un momento para empezar tu aventura del entrenamiento para ir al baño, surge la pregunta de cómo hacerlo. En general, las estrategias de entrenamiento para ir al baño se presentan en dos formas.

Primero está el entrenamiento guiado por los padres, «orientado al final».[6] Estos métodos se hablan en libros como *Oh Crap!* (¡Oh, mierda!) y *3-Day Potty Training* (Entrenamiento para usar la bacinica en tres días). En general, la idea es solo deshacerse de los pañales y empezar a poner a tu hijo en la bacinica mucho tiempo. Idealmente, en unos cuantos días van a estar (en su mayoría) entrenados. También existen versiones menos (y más) intensas de esto, pero todas comparten la misma estructura básica: los padres deciden cuándo es tiempo de entrenarlo e impulsarlo hacia la meta final. Con base en los datos de temporización que vimos antes, la mayoría de la gente no usa estos métodos o la mayoría de la gente no tiene éxito al usarlos.

(Les prometí a mis hijos que no hablaría aquí de sus aventuras con el entrenamiento para ir al baño en detalle, pero diré que sí usamos este método, y, en general, quedé contenta con él. Sin embargo, funcionó mejor para un niño que para el otro y, en definitiva, no tuvimos un éxito total en tres días).

Por otro lado, existe una estrategia más *laissez-faire*, donde más o menos dejas que el niño establezca el ritmo que funciona para él. Este método implica animarlos a que usen el escusado cuando hay indicios de que están listos. Esta estrategia está orientada para que tu niño use el baño, como tú quisieras, pero lleva su tiempo.

Hay un tercer método, la «eliminación por comunicación» que intenta que los niños usen la bacinica desde el nacimiento. Hablaremos más de esto.

Estos métodos se desarrollaron hace muchos años —la descripción original del entrenamiento para ir al baño dirigido por el niño es de 1962—. Una gran diferencia entre ellos es la edad a la que parecen plausibles; en general, el método dirigido por el niño implicará comenzar más tarde.

Prácticamente no existe ninguna información que afirme que estos funcionan mejor o incluso qué tan bien funciona alguno de los sistemas a nivel individual.[7] Hasta donde hay estudios sobre el tema, es muy difícil interpretarlos. Considera, por ejemplo, un estudio de 20 niños (¡20!) que consideró una intervención de entrenamiento para ir al baño en una clase de preescolar.[8] El programa contenía tres intervenciones diferentes (usar ropa interior, hacer que el niño se sentara a menudo en la bacinica y recompensarlo por hacerlo). Con un subconjunto de niños, los investigadores les dijeron a los maestros de preescolar que realizaran las tres. Con otros, lo hicieron en secuencia.

Algunos niños mejoraron, otros no. Prácticamente no hubo relaciones consistentes. Lo mejor que pudieron decir los autores fue que muchos de los niños que usaron ropa interior parecían mejorar. Y, quizá lo más importante, que todos los niños aprendieron finalmente a ir al baño.

Existen otros pequeños estudios. Uno de ellos, aplicado a 39 niños en Gran Bretaña, comparó un método de alarma cuando se mojan (en el que a los niños les ponen un pañal especial con una alarma que suena cuando se hacen pipí en el pañal), con un método que consiste en poner al niño en la bacinica a intervalos regulares. Encontraron evidencia de que la alarma era más efectiva; pero, de nuevo, fue una muestra pequeña y no un estudio comprensivo del método particular. Asimismo, es claro que el método de la alarma no es para todos.

Si estás desesperada por contar con alguna orientación basada en evidencia, un estudio aleatorio de 71 niños que se realizó en 1977 comparó el método guiado por el niño con uno intensivo.[9] El estudio aboga a favor del método más intensivo; mostró que los accidentes al día disminuyeron más en el grupo de entrenamiento intensivo y que los logros aumentaron. Pero este estudio es muy viejo y pequeño, y no consideró ningún otro resultado en los niños (por ejemplo, el estrés que les provocaba el entrenamiento).

La idea clave de la bibliografía sobre este tema es que sencillamente no sabemos mucho de los mejores métodos, ni siquiera si existe un método óptimo.

Tal vez este último punto es el más importante: quizá no haya un solo método óptimo para cada niño o cada familia.

Cuando entrenaron a mis sobrinos gemelos para ir al baño, mi madre hizo un libro para leérselos, titulado *The Lion Gets Potty Trained* (El león aprende a ir al baño). Presentaba una serie de imágenes de mi sobrina (su hermana mayor) y un león de peluche. El tema era que ella trataba de entrenar al león para que usara el escusado, utilizando varias recompensas: M&M's, Skittles, naranjas chinas, etcétera. Finalmente, cuando le ofrece al león una albóndiga, lo consigue.

A Finn le leí este libro muchas veces, y en muchos aspectos sí representa esta experiencia. Intentarás todo —literalmente ¡todo!— para que tu hijo use el baño, pero no puedes forzarlo. Y tal vez lo más importante es que todos los niños son distintos. Algunos responden a las calcomanías, otros a los M&M's, quizá otros a las albóndigas.

La conclusión es que el entrenamiento para ir al baño consiste en realidad en lo que funciona para tu familia y para tu hijo. La evidencia sobre los cambios en el tiempo sugiere que es posible entrenar a tu hijo a una edad más temprana de la que se acostumbra ahora, si quieres hacerlo. Para ello es probable que tengas que adoptar una estrategia más orientada a la meta (en lugar de la estrategia orientada por el niño). O puedes esperar a que tu hijo decida que está listo, que quizá será cuando se acerque más a los tres años de edad o un poco más grande.

La estrategia del entrenamiento orientado por el niño puede tomar más tiempo, pero también puede ser más agradable para ti. O quizá este es tu último hijo, ya no quieres cambiar pañales y deseas que tu niño de 25 meses empiece el programa. Si este es el caso, quizá lo mejor que podrías hacer es intentar el régimen intensivo orientado a la meta y ver si funciona.

No existe evidencia que relacione la edad del entrenamiento para ir al baño con resultados posteriores como el CI o la educación.[10] Así que si tu hijo se entrena antes, puede ser muy bueno (para ti), pero irrelevante a largo plazo. Quizá sea difícil comprenderlo en la confusión cuando corres con tu hijo al baño cada 20 minutos y limpias popó en su ropa interior, pero al final todos usan el baño.

PROBLEMAS Y EXTENSIONES

Rechazo a efectuar deposiciones

En algún momento, antes de que naciera Penelope, tuve una conversación con una amiga sobre su hijo.

—¿Cómo van las cosas? —le pregunté.

—Está muy bien, aunque por supuesto estamos luchando con el problema de RED.

—¿De qué?

—Ah, rechazo a efectuar deposiciones.

Esta fue mi primera (pero no la última) exposición a un problema aparentemente extendido de «RED», cuyo nombre sigo pensando que es demasiado rimbombante para explicar que tu hijo no hace popó en el escusado.

Este problema es sorprendentemente común (o más bien, sorprendente para las personas que aún no tienen hijos). Quizá una cuarta parte de los niños experimentará esto en cierto grado durante el entrenamiento para ir al baño.[11] Por loco que suene, a muchos niños les gusta hacer popó en el pañal. Sin embargo, los niños que orinan sin problema en el baño se negarán a hacer popó ahí; y a diferencia de la orina, el movimiento intestinal es algo de lo que incluso los niños pequeños tienen un poco de control.

Cuando el rechazo a defecar en el escusado continúa mucho después de que los niños orinan regularmente en el baño, el problema se vuelve más complejo. El problema principal es que retener las heces puede provocar estreñimiento. Esto puede resultar en movimientos intestinales dolorosos cuando por fin lo logran, lo que exacerba más el problema. Ahora, el niño asocia el uso del escusado con el dolor y *realmente* no quiere hacerlo. El estreñimiento crónico también puede provocar problemas de micción.

Existen algunos estudios de cómo abordar este problema en niños mayores —la retención de heces también es un problema común en niños de edad escolar—, pero prácticamente no es nada sistemático en edades más tempranas.[12] Un estudio en 400 niños, publicado en 2003, mostró que la duración del rechazo (es decir, el número de meses en que esto continúa) disminuyó con una intervención orientada al niño, en la que, entre otras cosas, los padres daban demasiada importancia a que el niño hiciera popó en el pañal antes de empezar el entrenamiento para ir al baño.[13] Esto significa decir cosas como: «¡Guau! ¡Hiciste popó! ¡Genial!», y cosas por el estilo. Los niños que recibieron este tratamiento no fueron menos propensos a tener el problema, pero duró menos tiempo.

Un consejo común para abordar este problema es darle al niño un pañal donde pueda hacer popó, quizá en el baño. Aunque pueda parecer un retroceso, la teoría es que disminuye la posibilidad de estreñimiento y el subsecuente efecto negativo. No existe mucha evidencia sobre esto en un sentido u otro. En al menos un pequeño estudio prospectivo, todos los niños a los que se les volvió a poner pañal estaban prácticamente entrenados a los tres meses. Pero de nuevo, con el tiempo, todos usan el escusado; y sin un grupo de control es difícil aprender mucho.[14]

Permanecer seco en la noche

Mantenerse seco en la noche —o despertarse de manera eficaz para usar el baño— es una habilidad fundamentalmente diferente a usar el baño durante el día. Muchos niños conservarán un pañal o calzón entrenador en la noche (y quizá cuando hacen la siesta) mucho tiempo después de que están entrenados por completo durante el día.

A diferencia del día, permanecer seco en la noche requiere básicamente que tu cuerpo te despierte cuando necesitas hacer pipí. Esta capacidad se desarrolla a diferentes edades en cada niño. Para la edad de cinco años, de 80 a 85% de los niños permanece seco en la noche (no significa que no hagan pipí, pero si lo hacen despiertan para usar el baño).[15]

En general, los médicos no se preocupan por que el niño permanezca seco en la noche hasta la edad de seis años. Si pasan de esa edad, es común empezar a considerar algunas intervenciones: despertar al niño para que haga pipí, limitar los líquidos antes de ir a la cama, hacer que suene una alarma cuando hace pipí. Estos problemas continuos afectan quizá a 10% de los niños (en su mayoría varones) y casi todos terminan por resolverse.

ELIMINACIÓN POR COMUNICACIÓN

La mayoría de las personas da por sentado que su hijo pasará algún tiempo en pañales. Sin embargo, la eliminación por comunicación es un método en el que los padres se entrenan, quizá desde el nacimiento, para reconocer las señales cuando su hijo va a hacer pipí o popó, y rápidamente lo ponen en la bacinica. Es obvio que un bebé que aún no puede sentarse no se puede poner en el escusado; la idea aquí es que lo pongas sobre tu regazo, encima de una palangana o algo similar para que haga la asociación.

Hay algunos estudios sobre el éxito de la eliminación por comunicación. Un primer ensayo observó a padres que realizaban esta estrategia y mostró que, de hecho, muchos de ellos reportaron que su hijo sí daba indicios cuando necesitaba ir al baño, incluso a una edad muy temprana.[16] Los niños que participaron en el estudio fueron entrenados muy temprano —a los 17 meses en promedio—, sin ninguna señal de que esto tuviera efectos adversos.

Cabe observar que la eliminación por comunicación no se considera un método explícito de entrenamiento para ir al baño, sino como un sistema diseñado para fomentar el uso del escusado. Es difícil saber qué significa esta distinción, pero creo que, al realizar el «entrenamiento formal para ir al baño», pretendes lograr tu meta en un tiempo relativamente corto, en tanto que empezar desde la infancia significa que por fuerza tomará más tiempo.

Otros estudios son reportes anecdóticos de éxito o resúmenes de artículos que mencionan que en culturas en las que no usan pañales, las mamás aprenden antes a saber cuándo un niño necesita ir al baño.

Si esto te parece atractivo, no hay razón para no hacerlo, aunque probablemente vale la pena observar que es una elección de estilo de vida bastante impactante y en la que quizá no tengas mucho apoyo en la guardería, por ejemplo.

Conclusiones

- La edad para el entrenamiento para ir al baño ha aumentado con los años, muy probablemente como resultado de que los padres eligen hacerlo después.
- En promedio, comenzar el entrenamiento más temprano permite que termines antes, aunque en general toma más tiempo. Empezar el entrenamiento intensivo antes de los 27 meses no parece tener como resultado un término más temprano.
- Hay poca evidencia sobre la eficacia del entrenamiento dirigido por el niño frente a métodos más intensivos, orientados a la meta.
- El rechazo a hacer popó en el baño es una complicación común, con algunas soluciones limitadas.

17

Disciplina del niño pequeño

Cuando de niña me portaba mal, mi madre me pedía que «me sentara en las escaleras y pensara en ello». Me iba tambaleando hasta las escaleras, me sentaba un momento, pensaba en mis errores y después regresaba a explicar lo que había hecho mal y que no lo volvería a hacer. Ella se felicitaba de ser una madre maravillosa que tenía una relación profunda con su hija y no tenía que recurrir a la disciplina tipo «¡Vete a tu cuarto!» que los demás practicaban.

Después llegó mi hermano Stephen.

Él no quería sentarse en las escaleras y pensar por qué se había portado mal. De hecho, se negaba a hacerlo de forma tajante. Las cosas se intensificaron hasta que lo enviaron a su recámara. También se negó. Mi madre lo cargó hasta su cuarto, cerró la puerta y la mantuvo cerrada con todas sus fuerzas mientras él gritaba y trataba de salir.

Esto demuestra, de nuevo, que la crianza es más sobre el niño que sobre el padre. (Nota al margen: Stephen es un adulto maravilloso y exitoso que fue y sigue siendo un gran hermano).

Cuando nacieron mis hijos, repetí un patrón similar. Penelope nunca hizo un berrinche. Cuando Finn lo hizo, no podía creerlo. ¡Hubo tantos gritos! Le pregunté a Jesse «¿Crees que esté enfermo? ¿Deberíamos llevarlo al doctor?». Jesse me miró como si estuviera loca. «No está enfermo. Tiene dos años».

Los berrinches son el extremo del mal comportamiento de un bebé, y casi todos tienen una historia de uno de ellos, por lo general uno que ocurrió en público. Cuando hablé con mi amiga Jenna sobre este momento, me dijo que su mamá seguía enojada con ella por un berrinche que hizo a los cuatro años en un supermercado. Una vez mi sobrino hizo uno en un centro comercial lleno de gente; su madre se alejó (la respuesta correcta) mientras él gritaba tirado en el piso y la gente se detenía para tratar de ayudar. Por supuesto, cuando el niño está en plena rabieta no hay manera de ayudar.

Los niños pequeños también exageran de otras maneras. Pueden comportarse casi como científicos, experimentando con todo lo que sea posible: «Si le aviento a mamá este tallo mordido de coliflor y le digo "¡NO ME GUSTA!", ¿qué pasará? Si golpeo a mi hermana en la cabeza con un libro, ¿me pegará? ¿Algún adulto me lo impedirá?».

La experimentación constante puede ser agotadora y confusa, en particular cuando tu hijo llega al punto en el que es más difícil contenerlo físicamente. Cuando tu hijo insiste en quitarse repetidamente la camisa en un museo, ¿qué haces? ¿Le pones tú la camisa de nuevo? ¿Te das por vencida y lo dejas correr por todos lados sin camisa? (¿Por qué querría quitarse la camisa? Reiteradamente hizo énfasis en su intenso deseo de usar esa misma camisa en la mañana).

Lo que de algún modo son buenas noticias es que existen estrategias basadas en evidencia para lidiar con la disciplina. Digo «de algún modo» porque no existe una varita mágica para acabar por completo con los berrinches y hacer que tu hijo de dos años se convierta en uno de siete. En su lugar, las intervenciones parentales se enfocan en cómo responder al mal comportamiento cuando empieza, y limitar su recurrencia.

Sin embargo, antes de entrar a la evidencia vale la pena retroceder y pensar por qué queremos disciplinar a nuestros hijos. ¿Qué queremos lograr? Creo que la respuesta es la misma a la de lo que tratamos de hacer con todas nuestras decisiones parentales: intentamos criar adultos felices, agradables y productivos. Cuando mi hija se niega a limpiar un revoltijo y la castigo por ese comportamiento, lo que quiero en realidad no es que me ayude a limpiar. Si quisiera eso, sería más rápido hacerlo yo que pedirle que lo haga. Se trata más de intentar enseñarle a hacerse responsable por su desorden, tanto de los LEGO ahora como los que no van a ser de LEGO pero que inevitablemente creará en el futuro.

Esta es la filosofía de disciplina como educación apoyada por la crianza francesa (gracias, *Bringing Up Bébé!*). La disciplina no es lo mismo que los castigos. Sí, existe un componente de castigo, pero es con el propósito de criar mejores seres humanos, no de castigarlos solo por hacerlo.

Con este andamiaje podemos enfocarnos en los datos. Existen varias intervenciones parentales basadas en evidencia. Estas incluyen 1-2-3 por arte de magia, Los años increíbles, Triple P (Programa de Parentalidad Positiva), etcétera. Muchas escuelas —incluidas aquellas que tienen niños con problemas graves de comportamiento— usan un programa similar llamado «Intervenciones y apoyo de comportamiento positivo», el cual tiene un conjunto de metas y estructuras similares.

En general, todo esto hace énfasis en algunos elementos clave.

Uno es que empieces por reconocer que los niños no son adultos, y que normalmente no puedes mejorar su comportamiento con una plática. Si tu hijo de cuatro años se quita la camisa en el museo, no responderá a una conversación racional sobre por qué se necesita usar una camisa en lugares públicos. El lado negativo de esto, y lo más importante, es que no deberías esperar que responda al razonamiento adulto. Como resultado, no deberías enojarte igual que si tu cónyuge, por ejemplo, se desvistiera en el museo y no dejara de hacerlo hasta que le explicaras por qué no debería hacerlo.

Todas estas intervenciones hacen énfasis en no enojarse. No grites, no subas el tono y, en definitiva, no golpees. Controlar el enojo parental es el primer elemento central de la intervención.

Esto es fácil de decir, pero a menudo *muy difícil de hacer*. Requieres tener práctica. La mayoría no queremos enojarnos con nuestros hijos, pero todos hemos estado furiosos en distintos momentos. La disciplina del niño joven es, en verdad, disciplina parental. Respira. Toma un segundo. Una vez les dije a mis hijos: «Estoy tan enojada ahora que me voy a encerrar un rato en el baño para calmarme». (Es la única puerta de tu casa que se cierra con llave). Y lo hacía; no salía hasta que pensaba que podía controlarlos, no solo a ellos sino a mí misma.

Una extensión de esta observación de que tu hijo no es un adulto es que perderías tu tiempo si te pusieras a pensar por qué tu hijo pequeño está haciendo berrinche. Quizá sientas la tentación de intentar averiguar cuál es exactamente el problema; de tratar de hacer que te digan cuál es el problema. Incluso si pueden hablar, es probable que no logres nada, puesto que quizá no lo saben. Los berrinches suceden por todo tipo de razones. Trabajar en la disciplina del comportamiento de los berrinches es la meta. Si no piensan que la rabieta es una manera de reaccionar, pueden trabajar en desarrollar otras maneras más productivas de comunicar sus problemas.

En segundo lugar, todas estas estrategias hacen énfasis en establecer un sistema claro de recompensas y castigos, y apegarse a ellas siempre. Por ejemplo, *1-2-3 por arte de magia* desarrolla un sistema de conteo (obvio, hasta tres) frente a un comportamiento disruptivo y, si llegas a tres, existe una consecuencia definida (un descanso, pérdida de privilegios, etcétera).

Por último, hay un fuerte énfasis en la consistencia. Cualquiera que sea tu sistema, úsalo todo el tiempo. Si la consecuencia de contar hasta tres es tomarse un descanso, entonces debes hacer una pausa *cada vez*, incluso, digamos, si estás en un supermercado. (El libro sugiere que encuentres un rincón en la tienda o que lleves contigo un «tapete para descansar»).

Del mismo modo, si dices no a algo, aférrate al no. Si tu hijo quiere postre y dices no, no termines diciéndole que sí cuando lleve un rato llorando, si lo haces va a aprender que si llora lo suficiente, se va a salir con la suya. Esto tiene sentido: ¿qué aprenden de eso? Que lloriquear a veces funciona. ¡Manos a la obra! Tampoco hagas amenazas que no vayas a cumplir.

Digamos que estás en un avión y tu hijo no deja de patear el asiento frente a él. Si le dices: «Si vuelves a hacerlo te voy a dejar en el avión» no es una buena amenaza. ¿Por qué? Porque no vas a dejarlo en el avión. Cuando vuelve a patear para probar esto y se da cuenta que, de hecho, no lo vas a dejar en el avión, va a seguir haciendo lo que quiere. La misma lógica funciona para la amenaza en un viaje normal en automóvil: «¡Voy a dar media vuelta si no dejan de pelear!». Está bien decir esto, pero es mejor que estés preparada para dar media vuelta.

Estos son los parámetros generales. Como en el entrenamiento para dormir, los detalles cambian entre programas. Si esperas usar este tipo de disciplina, probablemente debes apegarte a un programa particular y respetarlo. Quizá una no es mejor que otra, pero dada la importancia de la consistencia, es necesario que todos los que conviven con tu hijo adopten la misma estrategia.

Estos métodos son útiles en edades mayores, pero se pueden usar desde los dos años. Los libros tienen algunas pautas específicas para tomar descansos. Por ejemplo, deberían ser más cortas a edades más tempranas y no comenzar hasta después de que termine el berrinche. Y sí resume algunos factores clave que son útiles para niños muy pequeños. Por ejemplo, no dejes que tu hijo use un berrinche para salirse con la suya.

La evidencia de que esto funciona se basa en una variedad de ensayos aleatorios controlados.

Para dar un ejemplo, un artículo publicado en 2003 en el *Journal of Child and Adolescent Psychiatry* reportó una evaluación de 1-2-3 por arte de magia entre 222 familias.[1] Todos los padres implicados buscaban ayuda para controlar el comportamiento de su hijo, aunque ninguno de los niños tenía problemas clínicos de comportamiento. Esto significa que solo trataban de corregir los comportamientos difíciles comunes.

La intervención fue bastante suave: los padres asistieron a reuniones de dos o tres horas en las que hablaron del método 1-2-3 por arte de magia; les mostraron videos y les dieron folletos sobre problemas particulares. Posteriormente hubo una cuarta reunión de dos horas al mes para reforzar.

El grupo experimental —el que tuvo la intervención— tuvo mejoras en todas las variables medidas. Los padres tuvieron mejores resultados en las medidas de crianza; es decir: «¿Eres hostil y estás enojado con tu hijo?», y los niños tuvieron mejores resultados en una variedad de medidas de comportamiento. Además, los padres informaron que sus hijos se comportaban mejor y eran más obedientes, y que su propio estrés había disminuido. Los autores mencionaron que la magnitud del efecto no fue enorme —sería difícil esperar grandes efectos, dado lo limitado de la intervención—, pero hubo bastantes padres que los advirtieron y afectó el tiempo con sus hijos.

Algunos ensayos menores del 1-2-3 por arte de magia, con seguimientos durante más tiempo, han mostrado efectos similares, los autores afirmaron que los efectos de estos programas se pueden ver incluso dos años después.[2]

La evidencia no se limita a 1-2-3 por arte de magia. Una serie de estudios, en especial en Gran Bretaña e Irlanda, han visto efectos similares con la estrategia *Años increíbles*. Los resultados muestran mejoras en las prácticas parentales, disminución de los problemas de comportamiento infantil y reducción del estrés parental.[3] Los trabajos que recopilan evidencia sobre todos los programas de este tipo muestran hallazgos similares consistentes a lo largo de los estudios. La conclusión es que sencillamente parecen funcionar.[4]

Entonces, sí, es un hecho que estas estrategias funcionan. Pero ¿deberías usar alguna?

Una respuesta a esto es que depende de la alternativa. Hablaré un poco de las nalgadas, pero la evidencia sugiere que tiene consecuencias negativas tanto a corto como a largo plazo. Si golpear es la opción, entonces tal vez vale la pena intentar uno de estos programas. Y si estás cansada y frustrada, y sientes que no toleras mucho a tu hijo, entonces, bueno, también es una razón para intentarlo.

De esta forma, estos programas no son distintos al entrenamiento para dormir. Muchos de los beneficios son para los padres: menos estrés, mejor relación con tu hijo, etcétera. (En este caso puede haber algunos beneficios en la escuela también). Si lo que haces te funciona, perfecto. De lo contrario, valdría la pena intentar esto.

Todos estos programas se enfocan en limitar los comportamientos disruptivos —gimotear, pelear, hacer berrinches, responder en forma grosera— y fomentar un amplio comportamiento de cooperación, como sentarse a cenar y prepararse en la mañana.

¿Y qué hay de las cosas más molestas? Digamos que ¿tu hijo insiste en cantar la misma canción 50 veces seguidas? Es solo un ejemplo.

Probablemente necesitas vivirlo. Una de las tesis principales de estas estrategias de crianza es que la disciplina se debería reservar a comportamientos que son en verdad malos, no para cosas que solo son molestas. Al menos uno de los libros que leí sobre esto sugiere que uses tapones de oídos. Vale la pena observar que, si un niño mayor se da cuenta que algo te molesta, puede ser que insista en hacerlo para molestarte más.

Sería negligente de mi parte cerrar este capítulo sin mencionar las nalgadas. Aunque esto se ha vuelto un castigo menos común con el tiempo, una gran parte de las familias estadounidenses (las estimaciones sugieren que al menos la mitad)[5] utilizan las nalgadas u otras formas de castigo corporal leve para abordar el mal comportamiento. Algunas escuelas también siguen usando el castigo corporal.

A lo largo de este libro sobre mi propio trabajo de crianza, he tratado de basarme en evidencia y guiarme por los datos. Pero en este caso quiero ser honesta sobre mi inclinación: no creo en las nalgadas. No hay nada que haya leído en los datos que me lleve a pensar que esta es una buena idea. Mi impresión al revisar la información —que detallo más adelante— es que, de hecho, no es una buena idea. Pero quiero ser clara: empiezo con un prejuicio.

La mayoría de los estudios sobre las nalgadas se enfocan en los impactos en el comportamiento y el desempeño escolar: ¿dar nalgadas a tu hijo resulta en más problemas de comportamiento más adelante? ¿Resulta en un menor desempeño escolar?

Existen al menos dos razones por las que esta es una pregunta difícil de responder con los datos. Primero, los padres que dan nalgadas a sus hijos son distintos de quienes no lo hacen. Puesto que muchos de los factores que se relacionan con las nalgadas también se relacionan con los peores resultados por otras razones, si observas solo la relación franca entre dar nalgadas y resultados posteriores, exagerarás las desventajas.

En segundo lugar, incluso dentro del grupo de padres que dan nalgadas, es lógico que los niños que son más difíciles pueden ser más susceptibles de que les den más nalgadas. Digamos que mides el comportamiento para dar nalgadas a los tres años y los resultados a los cinco años. Los datos bien pueden mostrar (de hecho lo muestran) que dar nalgadas a los tres años implica mayores problemas de comportamiento a los cinco años. Pero los problemas de comportamiento a los tres años pueden llevar más tarde tanto a las nalgadas como a más problemas de comportamiento. Esto es difícil, aunque quizá no imposible de atender.

Los estudios más cuidadosos sobre esto tratan de dar seguimiento a los niños durante toda la infancia temprana y observar todos los posibles resultados. Un ejemplo es un artículo publicado en *Child Development*, que usa muestras de casi cuatro mil niños observados al menos a la edad de un año hasta los cinco años.[6] Los autores observaron los datos sobre las nalgadas a la edad de uno, tres y cinco años, y el comportamiento a esas edades. Trataron de adaptarse por completo a las posibles trayectorias. Por ejemplo, relacionaban las nalgadas en el primer año con problemas de comportamiento a los cinco años, y luego preguntaron si esa relación desaparece si, por ejemplo, dejas de darles nalgadas a los tres años.

Los autores afirmaron que dar nalgadas a los niños tiene un efecto negativo a largo plazo, en particular en el comportamiento. Darles nalgadas cuando tienen un año aumentó los problemas de comportamiento a los tres años, y hacerlo cuando tienen tres empeoró su comportamiento a los cinco. Estos resultados se mantuvieron incluso con controles para comportamientos tempranos; darles nalgadas a los tres años se relaciona con problemas de comportamiento a los cinco, incluso si se empieza a tratar de controlarlos a los tres.

Otros estudios que intentan combinar familias que dan nalgadas con las que no lo hacen en algunas características (ingresos, educación) también han encontrado que los golpes resultan en problemas de comportamiento.[7] De igual manera, los artículos de revisión sobre este tema encuentran pequeños, pero persistentes efectos negativos en el comportamiento.[8] Existe bibliografía que incluso afirma que dar nalgadas se relaciona con problemas a muy largo plazo —abuso de alcohol, intento de suicidio—, aunque es muy difícil afirmarlo de manera convincente, dadas las otras diferencias en los antecedentes familiares entre los niños que recibieron nalgadas y los que no.[9]

A su vez, *no hay evidencia* de que dar nalgadas mejore el comportamiento. Lo mismo pasa con otros tipos de castigo físico, que muestran evidencia de los efectos negativos y ninguna evidencia de los efectos positivos.

Los niños pueden ser frustrantes, y sí, en ocasiones necesitan ser castigados. Pero este castigo debería ser parte de un sistema de disciplina cuyo objetivo es enseñarle cómo ser un adulto productivo. Aprender que si te comportas mal perderás algunos privilegios o alguna experiencia divertida te va a servir también cuando seas adulto. Los niños no necesitan aprender que si te portas mal, una persona más fuerte que tú te pegará.

Conclusiones

- Existen diversos programas que han mostrado cómo mejorar el comportamiento del niño. Esto se concentra en recompensas y castigos consistentes, y evitar el enojo de los padres.
  - Algunos ejemplos incluyen 1-2-3 por arte de magia y los Años increíbles, entre otros.
- Dar nalgadas no ha mostrado mejorar el comportamiento, de hecho se ha relacionado con un comportamiento peor a corto plazo, incluso hasta la edad adulta.

18

Educación

Cuando Finn tenía dos años empezó a ir a un preescolar cerca de donde vivimos en Providence. Era un lugar excelente, con maestros cariñosos y todo tipo de cosas divertidas: una señora que habla español con marionetas, un área de juegos al aire libre, sesión de cuentos con *miss* Suzanne. La escuela tenía un plan de estudios maravilloso que se enfocaba en aprender a compartir, interactuar con otros niños y fomentar el amor a los libros. Lo que no tenía eran clases de ciencias sociales.

Poco después de que cumplió tres años, nos fuimos a California a un breve sabático, donde lo inscribimos en un preescolar diferente. También era muy agradable y Finn estaría feliz en cualquier lugar donde hubiera una supuesta cocina, así que le funcionó. Pero a diferencia de la de Providence, esta escuela parecía esforzarse por fingir al menos que los niños de dos años estaban inscritos en un aula para niños mucho mayores. Por ejemplo, adoptaron el tema del espacio exterior. El mensaje final nos exhortaba a preguntarle a Finn «¿Adónde van los cohetes?» (Respuesta: «¡Al espacio exterior!»).

Si un niño tiene seis meses, intentar enseñarle hechos sobre el mundo —o cualquier cosa sobre letras o números, por ejemplo— sería francamente inútil. Si tiene cinco años, claramente no lo es. A una edad escolar temprana la mayoría de los niños son capaces de aprender letras, lecturas sencillas y un poco de matemáticas. Aquí hay aún un poco de debate, en el que no entraré, sobre si es demasiado aprendizaje en el jardín de niños y si deberíamos ser un poco más como Finlandia y no enseñar a los niños a leer hasta los siete años. Sin embargo, si quieres enseñarle estas cosas a uno de cinco años, con frecuencia logras algunos avances.

Pero ¿qué pasa con un niño de dos o tres años? ¿Hay maneras de lograr su éxito académico a esta edad? ¿Es esta la ventana de oportunidad de mi hijo para que aprenda adónde van los cohetes? Si no es así, ¿estarán atrasados respecto de los otros niños que sí lo aprendieron?

Estas preguntas pertenecen al ámbito de los psicólogos del desarrollo, y existen algunos libros excelentes sobre el desarrollo cerebral del niño que ofrecen un trabajo mucho más integral de lo que yo puedo hacer aquí. *What's Going On in There?* (*¿Qué pasa ahí dentro?*), por ejemplo, es un excelente manual sobre cómo se desarrolla el cerebro del bebé y el niño. Aquí me enfocaré en un grupo limitado de preguntas.

Primero, quizá hayas notado que se les da mucha importancia a los beneficios de la lectura para tu hijo. En Rhode Island, por ejemplo, el estado te proporciona un libro nuevo en cada consulta de control infantil, en un esfuerzo por promover la lectura. Tennessee les envía un libro a los niños cada mes (gracias a un esfuerzo encabezado por Dolly Parton). ¿Por qué hacemos esto? ¿Existe alguna evidencia de que funciona?

En segundo lugar, ¿deberías, más allá de solo leerle, tratar de enseñarle a tu hijo de manera activa las letras y los números a esta edad? ¿Un niño de dos o tres años puede en verdad aprender a leer *por sí solo*?

Por último, en la medida en que tu hijo asiste al preescolar en este rango de edad, ¿importa qué tipo de preescolar sea? En el capítulo sobre la guardería hablamos ya de la importancia de la calidad; pero más allá de tener maestros cariñosos y un entorno seguro, ¿debería importar la filosofía del plan de estudios, o siquiera que tenga una?

LEERLE A TU HIJO

Podemos empezar con un hecho bien establecido. Existe una extensa bibliografía que muestra que los niños cuyos padres les leen cuando son bebés y en edad preescolar tienen un mejor desempeño en las pruebas de lectura más adelante.[1] Sin embargo, deberíamos tener inquietudes significativas de que esta relación es solo una correlación, no un vínculo causal. Como sabemos, hay una gran variedad de factores que influyen en la disposición para la lectura. Uno de esos factores es contar con más recursos. Si tienes problemas para llegar a fin de mes y tienes dos empleos, quizá no tengas tiempo para leerles a tus hijos. Los niños que están en esta situación también pueden estar en desventaja de otras maneras.

Una buena manera de aprender algo más convincente sería un ensayo aleatorio. Por ejemplo, comenzar con una muestra de personas que, quizá, no planean leerle mucho a su hijo; podemos exhortar a la mitad de ellos a que les lean más. Existen pocas intervenciones de este tipo, la mayoría de las cuales no dan seguimiento suficiente a los niños para evaluar los efectos en los resultados de las pruebas.[2]

Un ejemplo reciente es un estudio que usó un programa de información de video con padres para exhortarlos a utilizar la «crianza positiva» —específicamente, leerles en voz alta y jugar— desde bebés hasta los tres años.[3] Los autores observaron mejoras en el comportamiento entre los niños cuyos padres vieron el video; lo que sugiere evidencia del papel que desempeña la lectura en el comportamiento. Pero los datos (aún) no se extienden hasta la edad escolar, por lo que no sabemos los efectos a largo plazo.

En ausencia de evidencia aleatorizada, los investigadores han tratado de aprender sobre esto con otro tipo de datos. Un artículo publicado en *Child Development* en 2018 intentó usar variaciones dentro de la familia para estudiar este tema.[4]

Su percepción básica fue que, si solo tienes un hijo, le lees más (porque tienes más tiempo). Cuanto más tiempo esperas para tener un segundo hijo, más tiempo de lectura tiene el primero. Su idea era comparar los logros entre los primogénitos con distintas extensiones de tiempo antes de la llegada del segundo hijo.

Por supuesto, debería preocuparte que la elección de cuándo tener a tu segundo hijo no sea arbitraria, esto es cierto, pero los autores tienen algunas estrategias para sortear esto, en particular la comparación de mujeres que intentaron tener un hijo al mismo tiempo, pero el momento en que sucedió fue diferente.

Los resultados muestran grandes efectos positivos de la lectura en los logros de los niños. Aquellos a quienes les leen desde más pequeños tienen mayor éxito en lectura cuando están en la escuela. Una preocupación es que estos niños solo reciben más atención en general; esto es posible, pero los efectos no se extienden a las matemáticas, por lo que los autores afirman que parece que se relaciona con la lectura en particular.

También existe nueva y buena evidencia de escáneres cerebrales que nos ayudan a pensar un poco sobre los efectos cognitivos de leer a los niños. En un ejemplo los investigadores tomaron a 19 niños de tres a cinco años y los pusieron en una máquina de resonancia magnética funcional (IRMf).[5] En general, los estudios por IRMf están diseñados para usar la tecnología con el fin de observar qué partes del cerebro se encienden (es decir, se activan o están en uso) cuando se proporcionan algunos estímulos.

En este estudio particular, pusieron a los niños en una IRMf y luego les leyeron cuentos. Lo que hallaron los investigadores fue que los niños a los que les leían más en casa mostraron una mayor activación cerebral en las áreas del cerebro que se consideran responsables del proceso narrativo y la imaginación. Básicamente, parecía que los niños a quienes les leían más procesaban la historia de manera más eficaz. No queda claro cómo se vincula esto a la lectura posterior, y el estudio fue pequeño (las imágenes por IRMf son muy costosas). No obstante, brinda más evidencia sobre los mecanismos que podrían impulsar los efectos.

Todo esto sugiere que probablemente es buena idea leerle a tu hijo. Esta bibliografía va más allá y, de hecho, proporciona cierta

orientación sobre cómo leerle a tu hijo. En particular, los investigadores encontraron que los beneficios son mayores con lecturas más
interactivas.[6] En lugar de solo leer un libro, los niños se benefician
cuando se les hacen preguntas abiertas:

«¿Dónde crees que está la mamá del pájaro?».

«¿Crees que a Pop le duele cuando los niños saltan sobre él?».

«¿Cómo crees que se está sintiendo el gato en el sombrero?».

APRENDER A LEER

Leerle a tu hijo es una cosa; hacerle preguntas es, en definitiva, algo
que puedes hacer. Pero ¿deberías ir más allá? ¿Deberías en verdad
tratar de enseñarle a leer a tu hijo en preescolar? ¿Es incluso posible?

Algunas personas dirían que sí.

Por ejemplo, existe el método *Teach Your Baby to Read* (Enseña a
tu bebé a leer),[7] que promete que puedes enseñarle a leer a tu bebé
a partir de los tres meses de nacido aproximadamente. Utilizas un
sistema caro de tarjetas y unos DVD para lograr esta meta. Si dudas
del éxito, el sitio web te sugiere que busques en YouTube «bebés le-
yendo», ¡y verás que es posible!

El último capítulo dejó claro que tu bebé no puede aprender
de un DVD. Así que no debería ser difícil comprender, entonces, que
este sistema —que depende en gran medida de videos— tampoco
puede enseñarle a tu hijo a leer. Las evaluaciones aleatorizadas con
niños de nueve a 18 meses no muestran ningún efecto de estos sistemas de comunicación en la capacidad de los bebés para leer.[8] Los
investigadores observaron que esta falta de éxito sucede a pesar de
que los padres digan que el sistema es muy exitoso, y sugieren que es
fácil engañarte y pensar que tu hijo puede leer al año de edad.

En conclusión, tu bebé no puede leer.

Por otro lado, sabemos que algunos niños de cuatro a cinco años
pueden leer, y los estudios que se enfocan en este grupo de edad
muestran, por ejemplo, que es posible enseñarle a un niño de cuatro

años de manera activa los sonidos de las letras y la idea de combinarlas para formar palabras.[9] Si te interesa enseñarle a leer a tu hijo de cuatro años, tal vez podrás hacer algunos progresos. Está la otra cuestión de si quieres hacerlo, pero eso es más una elección parental que un asunto de datos.

Sin embargo, un niño de dos o tres años... No son bebés, pero tampoco tienen cinco años. Tu hijo que acaba de cumplir tres puede hablar y, en ocasiones, comprender lo que le pides que haga. Podría ser plausible, pero no seguro, que pudiera aprender a leer.

La verdad es que no hay mucha información sobre la lectura a edades muy tempranas. Existen algunos ejemplos, reportes de casos, de niños que aprenden a leer con fluidez a edades muy tempranas, dos años y medio, tres años.[10] Los niños de estos reportes tienen un nivel de lectura de prodigio. No solo leen *Mat sat* (*El gato se sentó*) a los tres años; leen a nivel de tercer grado. Y en la mayoría de los casos es claro que el niño empezó a leer solo. Sus padres no se sentaron con él y le enseñaron el sonido C-A-R-R-O.

Los niños que aprendieron a leer así —y esto también es cierto para niños que aprendieron a leer temprano, dentro del rango normal— son más propensos a aprender con la imagen de las palabras que con la fonética. Deben gran parte de su lectura al reconocimiento, más que al sonido. Es interesante observar que los lectores tempranos no necesariamente son buenos deletreando.

Cabe decir que, en algunos casos, la lectura temprana de prodigios se asocia con el autismo. La *hiperlexia* (así se le llama) es un rasgo de autismo de alto funcionamiento; los niños pueden leer, pero no comprenden.[11]

En lo que sencillamente no hay ninguna evidencia es en si puedes enseñarle a tu hijo de dos o tres años los sonidos de las letras y la fonética de manera temprana. Si intentas usar la misma estrategia que usarías con tu hijo de cuatro años, ¿funcionará? Los datos no dan una respuesta. A nivel anecdótico (ya sé, ya sé, nada de anécdotas), hay niños de esta edad que conocen los sonidos de las letras, pero es raro que haya niños que lean libros completos por sí mismos. Si quieres enseñarle a tu hijo que la «S» suena «Sssss», tal vez logres que lo aprenda, pero lo más probable es que no lea *Harry Potter*.

TIPOS DE PREESCOLAR

En algún momento alrededor de los dos o tres años puedes empezar a pensar en la guardería como «escuela». Si tu hijo está en casa con uno de los padres o la niñera, esta es una edad en la que las personas a menudo exploran las opciones de «preescolar» de medio tiempo, los cuales por lo general están diseñados para aumentar la socialización y, posiblemente, para empezar a enseñar capacidades académicas. Si tu hijo va a la guardería, sus clases anteriores serán una forma más estructurada de la escuela.

Formulemos la primera pregunta: ¿es buena idea que metas a tu hijo a preescolar?

Podemos considerar alguna evidencia sobre esto si volvemos al capítulo sobre la guardería. Las pruebas de las que hablé ahí mostraban que cuando el niño pasaba más tiempo en la guardería, más o menos después de los 18 meses, ese tiempo se asociaba con un mejor desarrollo del lenguaje y de las habilidades de lectoescritura a edades un poco posteriores. Esta es la mejor evidencia con la que contamos de que preescolar podría ser una buena idea.

También existe información de ensayos aleatorios pequeños y más antiguos que sugieren que los programas como Head Start mejoran la preparación escolar; pero tienden a enfocarse en la inscripción a edades mayores —cuatro años, digamos— y en poblaciones particularmente desfavorecidas.

Considerando todo esto, de nuevo podría depender de otras opciones para tu hijo durante el día, pero yo diría que el peso de la evidencia es que el entorno preescolar a los dos o tres años mejorará, en promedio, la facilidad con la cual pasan a la escuela.

Una vez que hayas decidido que quieres intentar el preescolar, la pregunta ahora es ¿a cuál enviarlo? De nuevo, podemos remontarnos al capítulo de la guardería. A esta edad la distinción principal entre guardería y preescolar radica en la cantidad de tiempo: la gente tiende a pensar en «preescolar» como una actividad de medio día y la «guardería» como una actividad de todo el día. Aun así, si observas muchos programas de guardería a esta edad, suelen tener una sesión matinal parecida al preescolar y luego una sesión en la tarde de siesta y juego.

Esto significa que muchas de las medidas de «calidad» de las que hablamos en la sección de la guardería también se aplican aquí —el área es segura, los adultos parecen estar comprometidos, etcétera.

Cuando empezamos a hablar de preescolares, la gente comienza a hacer preguntas como: ¿es importante que los maestros estén capacitados en desarrollo infantil temprano? O, más aún ¿importa *dónde* se capacitaron? Sencillamente no tenemos evidencia razonable sobre esto. Los maestros de preescolar varían en calidad —lo puedes ver en cualquier preescolar al que vayas—, pero los datos solos no son suficientes para decirnos que busquemos algo como la calidad de capacitación del maestro.

Una pregunta relacionada es si deberías favorecer la «filosofía» de un preescolar sobre otros. Las tres filosofías que encontrarás de manera más habitual en tu búsqueda de preescolares son Montessori, Reggio Emilia y Waldorf.

La educación Montessori se enfoca en una estructura particular del salón de clase y un conjunto de materiales. Hacen énfasis, incluso en niños pequeños, en el desarrollo de las habilidades motoras finas. En general estas escuelas se refieren al juego infantil como «trabajos». Exponen a los niños pequeños a letras y números, a escribir en arena, a contar bloques, etcétera.

Reggio Emilia inspiró a escuelas para que pusieran más énfasis en el juego, y con muy poca exposición formal a letras o números en edades preescolares. (En un preescolar estilo Reggio Emilia que visité, me dijeron, explícitamente, que no dedicaban tiempo a las letras en las clases de los niños de tres y cuatro años, y que ni siquiera mostraban tarjetas de letras en el salón. Esto parecía un poco extremo).

Las escuelas Waldorf tienen un fuerte componente al exterior y, al igual que el sistema Reggio Emilia, se basan en gran medida en el juego. Los principios del Waldorf se enfocan en aprender mediante el juego y el arte, y tienden también a tener algunos componentes de actividad doméstica (cocinar, hornear, hacer jardinería).

Los tres métodos tienen un día estructurado, así que los niños saben qué esperar y cuándo. Todos reconocen que los niños pequeños se benefician al poder explorar un entorno seguro y de dirigirse solos, hasta cierto punto, en lo que hacen.

No puedo hacer justicia aquí a la filosofía completa de cada uno. Se han escrito muchos libros sobre esos métodos, y la implementación varía de manera significativa entre las escuelas individuales. Montessori es más consistente —si visitas un montón de salones Montessori, como yo hice en un torbellino a lo largo del país en busca de trabajo, cuando Penelope tenía tres años—, encontrarás grandes semejanzas en los materiales que usan y la estructura del día. Sin embargo, aún hay grandes diferencias, probablemente tienen más que ver con las inclinaciones y habilidades del personal. Encontrarás muchas escuelas que se describen como «inspiradas en Reggio Emilia», lo cual podría significar que está muy o poco inspirada, o solo un poquito inspirada en ella.

Y, por supuesto, no todos los preescolares tendrán una de estas filosofías en particular. Muchos preescolares pueden copiar lecciones de otros en estos grupos, pero no se adhieren de modo estricto a todos los métodos. Y muchos preescolares también tienen una conexión o afiliación religiosa, lo que afectará su plan de estudios.

¿Son unos mejores que otros? Es claro que hay diferencias de calidad entre los preescolares, pero esto no es lo mismo que decir que una filosofía domina.

Por desgracia, de nuevo contamos con poca evidencia sobre esto —sobre todo no del tipo que sería relevante para la gente que ya piensa con cuidado sobre la filosofía óptima de un preescolar—. Hasta donde tenemos alguna evidencia, es principalmente sobre la educación Montessori, puesto que es un método popular y establecido.

Existen algunos estudios que muestran que los niños en preescolares Montessori tuvieron un mejor desempeño en las pruebas de
lectura y matemáticas frente a un grupo de control en las opciones
que no eran Montessori.[12] Pero muchos artículos sobre esto son muy
viejos, y no queda claro que el aprendizaje temprano de las habilidades de lectura y matemáticas sean las metas principales de la
educación preescolar.

De hecho, los métodos no Montessori a menudo hacen énfasis
en la importancia del juego, y argumentan que la lectoescritura temprana no es un resultado importante. Los defensores de esta tesis
hablarán con frecuencia de Finlandia, donde (es muy famoso) la mayoría de los niños asisten a un jardín de niños público que no trata
de enseñarles la fluidez lectora. Los niños aprenden a leer a partir del
primer grado (aunque en realidad algunos de ellos lo hacen antes).
Estos defensores también afirmarán con frecuencia que Finlandia
tiene muy buen desempeño en las pruebas estandarizadas interna-
cionales, mucho mejor que el de Estados Unidos, y sostienen que
esto significa que nosotros le damos mucha importancia al valor de
la alfabetización temprana.

En mi opinión, el hecho de que Finlandia tenga un mejor desempeño que Estados Unidos no es una observación útil, puesto que en
estas pruebas los estudiantes de muchos lugares se desempeñan mejor que los de Estados Unidos. Esto incluye muchos países asiáticos
cuya educación a edades tempranas es mucho más rigurosa.

La evidencia actual en cuanto al valor relativo de este método es
endeble. Existe un par de ensayos no aleatorizados fuera de Estados
Unidos que muestran que los niños que aprenden a leer más tarde
se ponen al día en términos de lectura pocos años después, y enseñar el alfabeto a edades tempranas no necesariamente influye en la
lectura.[13] Por su parte, sabemos que los programas como Head Start,
que se enfocan en la lectoescritura de manera temprana, sí mejoran
el desempeño escolar a edades tempranas.

Todo esto para decir, de nuevo, que sencillamente no tenemos
muchos datos concretos para guiarnos. Para complicar aún más tanto

la investigación como la toma de decisiones, es posible, incluso probable, que el mejor tipo de preescolar varía dependiendo del niño. Si tu hijo tiene problemas para quedarse quieto, un entorno enfocado en las habilidades motrices finas será agotador; por otro lado, podría ser benéfico. Tal vez es inútil tratar de aprender qué es lo mejor para tu hijo a partir de un estudio, incluso uno bueno, que evalúe el efecto de un tipo de preescolar en el niño promedio.

Conclusiones

- Existe algún respaldo del valor de leerle a tu hijo desde la infancia.
- Tu bebé no puede aprender a leer. No queda claro que tu hijo de dos o tres años pueda hacerlo, pero sería muy poco común que leyera con fluidez.
- La evidencia sobre el valor de las distintas filosofías de las preescolares es limitada.

PARTE CUATRO

El ámbito doméstico

Este es un libro sobre bebés y niños pequeños. Pero no se nos escapa que cuando llega un bebé, también crea de manera mágica a los padres. Esto no siempre es fácil. De hecho, se han escrito libros sobre la «transición a la paternidad», y no están llenos de las adorables imágenes que ves en las publicaciones de tus amigos en Facebook.

Volverse padre o madre es difícil. Pienso en algunas maneras en las que es más arduo para esta generación que para la anterior. Por un lado, tenemos muchas cosas que ellos no tenían (pañales desechables, Amazon Prime). Por el otro, como la gente tiene hijos más tarde, cuando sus carreras y estilos de vida ya están más establecidos, el reto de la adaptación es más difícil.

Hay una adaptación individual para los padres, una adaptación juntos. «¿Cómo se adapta este bebé a los planes que tengo para mí, para mi carrera, para mi tiempo libre? ¿Y cómo encaja en nuestro matrimonio?».

Tal vez, para la mayoría, los datos y la evidencia no serán útiles en estas transiciones, puesto que son distintos para todos. El objetivo de esta parte del libro no es tanto decirte qué hacer (de hecho, no tengo ningún consejo que dar), sino reconocer que deberíamos hablar de lo que funciona para nuestra familia, no solo para el bebé.

La conclusión —quizá la más importante de este libro— es que los padres también son personas. Tener un hijo no hace que dejes de ser alguien con necesidades, deseos y ambiciones. Sin duda los cambia, pero no los elimina. Ser un buen padre no se trata por completo de subsumir toda tu persona en tus hijos. De hecho, si dejas que tus hijos manden, eso puede tener el efecto contrario.

Hablamos un poco sobre estos problemas cuando cubrimos la parte de la elección parental de salir a trabajar fuera de casa, en la segunda parte de este libro. Aquí usaré esos antecedentes y hablaré de algunos de los retos que se enfrentan en la transición a la paternidad, con el crecimiento de la familia en la mente.

19

Política interna

Cuando cambias algo importante en tu relación con tu pareja es inevitable un poco de conflicto. Por ejemplo, la primera vez que viven juntos —o al menos para la mayoría de las parejas— existen momentos de tensión.

Cuando me fui a vivir con Jesse, recuerdo un conflicto profundo y duradero en cuanto a la etiqueta para usar la esponja de la cocina. Él cree que la esponja se debería exprimir y colocar junto al fregadero una vez que acabaste de usarla. Yo tengo una estrategia más *laissez-faire* con la esponja: prefiero dejarla donde caiga en el fregadero. Se volvía loco cuando regresaba al fregadero, horas después de que yo había estado ahí, y encontraba una esponja empapada y ahora apestosa, nadando en su jugo.

Finalmente lo solucionamos gracias a una combinación de mis intentos por mejorar (aunque antes de sentarme a escribir este capítulo me di cuenta de que había dejado la esponja en el fregadero, empapada, la noche anterior; así que obviamente no he mejorado mucho en 15 años) y sus intentos por dejarlo pasar (aunque, de forma objetiva, tiene razón sobre qué es lo correcto en este caso). Tal vez el cambio más importante fue la decisión de que él lavara los platos. Me enorgullece decir que han pasado años desde que hemos tenido un conflicto relacionado con la esponja.

Es fácil ver por qué. Tanto tú como tu pareja desean lo mejor para tu hijo; de hecho, lo desean más que cualquier otra cosa. Sin embargo, la mayoría de las veces no tienen idea de qué es «lo mejor». Y en ocasiones no estarán de acuerdo, ya sea porque existen profundas diferencias subyacentes o sencillamente porque ninguno de los dos tiene idea y sus mejores hipótesis difieren.

Por supuesto, ya antes han estado en desacuerdo (con las esponjas, por ejemplo). Pero en general estos desacuerdos no eran tan importantes, y no eran muchos. Lo peor que puede suceder con una esponja empapada es que tengas que cambiarla. Pero si te equivocas con tu hijo ¡el error va a ser para siempre! El riesgo parece infinitamente más alto.

Al mismo tiempo, estás agotada, tienes menos dinero y menos tiempo. Jesse y yo salimos juntos y después vivimos juntos durante casi una década antes de que llegara Penelope. Estábamos acostumbrados a tener el control de nuestro tiempo, a pasar los fines de semana entre el trabajo (él), escribir (yo), coser (yo), ir a almorzar, ver a amigos. Ahora, de pronto, el fin de semana era un caos de alimentación, lidiar con popó, tratar de bañarse, cargar a un bebé que grita en el almuerzo con los amigos, no dormir, esperar ansiosos la llegada de la niñera el lunes en la mañana. Fue maravilloso y no lo cambiaría por nada —incluso en ese entonces—, pero, sin duda, pronto pierdes los estribos y los conflictos pueden empeorar con rapidez en esta situación.

Así que parece, con base en la lógica, que los niños pueden estresar tu matrimonio. Y si consultas en internet, en definitiva encontrarás a algunas personas que lo creen así. Escriben artículos con títulos como: «Cuando nazca tu hijo, odiarás a tu marido (que nadie te diga lo contrario)».[1] Pero estos son solo ejemplos, anécdotas. Algunas personas claramente odian a su pareja después de que llegan los niños. Por supuesto, algunos también odian a su cónyuge *antes* de los niños. ¿Las cosas son, sistemáticamente, peores después de que llegan los niños? ¿Hay algo que se pueda hacer al respecto?[2]

La respuesta a la primera pregunta es sí: en promedio, las cosas empeoran de manera sistemática en un matrimonio después de los niños. Es probable que sea una exageración decir que «odiarás a tu cónyuge», pero las personas (las mujeres en particular) parecen menos felices después de que llegan los niños.

Esto podemos observarlo en una gran variedad de estudios que investigan la relación entre la paternidad y la satisfacción marital. Se remontan a 1970; un artículo muestra que entre el periodo anterior al embarazo y tener hijos de edad escolar, el número de madres que reportan una baja satisfacción marital aumenta de forma gradual de 12 a 30%, con un salto abrupto en el primer año de la vida del niño. El matrimonio no se recupera hasta que los padres se vuelven abuelos.[3]

Algunos metaanálisis de datos más recientes muestran algo similar: los padres son menos felices en su matrimonio que quienes no son padres. Parece que los cambios son más abruptos el primer año, y luego hay alguna recuperación, aunque no por completo.[4] Como afirma un estudio útil: «En suma, la paternidad acelera el declive marital...».[5]

Vale la pena señalar que estos estudios observaron que quienes eran más felices antes de tener hijos se recuperaron mejor, y que los embarazos planeados afectan menos que los no planeados, y las consecuencias no son enormes. En general, muchas personas siguen siendo felices con su cónyuge; solo que, ya sabes, un poco menos.

¿Por qué? Por supuesto, es difícil saberlo y es probable que varíe entre las parejas. Una razón simple puede ser la falta de tiempo para dedicar a la relación. Antes de tener hijos, tu relación es solo cuestión de ustedes dos; pueden darse el lujo de irse a dormir tarde, juntos; salir; pasar horas hablando sobre lo que sucede, grande y pequeño. Una vez que tienes hijos es casi imposible hacerlo, y si no tienen cuidado se darán cuenta de que prácticamente nunca hablan de otra cosa que no sean los niños. La relación cae en la negligencia, y no siempre para mejor. Están relacionados por sus hijos, pero eso puede hacerte sentir que perdiste la conexión con tu pareja.

Estar consciente de esto puede ser útil, y en este capítulo hablaré sobre algunas soluciones propuestas para los problemas de felicidad conyugal. Pero antes de hacerlo, veamos dos factores específicos sobre los que los investigadores han especulado que desempeñan un papel en el deterioro de la felicidad marital. El primero es la asignación desigual de las tareas: las mujeres tienden a hacer la mayoría del trabajo doméstico, aunque también trabajen fuera de casa. El segundo es la disminución del sexo: los padres tienen menos relaciones sexuales, y el sexo hace feliz a la gente.

¿Existe evidencia sobre ambos factores? En términos generales, sí.

Comencemos con los hechos básicos: si observamos los datos sobre el uso del tiempo; es decir, los informes de las personas sobre cuánto tiempo pasan en diversas actividades, podemos advertir que, en promedio, las mujeres dedican más tiempo que los hombres a las labores domésticas y actividades relacionadas con la crianza del niño. Incluso si comparamos a las mujeres que trabajan tiempo completo con los hombres que trabajan tiempo completo, las primeras pasan alrededor de una hora y media más durante el día en el cuidado de los niños, los quehaceres domésticos y las compras.[6]

La cantidad de tiempo que pasan las mujeres en estas actividades ha disminuido mucho a lo largo de los años (¡gracias lavadoras de ropa, de platos, hornos de microondas!), pero sigue siendo desigual.[7] Y llama la atención que las mujeres hacen más quehaceres domésticos aunque ganen más dinero. Incluso aunque ganen más de 90% del ingreso del hogar, siguen haciendo la mayor parte de las labores de la casa. En cambio, cuando los hombres ganan más de 90% del ingreso del hogar, hacen mucho menos trabajo doméstico.[8]

Una pregunta interesante (al menos para un economista) es si esta falta de igualdad es inevitable. Una teoría es que en muchos hogares las labores no se pueden dividir, por lo que una persona tiene que hacer más, y termina siendo la pareja femenina debido a algunas pequeñas diferencias en las capacidades básicas. Por ejemplo, quizá, de manera innata, las mujeres son mejores en la cocina cuando son adultas, porque es más probable que les hayan enseñado a cocinar de niñas.

Esta sería una versión de una teoría económica de ventaja comparativa. La explicación depende, entre otras cosas, del supuesto de que no es posible ni eficaz dividir las tareas de manera equitativa.

Parece que ese no es el caso. Algunos datos provienen de la comparación entre países a lo largo del tiempo; en Suecia, por ejemplo, el trabajo doméstico se divide de manera más uniforme.[9] Y con el tiempo, incluso en Estados Unidos se ha nivelado más, conforme nos alejamos (hasta cierto punto) de los roles de género tradicionales.

Asimismo, en Estados Unidos tenemos alguna evidencia (limitada) de parejas del mismo sexo que muestra que comparten el trabajo doméstico de manera más equitativa que las parejas heterosexuales.[10] Estas muestras tienden a ser pequeñas, por lo que los resultados deben tomarse con precaución; sin embargo, son sugerentes.

Por supuesto, el hecho básico de la falta de igualdad no se traduce en insatisfacción, pero aún hay más información —de nuevo, de encuestas— que sugiere que esta falta de igualdad es una fuente de infelicidad y tensión para las mujeres.[11] En efecto, sin duda tenemos una buena cantidad de evidencia anecdótica que muestra que las mujeres resienten la idea de una «segunda jornada» que reduce el tiempo libre; y los hombres siempre tienen más. De hecho, se han escrito libros enteros sobre esta dinámica y los problemas que crea.[12]

Así, las tareas domésticas son un problema. ¿Qué hay de la falta de sexo?

De nuevo, está bien documentado que los padres tienen menos relaciones sexuales.[13] Esto es particularmente cierto los primeros meses o el año después del nacimiento; pero, en general, los datos muestran que las parejas tienen menos relaciones sexuales después de que tienen hijos que antes. Es fácil ver por qué sucede esto: menos tiempo, más agotamiento, otras personas (es decir, los niños) en tu cama.

Igual que con el tiempo de trabajo doméstico, el hecho de que esto sea cierto no es necesariamente un problema. Si ambos padres quieren tener relaciones sexuales con menos frecuencia, entonces este cambio está bien. Pero no parece ser el caso para muchas parejas, aunque no contamos con muchos datos sistemáticos, solo con anécdotas. Por supuesto, las anécdotas sugerirían que a las personas en ambos lados de la relación, aunque más los hombres que las mujeres, les gustaría tener más sexo, y les parece que la disminución de la frecuencia puede ser difícil para la relación.

Aunque parezca sorprendente, se especula (al menos en internet) que estas fuentes de infelicidad están vinculadas. ¿Si los hombres hacen más tareas en casa, tú tienes más relaciones sexuales?

Podría sorprenderte saber que existe bibliografía académica sólida, aunque no particularmente buena, sobre esta relación. De hecho, los efectos van en ambas direcciones. Algunos estudios sugieren que si los hombres hacen más tareas, la pareja tiene menos relaciones sexuales. Otros sugieren lo contrario: que la pareja tiene más sexo.[14] En general, estos hallazgos provienen de encuestas en las que se pregunta a las personas qué proporción de tareas domésticas realizan y la frecuencia con la que tienen relaciones sexuales.

Abundan las teorías por las que ocurre este vínculo. Del lado «más tareas, menos sexo», la gente afirma que ver a un hombre lavar los platos es humillante y disminuye el atractivo sexual para las mujeres. Del lado «más tareas, más sexo», argumentan que ver a un hombre lavar los platos es excitante; además, si el hombre hace más cosas, eso libera tiempo para las mujeres y esto significa ¡más tiempo para el sexo!

De hecho, creo que una teoría más aceptable mejor es que esto no tiene una relación causal en ninguna dirección, y las investigaciones que encuentran un vínculo se confunden con las variables faltantes. Es probable que las personas cuyos matrimonios son más felices tengan más relaciones sexuales, pero también es probable que compartan las tareas de forma más equitativa. Esto llevaría a una relación sexo-tareas más positiva, pero en realidad solo es felicidad conyugal en general. Por otro lado, cuando los dos cónyuges trabajan quizá tengan menos sexo porque tienen menos tiempo, pero quizá también compartan las tareas de forma más equitativa. Esto llevaría a una relación negativa de sexo-tareas, pero en realidad solo se trata del trabajo.

Puesto que estos prejuicios van en ambas direcciones, es prácticamente imposible saber nada.

Sería bueno que tu cónyuge lave los platos, pero para tenerlos limpios, no para inspirarte para que te desnudes en medio de una neblina jabonosa.

SOLUCIONES

Está muy bien decir que los datos indican que los niños arruinan tu matrimonio. Pero ¿hay soluciones distintas a esperar hasta tener nietos para ser feliz de nuevo?

Aunque no es una solución, vale la pena observar que las parejas que son más felices en el matrimonio antes de los niños y que planearon sus embarazos tienden a tener menos disminuciones en su felicidad y a volver a ser tan felices como antes más rápido.

Lo segundo que se debe decir es que, como ha sido refrán común de este libro, el sueño es un tema clave.[15] La disminución de la satisfacción conyugal es más alta en parejas con niños que duermen menos. La falta de sueño de los padres contribuye a la depresión (en ambos) y, a su vez, a matrimonios menos felices. Necesitas dormir para funcionar, y la privación de sueño afecta el estado de ánimo. Si estás de mal humor, estás irritable con tu pareja. Si tu cónyuge también está cansado, también está de mal humor. Irritado, triste y enojado.

¿Puedes arreglar esto? Al principio es difícil, pero consulta el capítulo anterior sobre el entrenamiento para dormir como una solución. Incluso si esta estrategia en particular no es para ti, vale la pena dedicar tiempo a pensar con cuidado en maneras en las que puedas mejorar el sueño de los adultos de la casa.

Más allá del papel que desempeña el sueño —y salir de la infancia— no tenemos mucha evidencia sobre qué funciona para mejorar los matrimonios. De hecho, si tuviera mejor evidencia sobre eso, podría escribir otro libro.

Algunas intervenciones aleatorizadas a pequeña escala muestran alguna eficacia. Una es la «revisión de matrimonio».[16] La idea detrás de esto es tener una reunión anual —posiblemente facilitada por un profesional— para hablar de tu matrimonio. ¿Qué sientes que funciona? ¿Qué no funciona? ¿Hay áreas particulares de inquietud o infelicidad? Estas revisiones parecen mejorar la intimidad (es decir, el sexo) y la satisfacción conyugal. Esto tiene sentido en abstracto; es útil hablar las cosas de manera metódica con un tercero neutro.

Más allá de esta intervención particular, existe más evidencia a favor de la terapia en general —terapia de pareja en grupo, programas de orientación antes y después del parto— para mejorar las relaciones.[17] Hablando en términos generales, se centran en la comunicación y en soluciones positivas al conflicto.

Una de las razones por las que funcionan puede ser sencillamente porque obligan a ambas personas en la pareja a pensar en lo que el otro hace por la familia. Puedes ver con claridad lo que haces y con toda probabilidad tienes alguna idea de lo que hace tu pareja, pero no siempre es tan obvio.

Una de las tareas de Jesse en la casa es sacar la basura —tanto recolectarla como sacarla de la casa y, en particular, llevarla a la banqueta los lunes. Siempre he pensado esta como una tarea relativamente simple que no merece mucho crédito. Un día, tuvo que salir un lunes y me envió este correo electrónico:

De: Jesse
Para: Emily
Asunto: Instrucciones para la basura

Sacar los botes de basura
- Amarrar la bolsa de basura en el bote
- Sacar el bote a la calle, asegurarse de dejar espacio para el de reciclaje
- Sacar el bote de reciclaje a la calle
- Asegurarse de que quede espacio entre los dos botes para que puedan levantarlos por separado

Meter los botes de basura

- Meter los botes a su lugar
- El de reciclaje va primero, cerca del garaje
- Luego va el de la basura
- Poner un poco de tierra diatomea en ambos botes
- Poner un poco de bicarbonato de sodio si huelen mal
- Poner una nueva bolsa de basura (en el cuarto de aseo) en el bote (no en el de reciclaje)

¡Felicidades, ya terminaste!

Aparentemente, debido a algunos problemas de gusanos y moscas (tengo un problema con los insectos, pero también tiendo a hacer cosas que los atraen, como olvidar cerrar las bolsas de la basura), adoptó un sistema de varios pasos que incluían algo llamado «tierra diatomea» para mantener los botes secos y sin insectos.

Lamenté tener que hacer todo esto, pero me hizo darme cuenta de que debía agradecerle a él que lo haga 99% de los lunes.

Conclusiones

- La satisfacción conyugal sí disminuye, en promedio, después de tener hijos.
- Estas disminuciones son menores y más breves si eran felices antes de los niños, y si los niños son planeados.
- Una división desigual de las labores y menos sexo probablemente desempeñan algún papel, aunque es difícil tener una idea de cuán importantes son estas.
- Existe alguna evidencia a pequeña escala que sugiere que la terapia conyugal y los programas de «revisión conyugal» pueden aumentar la felicidad.

20

Espaciamiento

Algunas personas me han dicho que están listas para otro bebé al dejar la sala de parto. A otros les lleva años antes de querer, con renuencia, volver a intentarlo. Otros no quieren tener otro hijo. Algunas personas planean el momento preciso para tener el bebé (hasta el mes). Otros adoptan una estrategia más «espera y verás».

Este capítulo trata de la opción de tener más de un hijo, y si decides tener otro hijo, la opción del momento. ¿Existe una cantidad «óptima» de hijos? ¿O un tiempo ideal entre ellos?

Alerta de *spoiler*: no existe una respuesta a estas preguntas basada en la ciencia. Cualquier pequeño efecto es susceptible de considerarse de manera drástica por reflexiones más importantes, que es lo que funciona para tu familia.

Por ejemplo, si tienes a tu primer hijo a los 38 años y quieres tener tres hijos, es probable que debas tenerlos muy rápido. Si eres médica y planean tener hijos durante tu residencia, esto te dará los tiempos. Y, por supuesto, las cosas cambian. No siempre te embarazas cuando quieres hacerlo. Como mi mamá no tenía permiso por maternidad, trató de programar a mi hermano para que naciera en las vacaciones de Navidad, pero él decidió que nacería 11 de enero.

A veces la vida interviene. Yo había decidido que el intervalo entre el nacimiento de mi primer y segundo hijo sería más corto, algo como tres años de diferencia, no cuatro. Pero después tuve un enorme e inesperado contratiempo profesional justo cuando teníamos que empezar a trabajar en el segundo. No estaba en forma emocional para criar a un hijo, mucho menos para tener otro. Así que esperamos.

La elección de cuántos niños tener es mucho más personal. ¿Tu familia está satisfecha con uno solo? ¿Quieren otro? Y, por supuesto, en ocasiones es difícil tener un segundo hijo; otras es un accidente.

Todo esto para decir que los datos agregan muy poco a las preferencias de tu familia. Pero podemos observar los datos que tenemos, primero sobre el tema del número de niños, y después —dependiendo del número— el espacio entre los nacimientos.

NÚMERO DE NIÑOS

Los economistas están muy interesados en el número de niños y, empezando con la determinante labor de Gary Becker, en el intercambio «cantidad-calidad». La idea es que los padres sienten tensión entre el número y la calidad de los niños. Si tienes más hijos, entonces no puedes invertir tanto en cada uno, por lo que serán de «menor calidad».

Por «calidad» queremos decir cosas como logros escolares —las «inversiones» que haces como padre se reflejan en la educación de tu hijo, su CI, etcétera—. Que nadie te diga que los economistas no son clínicos cuando hablan sobre crianza.

Mucha de la información económica sobre esto se enfoca en comprender lo que se llama *transición demográfica* —el movimiento de países conforme se desarrollan de índices de muy alta fertilidad (considera de seis a ocho hijos) a más baja (dos o tres)—. La idea es que conforme tu país se enriquece, te centras en la calidad de los niños, más que en la cantidad, y esto podría indicar algunas de estas disminuciones de fertilidad.

La teoría básica de que hay una compensación cantidad-calidad implicaría que, si tienes más niños, les irá peor en términos de capital humano: menos educación, quizá menor CI. Pero esta es solo una teoría; ¿qué dicen los datos?

Como en la mayor parte de lo que se habla en este libro, es difícil probar, puesto que el tipo de padres que tienen muchos hijos difieren de quienes tienen pocos. Pero algunos investigadores han hecho esto, en general usan un método con nacimientos «sorpresa». Consideran la llegada de gemelos como algo que aumenta el tamaño de la familia sin afectar el número de niños que en verdad deseaste.[1]

Por lo general los resultados de los mejores artículos muestran que el número de niños desempeña un papel relativamente pequeño al determinar la escolaridad o el CI.[2] Encuentran que el orden de los nacimientos sí importa. Los niños que nacen después tienden a tener, ligeramente, peores resultados en las pruebas de CI y peor escolaridad que sus hermanos que nacieron antes. Esto puede deberse a que los padres tienen menos tiempo y recursos para dedicarles. Pero no es el número de hijos lo que dirige la asociación. Un primogénito con dos hermanos parece hacer lo mismo que un primogénito con uno.[3]

Una segunda pregunta que se hace la gente (por lo general no economistas) es si existe alguna desventaja de tener un hijo único ¿será socialmente complicado?

De nuevo, es difícil de estudiar, dadas las diferencias entre familias. Hasta donde tenemos evidencia, esta inquietud parece no tener fundamento. Un artículo de revisión, que resume 140 estudios sobre esta amplia pregunta, encontró alguna evidencia de una «motivación más académica» entre los hijos únicos, pero ninguna diferencia en rasgos de personalidad como la extroversión.[4] Incluso este hecho sobre la motivación académica puede tener más relación con el orden del nacimiento —los primogénitos tienen mejores calificaciones independientemente de si tienen hermanos o no— que con ser hijos únicos.

Con base en estos datos insignificantes, es difícil decir con confianza que no importa cuántos hijos tengas. Y las relaciones de tus hijos entre ellos (si decides tenerlos) definirán muchas cosas sobre ellos, para bien o para mal. Pero no hay nada en los datos que pudiera decirte que una elección es necesariamente mejor que la otra.

ESPACIAMIENTO ENTRE NACIMIENTOS

Entonces, digamos que decides tener otro hijo. ¿Los datos te dicen cuándo deberías hacerlo?

De nuevo, no, en realidad no. En la medida en que la investigación se realizó sobre «espaciamiento óptimo entre nacimientos», tiende a enfocarse en dos cosas: la relación entre el espaciamiento entre nacimiento y la salud infantil, y la relación entre el espaciamiento entre nacimientos y los resultados a largo plazo en términos de desempeño escolar y CI.

La mayor parte del debate se enfoca en distinguir los intervalos entre nacimientos más típicos (digamos de dos a cuatro años de separación) de los muy cortos (menos de 18 meses) o muy largos (más de cinco años). Sin embargo, independientemente del resultado que se estudie, este es un problema difícil porque tanto el intervalo muy corto como el muy largo son poco comunes.

Algunas personas planean tener dos hijos con pocos años de diferencia, pero comparados con otros intervalos entre nacimientos, es menos probable que los bebés que nacen con una diferencia de un año hayan sido planeados. Los nacimientos no planeados pueden tener distintos resultados que los que sí lo fueron, incluso si excluimos el factor del espaciamiento. En el extremo opuesto, un espaciamiento muy largo entre niños también es poco habitual. Es más probable —no cierto, pero más probable— que las familias en las que el espaciamiento es muy largo tuvieron problemas de fertilidad. Esto también podría importar, en particular cuando observamos la salud del bebé.

Por estas razones debemos considerar la evidencia con mucho, mucho cuidado.

Salud infantil

Los estudios sobre salud infantil y espaciamiento entre nacimientos tienden a enfocarse en los resultados que se pueden medir al nacimiento; por ejemplo, ¿el bebé es prematuro?, ¿tuvo peso bajo al nacer? o ¿ nació pequeño para su edad gestacional? Algunos estudios correlacionales han mostrado vínculos entre los intervalos cortos y largos entre nacimientos, y entre todos estos resultados. Por ejemplo, en un estudio de 2017 de casi 200 mil nacimientos en Canadá, los investigadores encontraron que hubo un aumento de 83% en el riesgo de partos prematuros para las mujeres que se embarazaron dentro de los seis meses después de su último parto.[5]

Estos amplios efectos también aparecen en otros estudios —uno en California y otro en Países Bajos— que se enfocaron en la recurrencia de los partos prematuros (es decir, el análisis se limitó a mujeres que ya habían tenido un parto prematuro).[6]

Sin embargo, este efecto tan amplio no se replicó en todos lados, y queda la pregunta de si podía deberse a las diferencias entre las mamás. Esta cuestión se valida al menos en un estudio que se realizó en Suecia, donde se pudo comparar a mujeres con otras mujeres —hermanas o primas— en su familia. Esto atiende la inquietud de que algunas distinciones a nivel familiar determinan los resultados.

Al comparar hermanos, se preguntaron si dos hijos nacidos de la misma madre tienen resultados distintos dependiendo del intervalo entre nacimientos. En la medida en que nos preocupa que algunas madres difieran de otras, esto abordaba esa inquietud.[7]

Los estudios suecos replicaron el hallazgo de que los intervalos muy cortos entre nacimientos aumentan la probabilidad de parto prematuro cuando se compara entre familias, pero hallaron efectos mucho más pequeños (más cercano a 20 que a 80%) cuando compararon entre hermanas. Los efectos al comparar primas se ubicaron entre la mitad. Cuando compararon hermanas, no encontraron ninguna asociación entre estos intervalos cortos y bajo peso al nacer u otros resultados.

Aunque existe un debate animado sobre qué cifras creer, creo que es un buen argumento a favor de la comparación entre hermanas, que sugeriría que a pesar de que hay un riesgo elevado de nacimiento prematuro cuando el espaciamiento es muy corto, no se trata de un riesgo enorme.

El estudio sueco sí encuentra que los intervalos muy largos —definidos como más de cinco años entre el nacimiento y el siguiente embarazo— se relacionan con peores resultados. Y podemos observar evidencia similar en el estudio canadiense. Sin embargo, los intervalos muy largos entre nacimientos no son comunes, y lo más probable es que se asocien con madres de mayor edad o problemas de fertilidad. No queda claro cuánto podemos saber de esta *elección* de intervalos más largos.

Resultados a largo plazo

La salud infantil es importante a corto plazo. Pero ¿existen consecuencias a largo plazo para los niños que estén relacionadas con el espaciamiento entre nacimientos? ¿Los resultados de las pruebas son más bajos para los niños cuyos hermanos nacieron en un intervalo cercano?

Este análisis es problemático, puesto que hasta cierto punto las personas eligen el espaciamiento entre nacimientos. Al menos un estudio intentó comparar a mujeres que trataron de tener un bebé al mismo tiempo, pero terminaron teniéndolo en momentos distintos (debido a un aborto natural, por ejemplo).[8]

Cuando los investigadores realizaron este análisis, encontraron que, para el niño mayor los resultados de las pruebas fueron más altos si había más espaciamiento entre ese niño y su hermano más joven. Esto puede reflejar, por ejemplo, que los padres invirtieron más tiempo en leerle o en desarrollar otra habilidad en la infancia temprana. No obstante, estas consecuencias fueron muy pequeñas.

Para estos niños más jóvenes en ocasiones se han planteado interrogantes sobre los vínculos entre el espaciamiento corto entre nacimientos y el autismo.[9] Aunque varios estudios sobre esto muestran algunos vínculos, no los han podido ajustar también para las diferencias entre familias, por lo que esta evidencia no parece indicar mucho.

En general ¿qué obtenemos de todo esto? Estoy de acuerdo en que los vínculos no son consistentes ni lo bastante amplios como para considerar las preferencias que podrías tener.

En la medida en que no tienes preferencias sobre este tema, creo que el conjunto de evidencias sugiere que hay algunos pequeños riesgos —tanto a corto plazo como posiblemente a largo plazo— en los espaciamientos cortos entre nacimientos. Así que esperar hasta que tu primogénito tenga al menos un año para embarazarte de nuevo podría ser una buena idea. Quizá también sea más fácil para ti como padre, dada la intensidad de la fase inicial.

Conclusiones

- Los datos no proporcionan mucha orientación sobre el número ideal de hijos ni el espaciamiento entre nacimientos.
- Puede haber algunos riesgos para los intervalos cortos, incluido el nacimiento prematuro y (posiblemente) mayores índices de autismo.

21

Crecer y dejar ir

Cuando Penelope tenía casi tres años y pensábamos tener un segundo hijo, Jesse y yo también estábamos en el mercado laboral, en busca de dos puestos académicos juntos. Fuimos a Michigan, donde nos invitaron a la casa de dos economistas un poco mayores que nosotros, cuyos hijos tenían 15 y 18 años. Cuando se agotó la conversación sobre economía, pasamos a hablar de nuestros hijos.

«La cuestión es», nos dijo uno de ellos, «que cuando nuestros hijos tenían cuatro y un año, nos mirábamos y decíamos: "No puedo esperar a que estén en la preparatoria, todo será más fácil". Finalmente, el año pasado los dos estaban en preparatoria, y lo que aprendimos es que no hay problema que no pueda solucionarse con una plática de cuatro horas todas las noches sobre los pequeños detalles de la vida social de un preparatoriano».

Cuando estás en medio de la crianza muy temprana —con el agotamiento y la incertidumbre que conlleva—, existe la promesa lejana de que llegará el momento en que tu hijo use el baño solo, se ponga el suéter y coma con un tenedor. Y esto es tan cierto como que la primera vez que mi hijo salió del baño y dijo que hizo pipí solo, di saltos de alegría.

Pero también está la otra cara de la moneda: la mayoría de las veces niños pequeños significan problemas pequeños. Conforme tus hijos crecen, la cantidad de cosas que te preocupan disminuye, pero las que ahora te preocupan son más importantes. ¿Mi hijo tiene éxito académico? ¿Se adapta socialmente? Lo más importante: ¿es feliz?

Parte de lo que lo dificulta, en particular para alguien como yo, es que los problemas conforme crecen se hacen más variados y mucho menos abiertos a un análisis. Por supuesto, puedes consultar algunos datos para saber si las «nuevas matemáticas» son mejores que las «antiguas matemáticas», pero saber qué hacer para que un niño participe a nivel social o saber siquiera eso importa, está mucho más allá del campo del análisis empírico sencillo. Tenemos que andar a tientas, de preferencia escuchar a nuestros hijos para saber qué funciona para ellos —si son necesarias cuatro horas de conversación, tenemos que darnos el tiempo.

Nos atenemos a ello, en parte porque las recompensas son mucho mayores en consecuencia. Nada es mejor que ver que tu hijo se desempeña bien en algo que ama, verlo emocionado por aprender algo nuevo, observar cómo soluciona un problema. Y no necesitas datos para confirmarlo. Así que solo recuerda que, mientras haya retos de crianza, también habrá muchas alegrías en el horizonte.

Aunque parezca difícil de creer, cuando contemplas el preescolar, tu aventura parental apenas empieza. Pero sin duda sabes más que cuando estabas en la sala de parto. ¡Haz progresado!

Sabes que la crianza temprana está repleta de consejos. Este libro está lleno de consejos (o al menos de procesos de decisión). Cuando terminé de escribir, pensé en una pregunta: ¿Cuál es el mejor consejo de crianza que obtuve?

Fue el siguiente.

Cuando Penelope tenía dos años planeamos unas vacaciones en Francia con unos amigos. Ya habíamos ido antes a ese lugar y sabía que había muchas abejas.

Durante la consulta de control a los dos años de la bebé, le hice varias preguntas a la doctora Li.

—Esto es lo que me preocupa. Nos vamos a ir de vacaciones y hay abejas. El lugar está un poco aislado. ¿Y si pican a Penelope? Nunca le ha picado una abeja. ¿Y si es alérgica? ¿Cómo voy a llevarla al médico a tiempo? ¿Debería llevar algo para estar preparada? ¿Deberías hacerle una prueba antes? ¿Necesito llevar una EpiPen?

La doctora Li hizo una pausa. Me miró y respondió tranquila:

—Mmm. Quizá yo solo trataría de no pensar en eso.

Fue todo. «Solo trata de no pensar en eso». Por supuesto, tenía razón. Yo había concebido esta elaborada e increíblemente improbable situación en mi cabeza. Sí, podía pasar. Pero también podían ocurrir un millón de otras cosas. La crianza no puede consistir en pensar en todos los posibles imprevistos, cada posible traspié. En ocasiones solo necesitas dejar ir.

Entonces, sí, tiene sentido tomarse en serio la crianza y querer tomar las mejores decisiones para tu hijo y las mejores opciones para ti. Pero habrá muchas veces en que necesites solo confiar en que estás haciendo lo mejor, es todo lo que puedes hacer. Estar presente y feliz con tus hijos es más importante que, por ejemplo, preocuparte por las abejas.

A final de cuentas: brindemos por usar los datos cuando es útil, por tomar las decisiones correctas para nuestra familia, por hacer nuestro mejor esfuerzo y, a veces, por solo tratar de no pensar en ello.

Agradecimientos

En primer lugar, gracias a mi maravillosa agente, Suzanne Gluck, y a mi increíble editora, Ginny Smith. Sin ustedes dos esto en definitiva no hubiera despegado ni hubiera terminado. Agradezco a Ann Godoff y a todo el equipo de Penguin Books USA por estar dispuestos a quedarse de nuevo conmigo en este libro, y por su extraordinario apoyo en el primero.

Adam Davis fue un editor médico paciente e increíble. El libro nunca se hubiera concretado sin su consejo y orientación.

Charles Wood, Dawn Li, Lauren Ward y Ashley Larkin también brindaron comentarios médicos invaluables.

Emilia Ruzicka y Sven Ostertag contribuyeron con un excelente diseño gráfico. Xana Zhang, Rube Steele, Lauren To y Geoffrey Kocks ofrecieron un invaluable apoyo de investigación, desde los estudios bibliográficos y verificación de hechos hasta la revisión y la impresión de todas las copias.

En cuanto a la concepción, este libro se benefició muchísimo de las ideas de muchas personas. Del grupo de discusión de Brooklyn: Meghan Weidl, Meriwether Schas, Emily Byne, Rhiannon Gulick Hannah Gladstein, Marisa Robertson-Textor, Jax Zummo, Salma Abdelnour, Melissa Wells, Laura Ball, Lena Berger, Emily Hoch, Brooke Lewis, Alexandra Sowa, Barin Porzar, Rachel Friedman, Rebecca Youngerman, y en particular, Lesley Duval. Y por todas las personas de Twitter y las Mamás Académicas en Facebook.

Gracias a todos los que leyeron e hicieron comentarios sobre los borradores: Emma Berndt, Eric Budish, Heidi Williams, Michelle McClosky, Kelly Joseph, Josh Gottleib, Carolin Pfluger, Dan Benjamin, Samantha Cherney, Emily Shapiro y Laura Wheery.

Gracias a las chicas, que leyeron mucho de esto, compartieron sus experiencias y me dejaron citarlas: Jane Risen, Jenna Robins, Tricia Patrick, Divya Mathur, Elena Zinchenko, Hilary Friedman, Heather Caruso, Katie Kinzler y Alix Morse. Y lo más importante: estuvieron ahí para celebrar lo bueno y aconsejarme sobre lo menos bueno. Las amo.

Muchos colegas y amigos apoyaron la idea y realidad de este libro en sus distintas etapas. Incluidos, entre muchos otros, Judy Chevalier, Anna Aizer, David Weil, Matt Notowidigdo, Dave Nussbaum, Nancy Rose, Amy Finkelstein, Andrei Shleifer, Nancy Zimmerman y los «More Dudes».

Un agradecimiento muy especial a Matt Gentzkow, quien tomó en serio mi deseo de escribir otro libro, habló conmigo sobre si esta era una buena idea y me brindó una edición invaluable. No es de sorprender que la frase favorita de Jesse en este libro la haya escrito Matt.

Hemos sido afortunados de tener excelentes pediatras tanto en Chicago como en Rhode Island —Dawn Li y Lauren Ward—, sin quienes la crianza hubiera sido mucho más difícil. Y también tenemos suerte de haber contado con un cuidado infantil maravilloso —sobre todo Mardele Castel, Rebecca Shirley y Sarah Hudson—, pero también las maestras de Moses Brown y de Little School en Lincoln.

Mi familia maravillosa y comprensiva. Gracias a los Shapiro: Joyce, Arvin y Emily. A los Fairs y Oster: Steve, Rebecca, John y Andrea. Y a mis padres, Ray y Sharon. Mamá, sé que esto te pone nerviosa, pero de todas formas, gracias por tu apoyo.

Huelga decir que sin Penelope y Finn no hubiera habido libro. Gracias a Penelope por leerlo, y a los dos por ayudarme a aprender a ser mamá.

Jesse, la crianza es difícil. Me alegra poder hacerla contigo. Gracias por apoyar mis locas ideas. Eres un marido maravilloso, un excelente padre. Y también eres muy bueno para gestionar la basura. Te amo.

Apéndice

Lecturas complementarias

Estos libros, que cubren muchos de los temas de los que hablamos en este libro, pueden ser útiles como lecturas complementarias.

REFERENCIA GENERAL

Academia Americana de Pediatría (2017). *El cuidado de su hijo pequeño: desde que nace hasta los cinco años*. Nueva York: Bantam.

Druckerman, P. (2012). *Cómo ser una mamá cruasán: Una nueva forma de educar con sentido común*. Madrid: Ediciones Martínez Roca.

Eliot, L. (2000). *What's Going On in the Brain and Mind Develop in the First Five Years of Life*. Nueva York: Bantam.

Nathanson, L. (1994). *The Portable Pediatrician for Parents: A Month-by-Month Guide to Your Child's Physical Behavioral Development from Birth to Age Five*. Nueva York: Harper-Collins.

DISCIPLINA

Phelan, T. W. (2016). *1-2-3 por arte de magia: Disciplina eficaz para niños de 2 a 12 año*s. México: Aguilar.

Webster-Stratton, C. (2009). *Los años increíbles: Guía de resolución de problemas para padres con niños de dos a ocho años de edad*. Seattle: Incredible Years Press.

SUEÑO

Ferber, R. (1995). *Cómo evitar el insomnio infantil*. Nueva York: Touchstone.

Karp, H. (2014). *El bebé más feliz: El mejor método para entender a tu bebé, calmar su llanto y favorecer un sueño tranquilo.* Madrid: Ediciones Palabra.

Weissbluth, M. (2015). *Healthy Sleep Habits, Happy Child: A Step-by-Step Program for a Good Night's Sleep.* 4ª ed. Nueva York: Ballantine Books.

ENTRENAMIENTO PARA IR AL BAÑO

Glowacki, J. (2015). *Oh Crap! Potty Training: Everything Modern Parents Need to Know to Do It Once and Do It Right.* Nueva York: Touchstone.

Notas

CAPÍTULO 1: LOS PRIMEROS TRES DÍAS

1 Preer, G.; Pisegna, J. M.; Cook, J. T.; Henri, A. M. y Philipp, B. L. (2013). «Delaying the bath and in-hospital breastfeeding rates». *Breastfeed Med.* 8(6): 485-490.

2 Nako, Y.; Harigaya, A.; Tomomasa, T.; *et al.* (2000). «Effect of bathing immediately after birth on early neonatal adaptation and morbidity: A prospective randomized comparative study». *Pediatr Int.* 42(5): 517-522.

3 Loring, C.; Gregory, K.; Gargan, B.; *et al.* (2012). «Tub bathing improves thermoregulation of the late preterm infant». *J Obstet Gynecol Neonatal Nurs.* 41(2): 171-179.

4 Weiss, H. A.; Larke, N.; Halperin, D.; Schenker, I. (2010). «Complications of circumcision in male neonates, infants and children: A systematic review». *BMCU Urol.* 10:2.

5 *Ibid.* «Complications of circumcision in male neonates, infants and children».

6 Van Howe, R. S. (2006). «Incidence of meatal stenosis following neonatal circumcision in a primary care setting». *Clin Pediatr (Phila).* 45(1): 49-54.

7 Bazmamoun, H.; Ghorbanpour, M.; Mousavi-Bahar, S. H. (2008). «Lubrication of circumcision site for prevention of metal stenosis in children younger than 2 years old». *Urol J.* 5(4): 233-236.

8 Bossio, J. A.; Pukall, C. F.; Steele, S. (2014). «A review of the current state of the male circumcision literature». *J Sex Med.* 11(12): 2847-2864.

9 Singh-Grewall, D.; Macdessi, J.; Craig, J. (2005). «Circumcision for the prevention of urinary tract infection in boys: A systematic review of randomized trials and observational studies». *Arch Dis Child.* 90(8): 853-858.

10 Sorokan, S. T.; Finlay, J. C.; Jefferies, A. L. (2015). «Newborn male circumcision». *Paediatr Child Health.* 20(6): 311-320.

11 Bossio, J. A., *et al. Op. cit.* «A review of the current state of the male circumcision literature».

12 Daling, J. R.; Madeleine, M. M.; Johnson, L. G.; *et al.* (2005). «Penile cancer: Importance of circumcision, human papillomavirus and smoking in in situ and invasive disease». *Int J Cancer.* 116(4): 606-616.

13 Taddio, A.; Katz, J.; Ilersich, A. L.; Koren, G. (1997). «Effect of neonatal circumcision on pain response during subsequent routine vaccination». *Lancet.* 349(9052): 599-603.

14 Brady-Fryer, B.; Wiebe, N.; Lander, J. A. (2004). «Pain relief for neonatal circumcision». *Cochrane Database Syst Rev.* (4): CD004217.

15 Wroblewska-Seniuk, K. E.; Dabrowski, P.; Szyfter, W.; Mazela, J. (2017). «Universal newborn hearing screening: Methods and results, obstacles, and benefits». *Pediatr Res.* 81(3): 415-422.

16 Merten, S.; Dratva, J.; Ackermann-Liebrich, U. (2005). «Do baby-friendly hospitals influence breastfeeding duration on a national level?». *Pediatrics.* 116(5): e702-708.

17 Jaafar, S. H.; Ho, J. J.; Lee, K. S. (2016). «Rooming-in for new mother and infant versus separate care for increasing the duration of breastfeeding». *Cochrane Database Syst Rev.* (8): CD006641.

18 Lipke, B.; Gilbert, G.; Shimer, H.; *et al.* (2018). «Newborn safety bundle to prevent falls and promote safe sleep». *MCN Am J Matern Child Nurs.* 43(1): 32-37.

19 Thach, B. T. (2014). «Deaths and near deaths of healthy newborn infants while bed sharing on maternity wards». *J Perinatol.* 34(4): 275-279.

20 Lipke, B.; *et al.* (2018). *Op. cit.*

21 Flaherman, V. J.; Schaefer, E. W.; Kuzniewicz, M. W.; Li, S. X.; Walsh, E. M.; Paul, I. M. (2015). «Early weight loss nomograms for exclusively breastfed newborns». *Pediatrics.* 135(1): e16-23.

22 Smith, H. A.; Becker, G. E. (2016). «Early additional food and fluids for healthy breastfed full-term infants». *Cochrane Database Syst Rev.* (8): CD006462.

23 Comité de hiperbilirrubinemia. (2004). «Management of hyperbilirubinemia in the newborn infant 35 or more weeks of gestation». *Pediatrics.* 114(1): 297-316.

24 Chapman, J.; Marfurt, S.; Reid, J. (2016). «Effectiveness of delayed cord clamping in reducing postdelivery complications in preterm infants: A systematic review». *J Perinat Neonatal Nurs.* 30(4): 372-378.

25 McDonald, S. J.; Middleton, P.; Dowswell, T.; Morris, P. S. (2013). «Effect of timing of umbilical cord clamping of term infants on maternal and neonatal outcomes». *Cochrane Database Syst Rev.* (7): CD004074.

26 Comité sobre Fetos y Recién Nacidos de la Academia Americana de Pediatría. (2003). «Controversies concerning vitamin K and the newborn». *Pediatrics.* 112(1 Pt 1): 191-192.

27 *Ibid.*

CAPÍTULO 2: ESPERA ¿QUIERES QUE ME LO LLEVE A CASA?

1 Sun, K. K.; Choi, K. Y.; Chow, Y. Y. (2007). «Injury by mittens in neonates: A report of an unusual presentation of this easily overlooked problem and literature review». *Pediatr Emerg Care.* 23(10): 731-734.

2 Gerard, C. M.; Harris, K. A.; Thach, B. T. (2002). «Spontaneous arousals in supine infants while swaddled and unswaddled during rapid eye movement and quiet sleep». *Pediatrics.* 110(6): e70.

3 Van Sleuwen, B. E.; Engelberts, A. C.; Boere-Boonekamp, M. M.; Kuis, W.; Schulpen, T. W.; L'hoir, M. P. (2007). «Swaddling: A systematic review». 120(4): e1097-1106.

4 Ohgi, S.; Akiyama, T.; Arisawa, K.; Shigemori, K. (2004). «Randomised controlled trial of swaddling versus massage in the management of excessive crying in infants with cerebral injuries». *Arch Dis Child.* 89(3): 212-216.

5 Short, M. A.; Brooks-Brunn, J. A.; Reeves, D. S.; Yeager, J.; Thorpe, J. A. (1996). «The effects of swaddling versus standard positioning on neuromuscular development in very low birth weight infants». *Neonatal Netw.* 15(4): 25-31.

6 *Ibid.*

7 Reijneveld, S. A.; Brugman, E.; Hirasing, R. A. (2001). «Excessive infant crying: The impact of varying definitions». *Pediatrics.* 108(4): 893-897.

8 Biagioli, E.; Tarasco, V.; Lingua, C.; Moja, L.; Savino, F. (2016). «Pain-relieving agents for infantile colic». *Cochrane Database Syst Rev.* 9: CD009999.

9 Sung, V.; Collett, S.; De Gooyer, T.; Hiscock, H.; Tang, M.; Wake, M. (2013). «Probiotics to prevent or treat excessive infant crying: Systematic review and meta-analysis». *JAMA Pediatr.* 167(12): 1150-1157.

10 Iacovou, M.; Ralston, R. A.; Muir, J.; Walker, K. Z.; Truby, H. (2012). «Dietary management of infantile colic: A systematic review». *Matern Child Health J.* 16(6): 1319-1331.

11 Hill, D. J.; Hudson, I. L.; Sheffield, L. J.; Shelton, M. J.; Menahem, S.; Hosking, C. S. (1995). «A low allergen diet is a significant intervention in infantile colic: Results of a community-based study». *J Allergy Clin Immunol.* 95(6 Pt 1): 886-892. Iacovou, M. *et al. Ibid.*

12 Hill, D. J.; *et al.* (1995). *Op. cit.*

13 Disponible en https://en.wikipedia.org/wiki/Hygiene_hypothesis.

14 Hui, C.; Neto, G.; Tsertsvadze, A.; *et al.* (2012). «Diagnosis and management of febrile infants (0-3 months)». *Evid Rep Technol Assess (Full Rep).* (205): 1-297. Maniaci, V.; Dauber, A.; Weiss, S.; Nylen, E.; Becker, K. L.; Bachur, R. (2008). «Procalcitonin in young febrile infants for the detection of serious bacterial infections». *Pediatrics.* 122(4): 701-10. Kadish, H. A.; Loveridge, B.; Tobey, J.; Bolte, R. G.; Corneli, H. M. (2000). «Applying outpatient protocols in febrile infants 1-28 days of age: Can the threshold be lowered?» *Clin Pediatr (Phila).* 39(2): 81-88. Baker, M. D.; Bell, L. M. (1999). «Unpredictability of serious bacterial illness in febrile infants from birth to 1 month of age». *Arch Pediatr Adolesc Med.* 153(5): 508-11. Bachur, R. G.; Harper, M. B. (2001). «Predictive model for serious bacterial infections among infants younger than 3 months of age». *Pediatrics.* 108(2): 311-16.

15 Chua, K. P.; Neuman, M. I.; McWilliams, J. M.; Aronson, P. L. (2015). «Association between clinical outcomes and hospital guidelines for cerebrospinal fluid testing in febrile infants aged 29-56 days». *J Pediatr.* 167(6): 1340-1346.e9.

CAPÍTULO 3: CRÉEME, LLÉVATE LA FAJA

1 Frigerio, M.; Manodoro, S.; Bernasconi, D. P.; Verri, D.; Milani, R.; Vergani, P. (2017). «Incidence and risk factors of third- and fourth- degree perineal tears in a single Italian scenario». *Eur J Obstet Gynecol Reprod Biol.* 221: 139-43. Bodner-Adler, B.; Bodner, K.; Kaider, A.; *et al.* (2001). «Risk factors for third-degree perineal tears in vaginal delivery, with an analysis of episiotomy types». *J Reprod Med.* 46(8): 752-756. Ramm, O.; Woo, V. G.; Hung, Y. Y.; Chen, H. C.; Ritterman Weintraub, M. L. (2018). «Risk factors for the development of obstetric anal sphincter injuries in modern obstetric practice». *Obstet Gynecol.* 131(2): 290-296.

2 Berens, P. «Overview of the postpartum period: Physiology, complications, and maternal care». *UpTo-Date.* Consultado en 2017. Disponible en https://www.uptodate.com/contents/overview-of-the-postpartum-period-physiology-complications-and-maternal-care.

3 Raul A. «Exercise during pregnancy and the postpartum period. UpToDate». Consultado en 2017. Disponible en https://www.uptodate.com/contents/exercise-during-pregnancy-and-the-postpartum-period.

4 Jawed-Wessel, S.; Sevick, E. (2017). «The impact of pregnancy and childbirth on sexual behaviors: A systematic review». *J Sex Res.* 54(4-5): 411-423. Lurie, S.; Aizenberg, M.; Sulema, V.; *et al.* (2013). «Sexual function after childbirth by the mode of delivery: A prospective study». *Arch Gynecol Obstet.* 288(4): 785-792.

5 Viguera, A. «Postpartum unipolar major depression: Epidemiology, clinical features, assessment, and diagnosis». *UpTo-Date.* Consultado en 2017. Disponible en https://www.uptodate.com/contents/postpartum-unipolar-major-depression-epidemio logy-clinical-features-assessment-and-diagnosis.

6 O'Connor, E.; Rossom, R. C.; Henninger, M.; Groom, H. C.; Burda, B. U. (2016). «Primary care screening for and treatment of depression in pregnant and postpartum women: Evidence report and systematic review for the US Preventive Services Task Force». *JAMA.* 315(4): 388-406.

7 Payne, J. (2017). «Postpartum psychosis: Epidemiology, pathogenesis, clinical manifestations, course, assessment, and diagnosis». *UpTo-Date.* Consultado en 2017. Disponible en https://www.uptodate.com/contents/postpartum-psychosis-epide miology-pathogenesis-clinical-manifestations-course-assessment-and-diagnosis.

CAPÍTULO 4: ¿AMAMANTAR ES LO MEJOR? ¿AMAMANTAR ES MEJOR? ¿AMAMANTAR DA CASI LO MISMO?

1 La Leche League International. Disponible en http://www.llli.org/resources. «Fit Pregnancy and Baby». *Fit Pregnancy and Baby—Prenatal & Postnatal Guidance on Health, Exercise, Baby Care, Sex & More.* https://www.fitpregnancy.com, https://www.fitpreg nancy.com/baby/breastfeeding/20-breastfeeding-benefits-mom-baby.

2 Fomon, S. (2001). «Infant feeding in the 20th century: Formula and beikost». *J Nutr.* 131(2): 409S-20S.

3 Angelsen, N.; Vik, T.; Jacobsen, G.; Bakketeig, L. (2001). «Breastfeeding and cognitive development at age 1 and 5 years». *Arch Dis Child.* 85(3): 183-88.

4 Der, G.; Batty, G. D.; Deary, I. J. (2006). «Effect of breast feeding on intelligence in children: Prospective study, sibling pairs analysis, and meta-analysis». *BMJ.* 333(7575): 945.

5 *Ibid.*

6 Kramer, M. S., Chalmers, B.; Hodnett, E. D.; Sevkovskaya, Z.; Dzikovich, I.; Shapiro, S.; Collet, J.; Vanilovich, I.; Mezen, I.; Ducruet, T.; Shishko, G.; Zubovich, V.; Mknuik, D.; Gluchanina, E.; Dombrovskiy, V.; Ustinovitch, A.; Kot, T.; Bogdanovich, N.; Ovchinikova, L.; Helsing, E. por el grupo de estudio PROBIT. (2001). «Promotion of Breastfeeding Intervention Trial (PROBIT): A randomized trial in the Republic of Belarus». *JAMA.* 285(4): 413-420.

7 Kramer, M. S.; *et al. Ibid.*

8 Para quienes aman las estadísticas, el solo hecho de cuantificar multiplicando para que el efecto sea mayor no es tan sencillo y requiere más suposiciones sobre la naturaleza del tratamiento, por lo que es común solo reportar estos efectos como lo que llamamos «intención de tratar» o solo la diferencia entre el tratamiento y los grupos de control.

9 Quigley, M.; McGuire, W. (2014). «Formula versus donor breast milk for feeding preterm or low birth weight infants». *Cochrane Database Syst Rev.* (4):CD002971.

10 Bowatte, G.; Tham, R.; Allen, K.; Tan, D.; Lau, M.; Dai, X.; Lodge, C. (2015). «Breast-feeding and childhood acute otitis media: A systematic review and meta-analysis». *Acta Paediatr.* 104(467): 85-95.

11 Kørvel-Hanquist, A.; Koch, A.; Niclasen, J.; *et al.* (2016). «Risk factors of early otitis media in the Danish National Birth Cohort». Ed. Torrens C. *PLoS ONE.* 11(11): e0166465.

12 Quigley, M. A.; Carson, C.; Sacker, A.; Kelly, Y. (2015). «Exclusive breastfeeding duration and infant infection». *Eur J Clin Nutr.* 70(12): 1420-1427.

13 Carpenter, R.; McGarvey, C.; Mitchell, E. A.; *et al.* (2013). «Bed sharing when parents do not smoke: Is there a risk of SIDS? An individual level analysis of five major case-control studies». *BMJ Open.* 3:e002299.

14 Hauck, F. R.; Thompson, J. M. D.; Tanabe, K. O.; Moon, R. Y.; Mechtild, M. V. (2011). «Breastfeeding and reduced risk of sudden infant death syndrome: A meta-analysis». *Pediatrics.* 128(1): 103-110.

15 Thompson, J. M. D.; Tanabe, K.; Moon, R. Y.; *et al.* (2017). «Duration of breastfeeding and risk of SIDS: An individual participant data meta-analysis». *Pediatrics.*140(5).

16 Vennemann, M. M.; Bajanowski, T.; Brinkmann, B.; Jorch, G.; Yücesan, K.; Sauerland, C.; Mitchell, E. A. (2009). «Does breastfeeding reduce the risk of sudden infant death syndrome?» *Pediatrics.* 123(3): e406-e410.

17 Fleming, P. J.; Blair, P. S.; Bacon, C.; *et al.* (1996). «Environment of infants during sleep and risk of the sudden infant death syndrome: Results of 1993-5 case-control study for confidential inquiry into stillbirths and deaths in infancy. Confidential enquiry into stillbirths and deaths regional coordinators and researchers». *BMJ.* 313(7051): 191-195.

18 Kramer, M. S.; *et al., Op. cit.*

19 Martin, R. M.; Patel, R.; Kramer, M. S.; *et al.* (2014). «Effects of promoting longer-term and exclusive breastfeeding on cardiometabolic risk factors at age 11.5 years: A cluster-randomized, controlled trial. Circulation». 129(3): 321-329.

20 Colen, C. G.; Ramey, D. M. (2014). «Is breast truly best? Estimating the effects of breast-feeding on long- term child health and wellbeing in the United States using sibling comparisons». *Soc Sci Med.* 109: 55-65. Nelson, M. C.; Gordon-Larsen, P.; Adair, L. S. (2005). «Are adolescents who were breast-fed less likely to be overweight? Analyses of sibling pairs to reduce confounding». *Epidemiology.* 16(2): 247-253.

21 Owen, C. G.; Martin, R. M.; Whincup, P. H.; Davey-Smith, G.; Gillman, M. W.; Cook, D. G. (2005). «The effect of breastfeeding on mean body mass index throughout life: A quantitative review of published and unpublished observational evidence». *Am J Clin Nutr.* 82(6): 1298-1307.

22 Kindgren, E.; Fredrikson, M.; Ludvigsson, J. (2017). «Early feeding and risk of juvenile idiopathic arthritis: A case control study in a prospective birth cohort». *Pediatr Rheumatol Online J.* 15:46. Rosenberg, A. M. (1996). «Evaluation of associations between breast feeding and subsequent development of juvenile rheumatoid arthritis». *J Rheumatol.* 23(6): 1080-1082. Silfverdal, S. A.; Bodin, L.; Olcén, P. (1999). «Protective

effect of breastfeeding: An ecologic study of Haemophilus influenzae meningitis and breastfeeding in a Swedish population». *Int J Epidemiol.* 28(1): 152-156. Lamberti, L. M.; Zakarija-Grkovi, I.; Fischer Walker, C. L.; *et al.* (2013). «Breastfeeding for reducing the risk of pneumonia morbidity and mortality in children under two: A systematic literature review and meta-analysis». *BMC Public Health.* 13(Suppl 3): S18. Li, R.; Dee, D.; Li C. M.; Hoffman, H. J.; Grummer-Strawn, L. M. (2014). «Breastfeeding and risk of infections at 6 years». *Pediatrics.* 134(Suppl 1): S13-S20. Niewiadomski, O.; Studd, C.; Wilson, J.; *et al.* (2016). «Influence of food and lifestyle on the risk of developing inflammatory bowel disease». *Intern Med J.* 46(6): 669-676. Hansen, T. S.; Jess, T.; Vind, I.; *et al.* (2011). «Environmental factors in inflammatory bowel disease: A case-control study based on a Danish inception cohort». *J Crohns Colitis.* 5(6): 577-584.

23 La diabetes tipo 1, también conocida como diabetes juvenil, es el tipo que se presenta en la infancia y requiere inyecciones de insulina. En 2017 algunos investigadores en Europa del norte usaron una amplia gama de datos de dos países y publicaron un artículo en el que afirmaban que los bebés que no se amamantaban eran más propensos a desarrollar esta enfermedad (Lund-Blix, N. A.; Dydensborg Sander, S.; Størdal, K.; *et al.* (2017). «Infant feeding and risk of type 1 diabetes in two large Scandinavian birth cohorts». *Diabetes Care.* 40[7]: 920-927). Este estudio estuvo motivado por un conjunto de pequeños estudios de caso y controles que mostraron efectos similares (consultar las referencias en este artículo). Para ser más precisos, los autores mostraron que los bebés de madres que *nunca trataron de amamantar* son más susceptibles de desarrollar diabetes tipo 1 que quienes lactaron aunque fuera un poco.

Estas conclusiones me dejan escéptica, a pesar de la cantidad de datos y el gran tamaño de la muestra. El problema principal es que en esta población es muy poco común no amamantar, aunque sea un poco —solo de 1 a 2% de las mujeres toma esta decisión. Estas mujeres se diferencian en muchos sentidos de las que sí amamantan (entre lo que se incluye la mayor tendencia a padecer diabetes), e incluso con una buena información, no podemos esperar abarcar todo. Cuando una decisión es tan poco común, en realidad nos preocupa lo que la motiva.

Las conclusiones de los investigadores pueden ser correctas, pero sencillamente necesitamos más datos (de preferencia de un grupo en el que no amamantar sea más común) para estar seguros.

La leucemia es el tipo más común de cáncer infantil, y se han hecho hipótesis de que está relacionada con la falta de lactancia. Al igual que el SMSL, es poco común, y los investigadores que la estudian generalmente usan el método casos y controles: reclutar a familias cuyos hijos tienen leucemia y un grupo de comparación de niños sin diagnóstico de cáncer. En 2015 un artículo de análisis combinó varios estudios pequeños sobre esto, y sostuvo que, juntos, mostraban una disminución significativa del riesgo de cáncer en niños que fueron amamantados (Amitay, E. L.; Keinan-Boker, L. (2015). «Breastfeeding and childhood leukemia incidence: A meta-analysis and systematic review». *JAMA Pediatr.* 169[6]: e151025).

Sin embargo, como lo indican los autores, esta conclusión es débil (Ojha, R. P.; Asdahl, P. H. [2015]. «Breastfeeding and childhood leukemia incidence duplicate data inadvertently included in the meta-analysis and consideration of possible co-founders». *JAMA Pediatr.* 169[11]: 1070). En el análisis principal —en el que se basan las conclusiones primordiales—, los investigadores no toman en cuenta ninguna otra diferencia entre los niños con leucemia y los que no tenían, aparte del diagnós-tico de cáncer. Pero entre ambos grupos hay muchos otros factores que difieren. Si se considerara aunque fuera la diferencia de edad de las madres, los efectos serían mucho menores y no tendrían importancia estadística. El efecto podría incluso ser menos convincente si ajustáramos más diferencias.

24 Der, G.; Batty, G. D.; Deary, I. J. (2006). «Effect of breast feeding on intelligence in chil-dren: Prospective study, sibling pairs analysis, and meta-analysis». *BMJ.* 333(7575): 945.

25 Específicamente cuando observan los resultados de evaluadores independientes, no encuentran diferencias en el CI verbal. Estos solo aparecen en las evaluaciones hechas por el personal del estudio. La diferencia sugiere un sesgo del evaluador.

26 Der, G.; Batty, G. D.; Deary, I. J. (2008). «Results from the PROBIT breastfeeding trial may have been overinterpreted». *Arch Gen Psychiatry.* 65(12): 1456-1457.

27 Krause, K. M.; Lovelady, C. A.; Peterson, B. L.; Chowdhury, N.; Østbye, T. (2010). «Effect of breast-feeding on weight retention at 3 and 6 months postpartum: Data from the North Carolina WIC Programme». *Public Health Nutr.* 13(12): 2019-2026.

28 Woolhouse, H.; James, J.; Gartland, D.; McDonald, E.; Brown, S. J. (2016). «Maternal depressive symptoms at three months postpartum and breastfeeding rates at six months postpartum: Implications for primary care in a prospective cohort study of primiparous women in Australia». *Women Birth.* 29(4): 381-387.

29 Crandall, C. J.; Liu, J.; Cauley, J.; *et al.* (2017). «Associations of parity, breastfeeding, and fractures in the Women's Health Observational Study». *Obstet Gynecol.* 130(1): 171-180.

CAPÍTULO 5: LACTANCIA: UNA GUÍA PRÁCTICA

1 Sharma, A. (2016). «Efficacy of early skin-to-skin contact on the rate of exclusive breast-feeding in term neonates: A randomized controlled trial». *Afr Health Sci.* 16(3): 790-797.

2 Moore, E. R.; Bergman, N.; Anderson, G. C.; Medley, N. (2016) «Early skin-to-skin con-tact for mothers and their healthy newborn infants». *Cochrane Database Syst Rev.* 11: CD003519.

3 Balogun, O. O.; O'Sullivan, E. J.; McFadden, A.; *et al.* (2016). «Interventions for promoting the initiation of breastfeeding». *Cochrane Database Syst Rev.* 11: CD001688.

4 McKeever, P.; Stevens, B.; Miller, K. L.; *et al.* (2002). «Home versus hospital breastfeeding support for newborns: A randomized controlled trial». *Birth.* 29(4): 258-265.

5 Jaafar, S. H.; Ho, J. J.; Lee, K. S. (2016). «Rooming-in for new mother and infant versus separate care for increasing the duration of breastfeeding». *Cochrane Database Syst Rev.* (8): CD006641

6 Chow, S.; Chow, R.; Popovic, M.; *et al.* (2015). «The use of nipple shields: A review». *Front Public Health*. 3: 236.

7 Meier, P. P.; Brown, L. P.; Hurst, N. M.; *et al.* (2000). «Nipple shields for preterm infants: Effect on milk transfer and duration of breastfeeding». *J Hum Lact.* 16(2): 106-114.

8 *Ibid.*

9 Walsh, J.; Tunkel, D. (2017). «Diagnosis and treatment of ankyloglossia in newborns and infants: A review». *JAMA Otolaryngol Head Neck Surg.* 143(10): 1032-1039.

10 O'Shea, J. E.; Foster, J. P.; O'Donnell, C. P.; *et al.* (2017). «Frenotomy for tongue-tie in newborn infants». *Cochrane Database Syst Rev.* 3: CD011065.

11 Dennis, C. L.; Jackson, K.; Watson, J. (2014). «Interventions for treating painful nipples among breastfeeding women». *Cochrane Database Syst Rev.* (12): CD007366.

12 Mohammadzadeh, A.; Farhat, A.; Esmaeily, H. (2005). «The effect of breast milk and lanolin on sore nipples». *Saudi Med J.* 26(8): 1231-1234.

13 Dennis, C. L. *Op. cit.*

14 Jaafar, S. H.; Ho, J. J.; Jahanfar, S.; Angolkar, M. (2016). «Effect of restricted pacifier use in breastfeeding term infants for increasing duration of breastfeeding». *Cochrane Database Syst Rev.* (8): CD007202.

15 Kramer, M. S.; Barr, R. G.; Dagenais, S.; Yang, H.; Jones, P.; Ciofani, L.; Jané, F. (2001). «Pacifier use, early weaning, and cry/fuss behavior: A randomized controlled trial». *JAMA.* 286(3): 322-326.

16 Howard, C. R.; Howard, F. R.; Lanphear, B.; Eberly, S.; DeBlieck, E. A.; Oakes, D.; Lawrence, R. A. (2003). «Randomized clinical trial of pacifier use and bottle-feeding or cupfeeding and their effect on breastfeeding». *Pediatrics.* 111(3): 511-518.

17 Este estudio también evalúa el uso del chupón en la lactancia. Para la mayoría de los resultados y especificaciones, no se concluyó ningún impacto del uso temprano del chupón en el éxito de la lactancia; para una especificación, los investigadores encontraron algunos efectos significativos, aunque estos fueron pequeños y no superaron el ajuste de la prueba de hipótesis múltiple.

18 Brownell, E.; Howard, C. R.; Lawrence, R. A.; Dozier, A. M. (2012). «Delayed onset lactogenesis II predicts the cessation of any or exclusive breastfeeding». *J Pediatr.* 161(4): 608-614.

19 *Ibid.*

20 *Ibid.* Garcia, A. H.; Voortman, T.; Baena, C. P.; *et al.* (2016). «Maternal weight status, diet, and supplement use as determinants of breastfeeding and complementary feeding: A systematic review and meta-analysis». *Nutr Rev.* 74(8): 490-516. Zhu, P.; Hao, J.; Jiang, X.; Huang, K.; Tao, F. (2013). «New insight into onset of lactation: Mediating the negative effect of multiple perinatal biopsychosocial stress on breastfeeding duration». *Breastfeed Med.* 8: 151-158.

21 Ndikom, C. M.; Fawole, B.; Ilesanmi, R. E. (2014). «Extra fluids for breastfeeding mothers for increasing milk production». *Cochrane Database Syst Rev.* (6): CD008758.

22 Bazzano, A. N.; Hofer, R.; Thibeau, S.; Gillispie, V.; Jacobs, M.; Theall, K. P. (2016). «A review of herbal and pharmaceutical galactagogues for breast-feeding». *Ochsner J.* 16(4): 511-524.

23 Bazzano, A. N. *et al.* «A review of herbal and pharmaceutical galactagogues for breast- feeding. Donovan TJ, Buchanan K. Medications for increasing milk supply in mothers expressing breastmilk for their preterm hospitalised infants». Cochrane Database Syst Rev 2012;(3):CD005544.

24 Spencer, J. «Common problems of breastfeeding and weaning». *UpToDate*. Consultado en 2017. Disponible en https://www.uptodate.com/contents/common-problems-of-breastfeeding-and-weaning.

25 Mangesi, L.; Zakarija-Grkovic, I. (2016). «Treatments for breast engorgement during lactation». *Cochrane Database Syst Rev*. (6): CD006946.

26 Butte, N.; Stuebe, A. «Maternal nutrition during lactation». *UpToDate*. Consultado en 2018. Disponible en https://www.uptodate.com/contents/maternal-nutrition-during-lactation.

27 Lust, K. D.; Brown, J.; Thomas, W. (1996). «Maternal intake of cruciferous vegetables and other foods and colic symptoms in exclusively breast-fed infants». *J Acad Nutr Diet*. 96(1): 46-48.

28 Haastrup, M. B.; Pottegård, A.; Damkier, P. (2014). «Alcohol and breastfeeding». *Basic Clin Pharmacol Toxicol*. 114(2): 168-173.

29 *Ibid.*

30 Disponible en https://www.beststart.org/resources/alc_reduction/pdf/brstfd_alc_deskref_eng.pdf.

31 Hasstrup, M. B.; *et al.* (2014). *Op. cit.*

32 «Be Safe: Have an Alcohol-Free Pregnancy». Consultado en 2012. https://www.toxnet.nlm.nih.gov/newtoxnet/lactmed.htm.

33 Lazaryan, M.; Shasha Zigelman, C.; Dagan, Z.; Berkovitch, M. (2015). «Codeine should not be prescribed for breastfeeding mothers or children under the age of 12». *Acta paediatrica*. 104(6): 550-556.

34 Lam, J.; Kelly, L.; Ciszkowski, C.; Landsmeer, M. L.; Nauta, M.; Carleton, B. C.; *et al.* (2012). «Central nervous system depression of neonates breastfed by mothers receiving oxycodone for postpartum analgesia». *J Pediatr*. 160(1): 33-37.

35 Kimmel, M.; Meltzer-Brody, S. «Safety of infant exposure to antidepressants and benzodiazepines through breastfeeding». *UpToDate*. Consultado en 2018. Disponible en https://www.uptodate.com/contents/safety-of-infant-exposure-to-antidepressants-and-benzodiazepines-through-breastfeeding.

36 Acuña-Muga, J.; Ureta-Velasco, N.; De la Cruz-Bértolo, J.; *et al.* (2014). «Volume of milk obtained in relation to location and circumstances of expression in mothers of very low birth weight infants». *J Hum Lact*. 30(1): 41-46.

CAPÍTULO 6: POSICIÓN Y LUGAR PARA DORMIR

1 Horne, R. S.; Ferens, D.; Watts, A. M.; *et al.* (2001). «The prone sleeping position impairs arousability in term infants». *J Pediatr*. 138(6): 811-816.

2 Dwyer, T.; Ponsonby, A. L. (2009). «Sudden infant death syndrome and prone sleeping position». *Ann Epidemiol*. 19(4): 245-249.

3 Spock, B.; Rothenberg, M. (1977). *Dr. Spock's Baby and Child Care*. Nueva York: Simon and Schuster.

4 Hay un buen ejemplo en un studio de 1990 (Dwyer, T.; Ponsonby, A. L.; Newman, N. M.; Gibbons, L. E. (1991). «Prospective cohort study of prone sleeping position and sudden infant death syndrome». *Lancet*. 337[8752]: 1244-1247). En este estudio los investigadores intentaron seguir a una población base a lo largo del tiempo y estudiar qué determina las muertes por SMSI. Registraron a 3 110 personas, y en esa población hubo 23 muertes por SMSI. Los investigadores pudieron obtener información sobre la posición al dormir para 15 de estas muertes, que no fue suficiente para sacar conclusiones estadísticas.

5 Fleming, P. J.; Gilbert, R.; Azaz, Y.; *et al.* (1990). «Interaction between bedding and sleeping position in the sudden infant death syndrome: A population-based case-control study». *BMJ*. 301(6743): 85-89.

6 Ponsonby, A. L.; Dwyer, T.; Gibbons, L. E.; Cochrane, J. A.; Wang, Y. G. (1993). «Factors potentiating the risk of sudden infant death syndrome associated with the prone position». *N Engl J Med*. 329(6): 377-382. Dwyer, T.; *et al.* (1991). *Op. cit.*

7 Engelberts, A. C.; De Jonge, G. A.; Kostense, P. J. (1991). «An analysis of trends in the incidence of sudden infant death in the Netherlands 1969-1989». *J Paediatr Child Health*. 27(6): 329-333.

8 Guntheroth, W. G.; Spiers, P. S. (1992). «Sleeping prone and the risk of sudden infant death syndrome». JAMA. 267(17): 2359-2362.

9 Willinger, M.; Hoffman, H. J.; Wu, K.; Hou, J.; Kessler, R. C.; Ward, S. L.; Keens, T. G.; Corwin, M. J. (1998). «Factors associated with the transition to nonprone sleep positions of infants in the United States: The National Infant Sleep Position Study». *JAMA*. 280(4): 329-335.

10 Branch, L. G.; Kesty, K.; Krebs, E.; Wright, L.; Leger, S.; David, L. R. (2015). «Deformational plagiocephaly and craniosynostosis: Trends in diagnosis and treatment after the "Back to Sleep" campaign». *J Craniofac Surg*. 26(1): 147-150. Peitsch, W. K.; Keefer, C. H.; Labrie, R. A.; Mulliken, J. B. (2002). «Incidence of cranial asymmetry in healthy newborns». *Pediatrics*. 110(6): e72.

11 Peitsch, W. K.; *et al.* (2002). «Incidence of cranial asymmetry in healthy newborns». *Pediatrics*. 110(6): e72.

12 Van Wijk, R. M.; Van Vlimmeren, L. A.; Groothuis-Oudshoorn, C. G.; Van der Ploeg, C. P.; Ijzerman, M. J.; Boere-Boonekamp, M. M. (2014). «Helmet therapy in infants with positional skull deformation: Randomised controlled trial». *BMJ*. 348: g2741.

13 Carpenter, R.; *et al.* (2013). *Op. cit.*

14 Vennemann, M. M.; Hense, H. W.; Bajanowski, T.; *et al.* (2012). «Bed sharing and the risk of sudden infant death syndrome: Can we resolve the debate?». *J Pediatr*. 160(1): 44-48.e2.

15 CDC, Fichas informativas. «Health Effects of Secondhand Smoke». Actualizado en enero de 2017. Disponible en https://www.cdc.gov/tobacco/data_statistics/fact_sheets/secondhandsmoke/health_effects/index.htm.

16 Scragg, R.; Mitchell, E. A.; Taylor, B. J.; *et al.* (1993). «Bed sharing, smoking, and alcohol in the sudden infant death syndrome. New Zealand Cot Death Study Group». *BMJ*. 307(6915): 1312-1318.

17 Horsley, T.; Clifford, T.; Barrowman, N.; Bennett, S.; Yazdi, F.; Sampson, M.; Moher, D.; Dingwall, O.; Schachter, H.; Côté, A. (2007). «Benefits and harms associated with the practice of bed sharing: A systematic review». *Arch Pediatr Adolesc Med.* 161(3): 237-245. doi:10.1001/archpedi.161.3.237.

18 Ball, H. L.; Howel, D.; Bryant, A.; Best, E.; Russell, C.; Ward-Platt, M. (2016). «Bed-sharing by breastfeeding mothers: Who bed-shares and what is the relationship with breastfeeding duration? ». *Acta Paediatr.* 105(6): 628-634.

19 Ball, H. L.; Ward-Platt, M. P.; Howel, D.; Russell, C. (2011). «Randomised trial of sidecar crib use on breastfeeding duration (NECOT)». *Arch Dis Child.* 96(7): 630-634.

20 Blair, P. S.; Fleming, P. J.; Smith, I. J.; *et al.* (1999). «Babies sleeping with parents: Case-control study of factors influencing the risk of the sudden infant death syndrome». *BMJ.* 319(7223): 1457-1462.

21 Carpenter, R. G.; Irgens, L. M.; Blair, P. S.; *et al.* (2004). «Sudden unexplained infant death in 20 regions in Europe: Case control study». *Lancet.* 363(9404): 185-191.

22 Tappin, D.; Ecob, R.; Brooke, H. (2005). «Bedsharing, roomsharing, and sudden infant death syndrome in Scotland: A case-control study». *J Pediatr.* 147(1): 32-37. Scragg, R. K.; Mitchell, E. A.; Stewart, A. W.; *et al.* (1996). «Infant room-sharing and prone sleep position in sudden infant death syndrome. New Zealand Cot Death Study Group». *Lancet.* 347(8993): 7-12.

23 Tappin, D.; *et al.* (2005). *Op. cit.*

24 *Ibid.* Carpenter, R. G.; *et al.* (2013). *Op. cit.*

25 Scheers, N. J.; Woodard, D. W.; Thach, B. T. (2016). «Crib bumpers continue to cause infant deaths: A need for a new preventive approach». *J Pediatr.* 169: 93-97.e1.

CAPÍTULO 7: ORGANIZA A TU BEBÉ

1 Weissbluth, M. (2015). *Healthy Sleep Habits, Happy Child.* Nueva York: Ballantine Books.

2 Galland, B. C.; Taylor, B. J.; Elder, D. E.; Herbison, P. (2012). «Normal sleep patterns in infants and children: A systematic review of observational studies». *Sleep Med Rev.* 16(3): 213-222.

3 Mindell, J. A.; Leichman, E. S.; Composto, J.; Lee, C.; Bhullar, B; Walters, R. M. (2016). «Development of infant and toddler sleep patterns: Real-world data from a mobile application». *J Sleep Res.* 25(5): 508-516.

CAPÍTULO 8: VACUNAS, SÍ POR FAVOR

1 CDC. «Measles (Rubeola)». Disponible en https://www.cdc.gov/measles/ about/history.html.

2 Oster, E. (2017). «Does disease cause vaccination? Disease outbreaks and vaccination response». *J Health Econ.* 57: 90-101.

3 La historia de Wakefield y su influencia en los índices de vacunación se relata con mayor detalle en el maravilloso libro de Seth Mnookin, (2012). *El virus del pánico.* Nueva York: Simon & Schuster. Brian Deer también tiene un excelente conjunto de artículos que resumen estos problemas, publicados en el *British Medical Journal* (Deer, B. [2011]. *Secrets of the MMR scare: How the vaccine crisis was meant to make money. BMJ.* 342: c5258).

4 Wakefield, A. J.; Murch, S. H.; Anthony, A.; Linnell, J.; Casson, D. M.; Malik, M.; Berelowitz, M.; Dhillon, A. P.; Thomson, M. A.; Harvey, P.; Valentine, A.; Davies, S. E.; Walker-Smith, J. A. (1998). «Retracted: Ileal-lymphoidnodular hyperplasia, non-specific colitis, and pervasive developmental disorder in children». *Lancet.* 351(9103): 637-641.

5 Committee to Review Adverse Effects of Vaccines. (2012). «Adverse effects of vaccines: Evidence and causality». National Academies Press.

6 El informe incluye a la vacuna contra la gripe, pero muchas de ellas se enfocan en adultos; yo me centraré aquí en las vacunas infantiles.

7 Verity, C. M.; Butler, N. R.; Golding, J. (1985). «Febrile convulsions in a national cohort followed up from birth. I—Prevalence and recurrence in the first five years of life». *Br Med J (Clin Res Ed).* 290(6478): 1307-1310.

8 Chen, R. T.; Glasser, J. W.; Rhodes, P. H.; *et al.* (1997). «Vaccine Safety Datalink project: A new tool for improving vaccine safety monitoring in the United States». *The Vaccine Safety Datalink Team. Pediatrics.* 99(6): 765-773.

9 Madsen, K. M.; Hviid, A.; Vestergaard, M.; *et al.* (2002). «A population-based study of measles, mumps, and rubella vaccination and autism». *N Engl J Med.* 347(19): 1477-1482.

10 Jain, A.; Marshall, J.; Buikema, A.; Bancroft, T.; Kelly, J. P.; Newschaffer, C. J. (2015). «Autism occurrence by MMR vaccine status among US children with older siblings with and without autism». *JAMA.* 313(15): 1534-1540.

11 Gadad, B. S.; Li, W.; Yazdani, U.; *et al.* (2015). «Administration of thimerosal-containing vaccines to infant rhesus macaques does not result in autism-like behavior or neuropathology». *Proc Natl Acad Sci USA.* 112(40): 12498-12503.

12 En ocasiones aparecerá un artículo académico que volverá a exponer este asunto. Un ejemplo es uno que se publicó en 2014 en la revista *Translational Neurodegeneration* (Hooker, B. S. [2014]. «Measles-mumpsrubella vaccination timing and autism among young African American boys: A reanalysis of CDC data». *Transl Neurodegener.* 3:16). El autor de este artículo usa una pequeña muestra de niños y un método de casos y controles: consideran algunos niños con autismo y los comparan con algunos sin autismo. Argumenta que, para los niños afroamericanos en particular, el riesgo de autismo es mayor si toman la vacuna triple viral antes de los 36 meses.

Este artículo es casi cómico y un mal ejemplo de cómo hacer estadísticas. El autor no encuentra ningún efecto general, así que busca efectos en grupos pequeños. Esta no es una forma aprobada de hacer investigación; incluso si en verdad no existe ninguna relación, casi siempre podrás encontrar algún pequeño grupo en el que haya un efecto solo por casualidad. Resulta que la relación es sólida solo para niños afroamericanos con peso bajo al nacer, y solo cuando el autor considera la vacunación antes de los 36 meses, no antes de los 18 o 24 meses. No existe información sobre el tamaño de la muestra (tampoco por escrito), pero parece que algunas de estas relaciones se basan en cinco o diez niños en total.

Además, el autor de este artículo, Brian Hooker, es un conocido defensor de la no vacunación, quien, como Wakefield, tenía interés en promover la antivacunación porque beneficiaba su práctica legal. Esta información no se divulgó por completo en el artículo, como debió hacerse; y debido a este conflicto y a los problemas es-tadísticos, fue rechazado, igual que el de Wakefield. Por supuesto, no antes de que tuviera mucha cobertura y asustara a los alarmistas en los medios de comunicación. Es desafortunado que no haya mayor interés en cubrir los amplios estudios bien realizados que muestran que esta relación es una verdadera patraña.

13 Omer, S. B.; Pan, W. K. Y.; Halsey, N. A.; Stokley, S.; Moulton, L. H.; Navar, A. M.; Pierce, M.; Salmon, D. A. (2006). «Nonmedical exemptions to school immunization require-ments: Secular trends and association of state policies with pertussis incidence». *JAMA.* 296(14): 1757-1763.

14 Verity, C. M.; *et al.* (1985). *Op. cit.*

15 Pesco, P.; Bergero, P.; Fabricius, G.; Hozbor, D. (2015). «Mathematical modeling of delayed pertussis vaccination in infants». *Vaccine.* 33(41): 5475-5480.

CAPÍTULO 9: ¿MAMÁ AMA DE CASA? ¿MAMÁ TRABAJADORA?

1 Para verlo, consulta http://web.stanford.edu/~mrossin/RossinSlater_maternity_fa mily_leave.pdf.

2 Goldberg, W. A.; Prause, J.; Lucas-Thompson, R.; Himsel, A. (2008). «Maternal employ-ment and children's achievement in context: A meta-analysis of four decades of research». *Psychol Bull.* 134(1): 77-108.

3 *Ibid.*

4 Estos estudios también muestran que cuando se buscan *cambios* en los resultados de las pruebas entre un año y otro, sin importar cuál sea la configuración laboral, lo que sugieren los resultados es que puede haber diferencias subyacentes importantes.

5 Ruhm, C. J. (2008). «Maternal employment and adolescent development». *Labour Econ.* 15(5): 958-983.

6 Marantz, S.; Mansfield, A. (1997). «Maternal employment and the development of sex-role stereotyping in five-to eleven-year-old girls». *Child Dev.* 48(2): 668-73. McGinn, K. L.; Castro, M. R.; Lingo, E. L. (2015). «Mums the word! Cross- national effects of maternal employment on gender inequalities at work and at home». *Harvard Business School.* 15(194).

7 Rossin-Slater, M. (2011). «The effects of maternity leave on children's birth and infant health outcomes in the United States». *J Health Econ.* 30(2): 221-239.

8 Rossin-Slater, M. (2017). «Maternity and Family Leave Policy». *Natl Bureau Econ Res.*

9 *Ibid.*

10 Carneiro, P.; Loken, K. V.; Kjell, G. S. (2015). «A flying start? Maternity leave benefits and long-run outcomes of children». *J Pol Econ.* 123(2): 365-412.

11 Este es un cálculo aproximado con base en un nivel promedio impositivo a nivel estatal.

CAPÍTULO 10: ¿QUIÉN DEBERÍA CUIDAR AL BEBÉ?

1 NICHD. (2002). «Early Childcare Research Network. Early childcare and children's de-velopment prior to school entry: Results from the NICHD Study of Early Childcare». *AERJ.* 39(1): 133-164.

2 Belsky, J.; Vandell, D. L.; Burchinal, M.; *et al.* (2007). «Are there long-term effects of early childcare?». *Child Dev.* 78(2): 681-701.

3 NICHD. (2004). «Type of childcare and children's development at 54 months». *Early Childhood Res Q.* 19(2): 203-230.

4 NICHD. (2002). *Op. cit.*

5 Belsky, J.; *et al.* (2007). *Op. cit.*

6 Broberg, A. G.; Wessels, H.; Lamb, M. E.; Hwang, C. P. (1997). «Effects of day care on the development of cognitive abilities in 8-year-olds: A longitudinal study». *Dev Psychol.* 33(1): 62-69.

7 Huston, A. C.; Bobbitt, K. C.; Bentley, A. (2015). «Time spent in childcare: How and why does it affect social development?». *Dev Psychol.* 51(5): 621-634.

8 NICHD. (1997). «The effects of infant childcare on infant- mother attachment security: Results of the NICHD Study of Early Childcare». *Child Dev.* 68(5): 860-879.

9 Augustine, J. M.; Crosnoe, R. L.; Gordon, R. (2013). «Early childcare and illness among preschoolers». *J Health Soc Behav.* 54(3): 315-334. Enserink, R.; Lugnér, A.; Suijker-buijk, A.; Bruijning-Verhagen, P.; Smit, H. A.; Van Pelt, W. (2014). «Gastrointestinal and respiratory illness in children that do and do not attend child day care centers: A cost-of-illness study». *PLoS ONE.* 9(8): e104940. Morrissey, T. W. (2013). «Multiple childcare arrangements and common communicable illnesses in children aged 3 to 54 months». *Matern Child Health J.* 17(7): 1175-1184. Bradley, R. H.; Vandell, D. L. (2007). «Childcare and the well-being of children». *Arch Pediatr Adolesc Med.* 161(7): 669-676.

10 Ball, T. M.; Holberg, C. J.; Aldous, M. B.; Martinez, F. D.; Wright, A. L. (2002). «Influence of attendance at day care on the common cold from birth through 13 years of age». *Arch Pediatr Adolesc Med.* 156(2): 121-126.

CAPÍTULO 11: ENTRENARLO PARA DORMIR

1 Ramos, K. D.; Youngclarke, D. M. (2006). «Parenting advice books about child sleep: Cosleeping and crying it out». *Sleep.* 29(12): 1616-1623.

2 Narvaez, D. (11 de diciembre de 2011). «Dangers of "Crying It Out"». *Psychology Today.* Disponible en https://www.psychologytoday.com/blog/moral-landscapes/201112/dangers-crying-it-out.

3 Este artículo general incluye a más de 2 500 niños en 52 estudios, donde todos emplean variaciones del entrenamiento del sueño. Algunos de estos estudios son mejores que otros, pero al menos hay 13 ensayos aleatorios controlados de los programas «dejarlo llorar». Mindell, J. A.; Kuhn, B.; Lewin, D. S.; Meltzer, L. J.; Sadeh, A. (2006). «Behavioral treatment of bedtime problems and night wakings in infants and young children». *Sleep.* 29(10): 1263-1276.

4 Kerr, S. M.; Jowett, S. A. (1996). «Smith LN. Preventing sleep problems in infants: A randomized controlled trial». *J Adv Nurs.* 24(5): 938-942.

5 Hiscock, H.; Bayer, J.; Gold, L.; Hampton, A.; Ukoumunne, O. C.; Wake, M. (2007). «Improving infant sleep and maternal mental health: A cluster randomised trial». *Arch Dis Child.* 92(11): 952-958.

6 Mindell, J. A.; *et al.* (2016). *Op. cit.*

7 Leeson, R.; Barbour, J.; Romaniuk, D.; Warr, R. (1994). «Management of infant sleep problems in a residential unit». *Childcare Health Dev.* 20(2): 89-100.

8 Eckerberg, B. (2004). «Treatment of sleep problems in families with young children: Effects of treatment on family well-being». *Acta Pædiatrica.* 93: 126-134.

9 Mindell, J. A.; *et al.* (2016). *Op. cit.*

10 Gradisar, M.; Jackson, K.; Spurrier, N. J.; *et al.* (2016). «Behavioral interventions for infant sleep problems: A randomized controlled trial». *Pediatrics.* 137(6).

11 Hiscock, H.; *et al.* (2007). *Op. cit.*

12 Price, A. M.; Wake, M.; Ukoumunne, O. C.; Hiscock, H. (2012). «Five-year follow-up of harms and benefits of behavioral infant sleep intervention: Randomized trial». *Pediatrics.* 130(4): 643-651.

13 Blunden, S. L.; Thompson, K. R.; Dawson, D. (2011). «Behavioural sleep treatments and night time crying in infants: Challenging the status quo». *Sleep Med Rev.* 15(5): 327-334.

14 Blunden, S. L.; *et al.* (2011). *Op. cit.*

15 Middlemiss, W.; Granger, D. A.; Goldberg, W. A.; Nathans, L. (2012). «Asynchrony of mother-infant hypothalamicpituitary-adrenal axis activity following extinction of infant crying responses induced during the transition to sleep». *Early Hum Dev.* 88(4): 227-232.

16 Kuhn, B. R.; Elliott, A. J. (2003). «Treatment efficacy in behavioral pediatric sleep medicine». *J Psychosom Res.* 54(6): 587-597.

CAPÍTULO 12: DESPUÉS DEL PECHO: EMPEZAR CON ALIMENTOS SÓLIDOS

1 Du Toit, G.; Katz, Y.; Sasieni, P.; *et al.* (2008). «Early consumption of peanuts in infancy is associated with a low prevalence of peanut allergy». *J Allergy Clin Immunol.* 122(5): 984-991.

2 Du Toit, G.; Roberts, G.; Sayre, P. H.; *et al.* (2015). «Randomized trial of peanut consumption in infants at risk for peanut allergy». *N Engl J Med.* 372(9): 803-813.

3 Para más información sobre lineamientos actualizados y anteriores, ver Togias, A.; Cooper, S. F.; Acebal, M. L.; *et al.* (2017). «Addendum guidelines for the prevention of peanut allergy in the United States: Report of the national Institute of Allergy and Infectious Diseases-sponsored expert panel». *J Allergy Clin Immunol.* 139(1): 29-44.

4 Brown, A.; Jones, S. W.; Rowan, H. (2017). «Baby-led weaning: The evidence to date». *Curr Nutr Rep.* 6(2): 148-156.

5 Taylor, R. W.; Williams, S. M.; Fangupo, L. J.; *et al.* (2017). «Effect of a baby-led approach to complementary feeding on infant growth and overweight: A randomized clinical trial». *JAMA Pediatr.* 171(9): 838-846.

6 Moorcroft, K. E.; Marshall, J. L.; Mccormick, F. M. (2011). «Association between timing of introducing solid foods and obesity in infancy and childhood: A systematic review». *Matern Child Nutr.* 7(1): 3-26.

7 Rose, C. M.; Birch, L. L.; Savage, J. S. (2017). «Dietary patterns in infancy are associated with child diet and weight outcomes at 6 years». *Int J Obes (Lond).* 41(5): 783-788.

375

8 Mennella, J. A.; Trabulsi, J. C. (2012). «Complementary foods and flavor experiences: Setting the foundation». *Ann Nutr Metab.* 60 (Suppl 2): 40-50.

9 Mennella, J. A.; Nicklaus, S.; Jagolino, A. L.; Yourshaw, L. M. (2008). «Variety is the spice of life: Strategies for promoting fruit and vegetable acceptance during infancy». *Physiol Behav.* 94(1): 29-38. Mennella, J. A.; Trabulsi, J. C. (2012).*Op. cit.*

10 Atkin, D. (2016). «The caloric costs of culture: Evidence from Indian migrants». *Amer Econ Rev.* 106(4): 1144-1181.

11 Leung, A. K.; Marchand, V.; Sauve, R. S. (22012). «The "picky eater": The toddler or preschooler who does not eat». *Paediatr Child Health.* 17(8): 455-460.

12 Fries, L. R.; Martin, N.; Van der Horst, K. (2017). «Parent-child mealtime interactions associated with toddlers' refusals of novel and familiar foods». *Physiol Behav.* 176: 93-100.

13 Birch, L. L.; Fisher, J. O. (1998). «Development of eating behaviors among children and adolescents». *Pediatrics.* 101(3 Pt 2): 539-549. Lafraire, J.; Rioux, C.; Giboreau, A.; Picard, D. (2016). «Food rejections in children: Cognitive and social/ environmental factors involved in food neophobia and picky/fussy eating behavior». *Appetite.* 96: 347-357.

14 Perkin, M. R.; Logan, K.; Tseng, A.; Raji, B.; Ayis, S.; Peacock, J.; *et al.* (2016). «Randomized trial of introduction of allergenic foods in breast-fed infants». *N Engl J Med.* 374(18): 1733-1743. Natsume, O.; Kabashima, S.; Nakazato, J.; Yamamoto-Hanada, K.; Narita, M.; Kondo, M.; *et al.* (2017). «Two-step egg introduction for prevention of egg allergy in high- risk infants with eczema (PETIT): A randomised, double-blind, placebo-controlled trial». *Lancet.* 389(10066): 276-286. Katz, Y.; Rajuan, N.; Goldberg, M. R.; Eisenberg, E.; Heyman, E.; Cohen, A.; Leshno, M. (2010). «Early exposure to cow's milk protein is protective against IgE-mediated cow's milk protein allergy». *J Allergy Clin Immunol.* 126(1): 77-82.

15 Hopkins, D.; Emmett, P.; Steer, C.; Rogers, I.; Noble, S.; Emond, A. (2007). «Infant feeding in the second 6 months of life related to iron status: An observational study». *Arch Dis Child.* 92(10): 850-854.

16 Pegram, P. S. «Stone SM. Botulism». *UpToDate.* Consultado en 2017. Disponible en http://www.uptodate.com/contents/botulism.

17 Emmerson, A. J. B.; Dockery, K. E.; Mughal, M. Z.; Roberts, S. A.; Tower, C. L.; Berry, J. L. (2018). «Vitamin D status of white pregnant women and infants at birth and 4 months in North West England: A cohort study». *Matern Child Nutr.* 14(1).

18 Greer, F. R.; Marshall, S. (1989). «Bone mineral content, serum vitamin D metabolite concentrations, and ultraviolet B light exposure in infants fed human milk with and without vitamin D2 supplements». *J Pediatr.* 114(2): 204-212. Naik, P.; Faridi, M. M. A.; Batra, P.; Madhu, S. V. (2017). «Oral supplementation of parturient mothers with vitamin D and its effect on 25OHD status of exclusively breastfed infants at 6 months of age: A double-blind randomized placebo-controlled trial». *Breastfeed Med.* 12(10): 621-628.

19 Naik, P.; *et al.* (2017). *Op. cit.* Thiele, D. K.; Ralph, J.; El-Masri, M.; Anderson, C. M. (2017). «Vitamin D3 supplementation during pregnancy and lactation improves

vitamin D status of the mother-infant dyad». *J Obstet Gynecol Neonatal Nurs.* 46(1): 135-147.

CAPÍTULO 13: CAMINAR TEMPRANO, CAMINAR TARDE: CAMBIOS FÍSICOS IMPORTANTES

1 Serdarevic, F.; Van Batenburg-Eddes, T.; Mous, S. E.; *et al.* (2016). «Relation of infant motor development with nonverbal intelligence, language comprehension and neuropsychological functioning in childhood: A population-based study». *Dev Sci.* 19(5): 790-802.

2 Murray, G. K.; Jones, P. B.; Kuh, D.; Richards, M. (2007). «Infant developmental milestones and subsequent cognitive function». *Ann Neurol.* 62(2): 128-136.

3 Gran parte de este debate proviene de Voigt, R. G. (2011). *Developmental and behavioral pediatrics.* Eds. Macias, M. M. y Myers, S. M. Academia Americana de Pediatría.

4 Barkoudah, E.; Glader, L. «Epidemiology, etiology and prevention of cerebral palsy». *UpToDate.* Consultado en 2018. Disponible en https://www.uptodate.com.revproxy. brown.edu/contents/epidemiology-etiology-and-prevention-of-cerebral-palsy.

5 OMS (2006). «Motor Development Study: Windows of achievement for six gross motor development milestones». *Acta Paediatr Suppl.* 450: 86-95.

6 *Ibid.*

7 Pappas, D. «The common cold in children: Clinical features and diagnosis». *UpToDate.* Consultado en 2018. Disponible en https://www.uptodate.com/contents/the-common-cold-in-children-clinical-features-and-diagnosis.

8 *Ibid.*

9 Klein, J.; Pelton, S. «Acute otitis media in children: Epidemiology, microbiology, clinical manifestations, and complications». *UpToDate.* Consultado en 2018. Disponible en https://www.uptodate.com/contents/acute-otitis-media-in-children-epidemiology-microbiology-clinical-manifestations-and-complications.

CAPÍTULO 14: BEBÉ EINSTEIN VERSUS EL HÁBITO DE LA TELEVISIÓN

1 Barr, R.; Hayne, H. (1999). «Developmental changes in imitation from television during infancy». *Child Dev.* 70(5): 1067-1081.

2 Kuhl, P. K.; Tsao, F. M.; Liu, H. M. (2003). «Foreign-language experience in infancy: Effects of short-term exposure and social interaction on phonetic learning». *Proc Natl Acad Sci USA.* 100(15): 9096-9101.

3 DeLoache, J. S.; Chiong, C. (2009). «Babies and baby media». *Am Behav Scientist.* 52(8): 1115-135.

4 Robb, M. B.; Richert, R. A.; Wartella, E. A. (2009). «Just a talking book? Word learning from watching baby videos». *Br J Dev Psychol.* 27(Pt 1): 27-45.

5 Richert, R. A.; Robb, M. B.; Fender, J. G.; Wartella, E. (2010). «Word learning from baby videos». *Arch Pediatr Adolesc Med.* 164(5): 432-437.

6 Rice, M. L.; Woodsmall, L. (1988). «Lessons from television: Children's word learning when viewing». *Child Dev.* 59(2): 420-429.

7 Bogatz, G. A.; Ball, S. (1971). *The Second Year of Sesame Street: A Continuing Evaluation.* Vol. 1. Princeton, NJ: Educational Testing Service.

8 Kearney, M. S.; Levine, P. B. (Junio de 2016). «Early childhood education by MOOC: Lessons from Sesame Street». *Natl Bureau Econ Res.* Documento de trabajo núm. 21229.

9 Nathanson, A. I.; Aladé, F.; Sharp, M. L.; Rasmussen, E. E.; Christy, K. (2014). «The relation between television exposure and executive function among preschoolers». *Dev Psychol.* 50(5): 1497-1506.

10 Crespo, C. J.; Smit, E.; Troiano, R. P.; Bartlett, S. J.; Macera, C. A.; Andersen, R. E. (2001). «Television watching, energy intake, and obesity in US children: Results from the third National Health and Nutrition Examination Survey, 1988-1994». *Arch Pediatr Adolesc Med.* 155(3): 360-365.

11 Zimmerman, F. J.; Christakis, D. A. (2005). «Children's television viewing and cognitive outcomes: A longitudinal analysis of national data». *Arch Pediatr Adolesc Med.* 159(7): 619-625.

12 Gentzkow, M.; Shapiro, J. M. (2008). «Preschool television viewing and adolescent test scores: Historical evidence from the Coleman Study». *Quart J Econ.* 123(1): 279-323.

13 «Handheld screen time linked with speech delays in young children». Resumen presentado en la Academia Americana de Pediatría, reunión PAS, 2017.

CAPÍTULO 15: HABLAR LENTO, HABLAR RÁPIDO: DESARROLLO DEL LENGUAJE

1 Nelson, K. (2006). *Narratives from the Crib.* Cambridge, MA: Harvard University Press.

2 «The MacArthur-Bates Communicative Development Inventory: Words and sentences». Disponible en https://www.region10.org/r10website/assets/File/Mac%20WS_English.pdf.

3 Disponible en http://wordbank.stanford.edu/analyses?name= vocab_norms.

4 Rescorla, L.; Bascome, A.; Lampard, J.; Feeny, N. (2001). «Conversational patterns and later talkers at age three». *Appl Psycholinguist.* 22: 235-251.

5 Rescorla, L. (2009). «Age 17 language and reading outcomes in late- talking toddlers: Support for a dimensional perspective on language delay». *J Speech Lang Hear Res.* 52(1): 16-30. Rescorla, L. (2002). «Language and reading outcomes to age 9 in late-talking toddlers». *J Speech Lang Hear Res.* 45(2): 360-371. Rescorla, L.; Roberts, J.; Dahlsgaard, K. (1997). «Late talkers at 2: Outcome at age 3». *J Speech Lang Hear Res.* 40(3): 556-566.

6 Hammer, C. S.; Morgan, P.; Farkas, G.; Hillemeier, M.; Bitetti, D.; Maczuga, S. (2017). «Late talkers: A population- based study of risk factors and school readiness consequences». *J Speech Lang Hear Res.* 60(3): 607-626.

7 Lee, J. (2011). «Size matters: Early vocabulary as a predictor of language and literacy competence». *Appl Psycholinguist.* 32(1): 69-92.

8 Esta gráfica se creó generando algunos ejemplos basados en datos sobre las desviaciones promedio y estándar proporcionadas por el artículo.

9 Thal, D. J.; *et al.* (1997). «Continuity of language abilities: An exploratory study of late and early talking toddlers». *Developmental Neuropsychol.* 13(3): 239-273.

10 Crain-Thoreson, C.; Dale, P. S. (1992). «Do early talkers become early readers? Linguistic precocity, preschool language, and emergent literacy». *Dev Psychol.* 28(3):421.

CAPÍTULO 16: DEJAR LOS PAÑALES: CALCOMANÍAS VERSUS M&M'S

1 Excluyo los nacimientos después de 2013, puesto que quienes nacieron después de 2013 y ya estaban entrenados para ir al baño en 2017 son un grupo selecto. Esta exclusión da tiempo para que (la mayoría) de las personas estén entrenadas para ir al baño.

2 Blum, N. J.; Taubman, B.; Nemeth, N. (2004). «Why is toilet training occurring at older ages? A study of factors associated with later training». *J Pediatr.* 145(1): 107-111.

3 Blum, N. J.; *et al.* (2004). *Op. cit.*

4 Gilson, D.; Butler, K. (mayo-junio de 2008). «A Brief History of the Disposable Diaper. Mother Jones». Disponible en https://www.motherjones.com/environ ment/2008/04/brief-history-disposable-diaper.

5 Blum, N. J.; Taubman, B.; Nemeth, N. (2003). «Relationship between age at initiation of toilet training and duration of training: A prospective study». *Pediatrics.* 111(4):810-814.

6 Vermandel, A.; Van Kampen, M.; Van Gorp, C.; Wyndaele, J. J. (2008). «How to toilet train healthy children? A review of the literature». *Neurourol Urodyn.* 27(3): 162-166.

7 *Ibid.*

8 Greer, B. D.; Neidert, P. L.; Dozier, C. L. (2016). «A component analysis of toilet-training procedures recommended for young children». J Appl Behav Anal. 49(1): 69-84.

9 Russell, K. (2008). «Among healthy children, what toilet- training strategy is most effective and prevents fewer adverse events (stool withholding and dysfunctional voiding)?: Part A: Evidence-based answer and summary». *Paediatr Child Health.* 13(3): 201-202.

10 Flensborg-Madsen, T.; Mortensen, E. L. (2018). «Associations of early developmental milestones with adult intelligence». *Child Dev.* 89(2): 638-648.

11 Taubman, B. (1997). «Toilet training and toileting refusal for stool only: A prospective study». *Pediatrics.* 99(1): 54-58.

12 Brooks, R. C.; Copen, R. M.; Cox, D. J.; Morris, J.; Borowitz, S.; Sutphen, J. (2000). «Review of the treatment literature for encopresis, functional constipation, and stool-toileting refusal». *Ann Behav Med.* 22(3): 260-267.

13 Taubman, B.; Blum, N. J.; Nemeth, N. (2003). «Stool toileting refusal: A prospective intervention targeting parental behavior». *Arch Pediatr Adolesc Med.* 157(12): 1193-1196.

14 *Ibid.*

15 Kliegman, R.; Nelson, W. E. (2007). *Nelson Textbook of Pediatrics.* Philadelphia: W. B. Saunders Company.

16 Rugolotto, S.; Sun, M.; Boucke, L.; Calò, D. G.; Tatò, L. (2008). «Toilet training started during the first year of life: A report on elimination signals, stool toileting refusal and completion age». *Minerva Pediatr.* 60(1): 27-35.

CAPÍTULO 17: DISCIPLINA DEL NIÑO PEQUEÑO

1 Bradley, S. J.; Jadaa, D. A.; Brody, J.; *et al.* (2003). «Brief psychoeducational parenting program: An evaluation and 1-year follow-up». *J Am Acad Child Adolesc Psychiatry.* 42(10): 1171-1178.

2 Porzig-Drummond, R.; Stevenson, R. J.; Stevenson, C. (2014). «The 1-2-3 Magic parenting program and its effect on child problem behaviors and dysfunctional parenting: A randomized controlled trial». *Behav Res Ther.* 58: 52-64.

3 McGilloway, S.; Bywater, T.; Ni Mhaille, G.; Furlong, M.; Leckey, Y.; Kelly, P.; *et al.* (2009). «Proving the power of positive parenting: A randomised controlled trial to investigate the effectiveness of the Incredible Years BASIC Parent Training Programme in an Irish context (short-term outcomes)». *Archways Department of Psychology,* NUI Maynooth.

4 Haroon, M. (2013). Comentario sobre «Behavioural and cognitive-behavioural group-based parenting programmes for early-onset conduct problems in children aged 3 to 12 years». *Evid Based Child Health.* 8(2): 693-694.

5 MacKenzie, M. J.; Nicklas, E.; Brooks-Gunn, J.; Waldfogel, J. (2011). «Who spanks infants and toddlers? Evidence from the fragile families and child well-being study». *Child Youth Serv Rev.* 33(8): 1364-1373.

6 Maguire-Jack, K.; Gromoske, A. N.; Berger, L. M. (2012). «Spanking and child development during the first 5 years of life». *Child Dev.* 83(6): 1960-1977.

7 Gershoff, E. T.; Sattler, K. M. P.; Ansari, A. (2018). «Strengthening causal estimates for links between spanking and children's externalizing behavior problems». *Psychol Sci.* 29(1): 110-120.

8 Ferguson, C. J. (2013). «Spanking, corporal punishment and negative long-term outcomes: A meta-analytic review of longitudinal studies». *Clin Psychol Rev.* 33(1): 196-208. Gershoff, E. T.; Grogan-Kaylor, A. (2016). «Spanking and child outcomes: Old controversies and new meta- analyses». *J Fam Psychol.* 30(4): 453-469.

9 Afifi, T. O.; Ford, D.; Gershoff, E. T.; *et al.* (2017). «Spanking and adult mental health impairment: The case for the designation of spanking as an adverse childhood experience». *Child Abuse Negl.* 71: 24-31.

CAPÍTULO 18: EDUCACIÓN

1 Para consultar esta bibliografía ver Price, J.; Kalil, A. (por publicarse). «The effect of parental time investments on children's cognitive achievement: Evidence from natural within-family variation». *Child Dev.*

2 Bus, A, G.; Van IJzendoorn, M. H.; Pelligrini, A. D. (1995). «Joint book reading makes for success in learning to read: A meta-analysis on intergenerational transmission of literacy». *Rev Educ Res.* 65(1): 1-21. Sloat, E. A.; Letourneau, N. L.; Joschko, J. R.; Schryer, E. A.; Colpitts, J. E. (2015). «Parent-mediated reading interventions with children up to four years old: A systematic review». *Issues Compr Pediatr Nurs.* 38(1): 39-56.

3 Mendelsohn, A. L.; Cates, C. B.; Weisleder, A.; Johnson, S. B.; Seery, A. M.; Canfield, C. F.; *et al.* (2018). «Reading aloud, play, and social-emotional development». *Pediatrics.* e20173393.

4 Price J, Kalil A. *Op. cit.*

5 Hutton, J. S.; Horowitz-Kraus, T.; Mendelsohn, A. L.; Dewitt, T.; Holland, S. K. (2015). «Home reading environment and brain activation in preschool children listening to stories». *Pediatrics.* 136(3): 466-478.

6 Whitehurst, G. J.; Falco, F. L.; Lonigan, C. J.; Fischel, J. E.; DeBaryshe, B. D.; Valdez-Menchaca, M. C.; Caulfield M. (1988). «Accelerating language development through picture book reading». *Dev Psych.* 24(4): 552-559.

7 Disponible en http://www.intellbaby.com/teach-your-baby-to-read.

8 Neuman, S. B.; Kaefer, T.; Pinkham, A.; Strouse, G. (2014). «Can babies learn to read? A randomized trial of baby media». *J Educ Psych.* 106(3): 815-830.

9 Wolf, G. M. (2016). «Letter-sound reading: Teaching preschool children print-to-sound processing». *Early Child Educ J.* 44(1): 11-19.

10 Pennington, B. F.; Johnson, C.; Welsh, M. C. (1987). «Unexpected reading precocity in a normal preschooler: Implications for hyperlexia». *Brain Lang.* 30(1): 165-180. Fletcher-Flinn, C. M.; Thompson, G. B. (2000). «Learning to read with underdeveloped phonemic awareness but lexicalized phonological recoding: A case study of a 3-year-old». *Cognition.* 74(2): 177-208.

11 Welsh, M. C.; Pennington, B. F.; Rogers, S. (1987). «Word recognition and comprehension skills in hyperlexic children». *Brain Lang.* 32(1): 76-96.

12 Lillard, A. S. (2012). «Preschool children's development in classic Montessori, supplemented Montessori, and conventional programs». *J Sch Psychol.* 50(3): 379-401. Miller, L. B.; Bizzell, R. P. (1983). «Long-term effects of four preschool programs: Sixth, seventh, and eighth grades». *Child Dev.* 54(3): 727-741.

13 Suggate, S. P.; Schaughency, E. A.; Reese, E. (2013). «Children learning to read later catch up to children reading earlier». *Early Child Res Q.* 28(1): 33-48. Elben, J.; Nicholson, T. (2017). «Does learning the alphabet in kindergarten give children a head start in the first year of school? A comparison of children's Reading progress in two first grade classes in state and Montessori schools in Switzerland». *Aust J Learn Diffic.* 22(2): 95-108.

CAPÍTULO 19: POLÍTICA INTERNA

1 Dunn, J. (2017). «You will hate your husband after your kid is born». Disponible en http://www.slate.com/articles/life/family/2017/05/happy_mother_s_day_you_will_hate_your_husband_after_having_a_baby.html.

2 Este capítulo solo toca la superficie de los problemas maritales que surgen. Para un debate más completo y matizado, consulta (entre otros) http: www.brigidschulte.com/books/overwhelmed.

3 Rollins, B.; Feldman, H. (1970). «Marital satisfaction over the family life cycle». *J Marriage Fam.* 32(1): 23.

4 Lawrence, E.; Rothman, A. D.; Cobb, R. J.; Rothman, M. T.; Bradbury, T. N. (2008). «Marital satisfaction across the transition to parenthood». *J Fam Psychol.* 22(1): 41-50. Twenge, J. M.; Campbell, W. K.; Foster, C. A. (2003). «Parenthood and marital satisfaction: A meta-analytic review». *J Marriage Fam.* 65: 574-583.

5 Lawrence, E.; *et al.* (2008). *Ibid.*

6 Disponible en https://www.bls.gov/news.release/atus2.to1.htm.

7 Archer, E.; Shook, R. P.; Thomas, D. M.; *et al.* (2013). «45-year trends in women's use of time and household management energy expenditure». *PLoS ONE.* 8(2): e56620.

8 Schneider, D. (2011). «Market earnings and household work: New tests of gender performance theory». *J Marriage Fam.* 73(4): 845-860.

9 Dribe, M.; Stanfors, M. (2009). «Does parenthood strengthen a traditional household division of labor? Evidence from Sweden». *J Marriage Fam.* 71: 33-45.

10 Chan, R. W.; Brooks, R. C.; Raboy, B.; Patterson, C. J. (1998). «Division of labor among lesbian and heterosexual parents: Associations with children's adjustment». *J Fam Psychol.* 12(3): 402-419. Goldberg, A. E.; Smith, J. Z.; Perry-Jenkins, M. (2012). «The division of labor in lesbian, gay, and heterosexual new adoptive parents». *J Marriage Fam.* 74: 812-828.

11 Wheatley, D.; Wu, Z. (2014). «Dual careers, time-use and satisfaction levels: Evidence from the British Household Panel Survey». *Indus Rel J.* 45: 443-464.

12 Disponible en http://www.brigidschulte.com/books/overwhelmed.

13 Schneidewind-Skibbe, A.; Hayes, R. D.; Koochaki, P. E.; Meyer, J.; Dennerstein, L. (2008). «The frequency of sexual intercourse reported by women: A review of community-based studies and factors limiting their conclusions». *J Sex Med.* 5(2): 301-335. McDonald, E.; Woolhouse, H.; Brown, S. J. (2015). «Consultation about sexual health issues in the year after childbirth: A cohort study». *Birth.* 42(4): 354-361.

14 Johnson, M. D.; Galambos, N. L.; Anderson, J. R. (2016). «Skip the dishes? Not so fast! Sex and housework revisited». *J Fam Psychol.* 30(2): 203-213.

15 Medina, A. M.; Lederhos, C. L.; Lillis, T. A. (2009). «Sleep disruption and decline in marital satisfaction across the transition to parenthood». *Fam Syst Health.* 27(2): 153-160.

16 Cordova, J. V.; Fleming, C. J.; Morrill, M. I.; *et al.* (2014). «The Marriage Checkup: A randomized controlled trial of annual relationship health checkups». *J Consult Clin Psychol.* 82(4): 592-604.

17 Cordova, J. V.; *et al. Ibid.* Schulz, M. S.; Cowan, C. P.; Cowan, P. A. (2006). «Promoting healthy beginnings: A randomized controlled trial of a preventive intervention to preserve marital quality during the transition to parenthood». *J Consult Clin Psychol.* 74(1): 20-31. Cowan, C. P.; Cowan, P. A.; Barry, J. (2011). «Couples' groups for parents of preschoolers: Ten-year outcomes of a randomized trial». *J Fam Psychol.* 25(2): 240-250.

CAPÍTULO 20: ESPACIAMIENTO

1 El otro enfoque común aquí es usar el género del niño. Si una familia tiene dos niños del mismo género son más propensos a tratar de tener el tercero. Por lo tanto, es posible comparar familias que, por ejemplo, tienen un niño y una niña primero, con las que tienen dos niños; es más probable que la última tenga un tercer hijo, lo que nos da una variación aleatoria en el tamaño de la familia.

2 Black, S. E.; Devereux, P. J.; Salvanes, K. G. (2005). «The more the merrier? The effect of family size and birth order on children's education». *Q J Econ.* 120(2): 669-700. Black,

S. E.; Devereux, P. J.; Salvanes, K. G. (2010). «Small family, smart family? Family size and the IQ scores of young men». *J Hum Resourc.* 45(1): 33-58.

3 En el segundo artículo los autores encuentran que cuando la familia es de mayor tamaño como resultado de tener gemelos, las calificaciones de CI sufren, pero no pasa lo mismo si la familia de mayor tamaño es resultado del género del primer hijo, lo que sugiere que lo que cuenta es la sorpresa, no el tamaño.

4 Polit, D. F.; Falbo, T. (1987). «Only children and personality development: A quantitative review». *J Marriage Fam.* 309-325.

5 Coo, H.; Brownell, M. D.; Ruth, C.; Flavin, M.; Au, W.; Day, A. G. (2017). «Interpregnancy interval and adverse perinatal outcomes: A record-linkage study using the Manitoba Population Research Data Repository». *J Obstet Gynaecol Can.* 39(6): 420-433.

6 Shachar, B. Z.; Mayo, J. A.; Lyell, D. J.; *et al.* (2016). «Interpregnancy interval after live birth or pregnancy termination and estimated risk of preterm birth: A retrospective cohort study». *BJOG.* 123(12): 2009-17. Koullali, B.; Kamphuis, E. I.; Hof, M. H.; *et al.* (2017). «The effect of interpregnancy interval on the recurrence rate of spontaneous preterm birth: A retrospective cohort study». *Am J Perinatol.* 34(2): 174-182.

7 Class, Q. A.; Rickert, M. E.; Oberg, A. S.; *et al.* (2017). «Within-family analysis of interpregnancy interval and adverse birth outcomes». *Obstet Gynecol.* 130(6): 1304-1311.

8 Buckles, K. S.; Munnich, E. L. (2012). «Birth spacing and sibling outcomes». *J Human Res.* 47: 613-642.

9 Conde-Agudelo, A.; Rosas-Bermudez, A.; Norton, M. H. (2016). «Birth spacing and risk of autism and other neurodevelopmental disabilities: A systematic review». *Pediatrics.* 137(5).